I0250179

LE
BLOCUS DE METZ

EN

1870

PUBLICATION

DU

CONSEIL MUNICIPAL

DE METZ

SECONDE ÉDITION

METZ

IMPRIMERIE E. RÉAU, ÉDITEUR, RUE DU PALAIS

1871

Dans sa séance du 3 novembre 1870, et sur la proposition de M. Worms, le Conseil municipal de Metz décidait la rédaction d'un mémoire, avec pièces à l'appui, sur le *Blocus de 1870*. Il s'agissait de retracer le souvenir des impressions, de l'attitude et des actes de la population de Metz pendant ces jours d'épreuve. Le Conseil nommait en même temps, pour s'occuper de ce travail, une commission composée de trois de ses membres, MM. de Bouteiller, Aug. Prost et Justin Worms, auxquels fut adjoint ultérieurement M. Ém. Michel, membre de la Commission municipale d'administration de l'ambulance du polygone.

Après quelques retards causés par les événements, le travail de la Commission a été apporté au Conseil et reçu par lui les 13 et 23 février 1871, la première partie présentée par M. Aug. Prost, la seconde par M. Justin Worms, la troisième par M. Ém. Michel. Après avoir été discutée et modifiée en quelques points, la rédaction proposée par la Commission a été adoptée par le Conseil, qui en a voté l'impression dans les deux séances où il en avait entendu la lecture.

Telle est l'origine du volume qui est offert aujourd'hui au public.

Metz, le 28 février 1871.

LE
BLOCUS DE METZ
EN
1870

I.

LES FAITS GÉNÉRAUX.

Dans une ville en état de siége, la loi donne au chef militaire l'autorité absolue. Sous ce régime rigoureux, la population civile et ses magistrats sont réduits à une condition tout à fait secondaire et au rôle le plus modeste. Pour les habitants de Metz cette situation s'est trouvée encore amoindrie pendant le blocus de 1870 par l'énorme disproportion qui n'a cessé d'exister entre leur petit nombre et l'importance de l'armée qui était venue chercher un refuge auprès d'eux. La population civile s'élevait à peine à 50000 individus, hommes, femmes et enfants, indépendamment de 20000 fuyards que la peur avait chassés des campagnes et jetés dans la ville ; tandis que l'armée comprenait à elle seule plus de 150 000 hommes. Elle comptait de 120 à 130 000 combattants, et touchait journellement encore en octobre 160 000 rations (Append. LX).

A d'autres il appartient de dire ce qu'a fait cette armée. Nous n'avons, quant à nous, à en parler ici que dans la mesure très-restreinte de ce qu'exige la tâche toute spéciale qui nous incombe : rappeler succinctement ce que les habitants de Metz ont été dans la crise où, réduits à une situation forcément subordonnée, ils ont eu la douleur de voir succomber leur malheureuse ville.

Bien que secondaire, le rôle de la population est essentiel dans une ville assiégée. Le principal emploi y étant donné à d'autres, elle a du moins le devoir de prêter à ceux-là son concours; elle doit surtout se garder de gêner ou de paralyser leur action; elle doit se montrer résolue en présence des dangers, ferme dans les souffrances que la situation peut entraîner. Les habitants de Metz ont certainement rempli ces obligations telles que les événements les leur ont faites. Nul ne saurait le contester. Placés jusqu'à un certain point dans la condition du soldat dont le premier devoir est l'obéissance, ils se sont patriotiquement soumis à cette discipline toute militaire, et on ne leur reprochera pas comme un tort sérieux quelques accès de doute et de méfiance, quelques mouvements accidentels de révolte contenue, que l'armée elle-même a connus, que rendent excusables les circonstances singulières où l'on se trouvait, et qui, après tout, n'ont été que trop justifiés par l'événement.

La situation était essentiellement anormale à tous les points de vue. Les dispositions ordinaires de la loi, en ce qui concerne l'état de siége, le commandement supérieur de la place, sa garnison et ses approvisionnements, étaient, en fait, profondément modifiées par la présence de l'armée et de son général en chef; circonstance tout exceptionnelle, à laquelle il faut joindre celle, plus grave encore, d'une révolution politique incomplétement connue, qui ébranlait, dans son principe, l'autorité des chefs établis par le pouvoir déchu; et cela en présence de l'ennemi occupant autour de nous le territoire envahi et nous tenant enfermés dans une ville, obligée, faute d'y avoir été préparée, à improviser ses moyens de défense dans le moment même où elle était assaillie.

La position dans laquelle on se trouvait acculé, du jour au lendemain, était, en effet, absolument imprévue. Le gouvernement lui-même, au début de la guerre, ne semblait pas croire que Metz pût être attaqué. Cette imprévoyance était sans doute une faute; nous n'avons pas à l'apprécier ici, nous la constatons seulement. La ville n'était ni armée, ni approvisionnée; bien plus, ses défenses n'étaient pas terminées et ses forts, en cours de construction, n'étaient pas achevés. Un ministre avait cru pouvoir dire, cependant, que tout était prêt pour la guerre qu'on allait entreprendre. C'est qu'on ne pensait alors à faire de la ville de Metz qu'un dépôt de blessés pour l'armée opérant loin d'elle sur le territoire ennemi.

Ces vues se manifestent dans les premières communications faites par l'autorité militaire aux magistrats de la cité. On ne leur parle, à ce moment, ni de mesures de police, ni d'approvisionnements de vivres en prévision d'un siége ou d'un blocus. Il n'est question alors que de la constitution des ambulances. Les fonctionnaires de l'intendance pressent la ville d'adopter diverses mesures pour cet objet. Cédant à cette impulsion, le Conseil municipal décide et fait commencer la construction d'un vaste baraquement dans le champ du polygone. En même temps les médecins et les pharmaciens de la ville, de nombreux volontaires de la charité, et les femmes de toutes les conditions s'offrent avec empressement pour faire le service des futurs établissements hospitaliers. On pense aussi à créer un fonds spécial de secours pour les blessés et les malades qu'on s'apprête ainsi à recevoir ; une souscription est ouverte à l'hôtel de ville ; elle dépasse bientôt le chiffre de 87 000 francs (Append. I).

La question des ambulances s'est profondément modifiée et notablement développée ensuite à Metz par le fait du blocus. Elle a créé pour la population civile de pénibles devoirs d'humanité, à l'accomplissement desquels on peut affirmer qu'elle n'a pas failli. Ce qui a été fait pour cela, mérite une exposition détaillée qui fera l'objet d'un chapitre particulier dans le présent mémoire.

C'est dans cette unique préoccupation que la population de Metz est surprise à l'improviste par le triple coup de tonnerre de Wissembourg, de Reichshoffen et de Forbach. Alors que nous ne pensions encore qu'à suivre de loin les opérations de la campagne, nous apprenons tout à coup que la guerre revient vers nous. L'armée, qui depuis quinze jours avait défilé dans nos murs pour se rendre à la frontière, se replie rapidement sur Metz. Le 7 août on entrevoyait à peine la possibilité de cette retraite ; le 11 elle était effectuée et les troupes avaient pris position au sud de la ville, sous les remparts ébauchés de ses forts. En moins de huit jours elles allaient se trouver immobilisées par le blocus autour de la forteresse.

Nous passions ainsi, presque sans transition, d'un état de complète sécurité à une situation pleine de périls, d'autant plus redoutables que rien ne nous en avait avertis et ne nous avait fait prendre les précautions qu'ils nécessitaient. Sans parler des difficultés toutes militaires de la défense, à côté de la question des ambulances, singulièrement aggravée par le fait de l'investissement, allait se poser celle des subsistances que jusque-là on soupçonnait à peine, et qui devait prendre bientôt une importance de premier ordre. La nécessité de présenter dans tous ses détails cette grave question des subsistances nous a conduits à la réserver, comme celle des ambulances, pour un chapitre spécial de notre mémoire.

Au lendemain de l'échec de Forbach, la nouvelle du désastre de Reichshoffen s'était répandue dans la ville, en même temps qu'on y affichait deux décrets du même jour (7 août) : l'un mettant en état de siége Metz et toutes les villes fortifiées du nord-est, de Montmédy à Béfort ; l'autre nommant commandant supérieur de la place le général de division du génie Coffinières de Nordeck. Un même placard contenait ces deux décrets et le texte des articles 248 et 249 du décret du 13 octobre 1863, où sont définis les pouvoirs du commandant supérieur : le premier, l'autorisant à occuper tous les terrains jugés nécessaires à la défense et à faire tomber tous les édifices qui peuvent la gêner ; le second disant que, aussitôt l'état de siége déclaré, les pouvoirs dont l'autorité civile était revêtue pour le maintien de l'ordre et la police, passent tout entiers à l'autorité militaire (Append. II).

Le régime nouveau est inauguré sur l'heure. Un arrêté du commandant supérieur annule les opérations électorales en cours d'exécution depuis la veille, pour le renouvellement du Conseil municipal, et en ajourne indéfiniment la reprise (Append. III). Un autre transforme les bureaux électoraux fonctionnant à cette heure même, en bureaux de recensement de la garde nationale, et ordonne la formation immédiate de celle-ci (Append. IV).

La première mesure étonne la population et froisse quelque peu ses susceptibilités ; la seconde est reçue avec applaudissements. Elle allait au-devant d'un désir qui s'était manifesté, dès le début de la guerre, par une démarche de simples citoyens chez le maire, le préfet et le général commandant la division, et par un vœu du Conseil municipal (séance du 18 juillet 1870). On avait, il est vrai, reçu ensuite avec tiédeur l'autorisation du gouvernement de former des compagnies d'hommes choisis, commandées par des officiers qu'il se réservait de nommer, conformément au décret de 1852. Maintenant c'était la population virile tout entière qui était appelée; et, sous cette forme, la mesure rencontrait le sentiment unanime de patriotisme qui poussait tout le monde à saisir une arme au moment où l'on savait le territoire envahi et l'ennemi près de paraître devant nos murs.

On court aux bureaux d'inscription. Outre les hommes de vingt à cinquante-cinq ans, à qui le service est légalement imposé, se présentent comme volontaires, et en grand nombre, ceux dont l'âge n'atteint pas ou dépasse les limites fixées par la loi. En quarante-huit heures 5000 hommes et plus sont organisés en cinq bataillons répondant aux cinq sections de la ville, avec des officiers nommés par le commandant supérieur, sur la présentation des gardes nationaux (Append. VI). Ce sont de véritables élections populaires. Pour le 12 août la milice citoyenne est armée, chacun étant allé aux arsenaux recevoir son fusil et des cartouches; la garde de l'enceinte est aussitôt distribuée entre les cinq bataillons, et le 13 le service commence. Cette organisation était complétée, quelques jours plus tard, par la constitution de cinq batteries d'artillerie (Append. XIII et XIV).

L'arrêté du 7 août, qui suspendait les élections, continuait dans ses fonctions le Conseil municipal existant (Append. III). La loi prescrivait, du reste, à celui-ci de rester à son poste jusqu'à son remplacement. Cette situation devait, en raison des événements, se prolonger bien au delà de ce qu'on prévoyait alors, et imposer ensuite aux mandataires de la cité des obligations pénibles, à l'accomplissement desquelles ils ont considéré comme un devoir de ne pas se soustraire[1].

---

[1] Le Conseil municipal avait à sa tête un homme plein de patrio-

Du 7 au 12 août paraissent, à court intervalle, deux nouveaux arrêtés du commandant supérieur, touchant la police des étrangers dans la ville (Append. V) et la suspension des poursuites en matière commerciale (Append. VIII); puis trois ordres significatifs prescrivant de détruire immédiatement les plantations et les édifices qui se trouvent dans les deux premières zones de défense de la place et des forts (Append. VII), de ne laisser entrer à Metz que les personnes apportant avec elles pour quarante jours de vivres (Append. IX et X), et enfin, deux jours après, d'arrêter complétement cette immigration des campagnards dans l'intérieur de la ville (Append. XI).

L'ordre du 10 août de ne laisser entrer dans Metz que les gens munis de vivres pour quarante jours semblait impliquer que le commandant supérieur n'entendait pas pourvoir aux nécessités d'un investissement de plus longue durée. L'événement a prouvé qu'en cela sa prudence était en défaut. Cette remarque doit être faite parce que l'insuffisance des vivres a joué un rôle décisif dans la reddition de la ville. Mais s'il est permis aujourd'hui de le déplorer, il faut se rappeler que personne alors ne pouvait demander compte de ses résolutions au commandant supérieur, maître absolu des mesures qu'il croyait devoir prendre pour

---

tisme et de dévouement qui en était l'âme. Donnant l'exemple à tous, l'honorable M. Félix Maréchal, maire de Metz, soutint résolûment, malgré le double poids de l'âge et de la maladie, l'épreuve de ces mauvais jours. On le vit à son poste jusqu'à l'épuisement de ses forces. Après les difficultés du blocus et au milieu des amertumes de l'occupation étrangère, il mourait, en quelque sorte à la peine, le 29 mars 1871, au moment où paraissait la première édition de ce livre auquel il s'intéressait vivement et où il avait voulu lui-même prendre sa part de collaboration. Les funérailles de ce bon citoyen, dans les tristes circonstances où se trouvait la ville, ont été pour sa mémoire l'occasion d'un hommage mérité rendu par la population tout entière, dans une manifestation publique pleine de dignité et de convenance. *(Note de la seconde édition.)*

la défense, remise, avec pleins pouvoirs, à sa responsabilité.

Les faits militaires se précipitaient pendant ce temps-là. Le 10 août, nous avions vu arriver les troupes du camp de Châlons, formant le 6e corps sous le commandement du maréchal Canrobert. Elles venaient rallier l'armée concentrée sous nos murs. Celle-ci, le 14, arrêtait un instant, à Borny, la poursuite pressante de l'ennemi ; le 16, ayant passé de la rive droite de la Moselle sur la rive gauche, elle lui disputait encore à Gravelotte (Rezonville) la possession des plateaux ; mais le 18, à Amanvillers (Saint-Privat), elle était rejetée sur la ville d'où elle avait tenté de s'éloigner, et l'investissement de Metz commençait.

L'Empereur avait quitté, le 12 août, le commandement de l'armée qu'il était impuissant à conduire et l'avait remis au maréchal Bazaine que désignaient pour ce poste et l'opinion publique et la confiance des soldats. La mission du maréchal, à ce moment, était de ramener cette armée en arrière, en laissant la défense de Metz à une garnison secondée par la garde nationale. Dès le début il échoua malheureusement dans cette entreprise, et après avoir vainement cherché à se frayer un passage le 16 et le 18, comme nous venons de le dire, il avait dû se replier sur la ville que la seule présence de ses 150 000 soldats devait protéger d'abord, mais que leur immobilité persistante devait compromettre ensuite et entrainer finalement dans leur propre désastre.

A partir de ce jour, les Messins, dans la situation subordonnée qui leur est faite, assistent, frémissants et presque sans pouvoir y intervenir, au drame où, sous leurs yeux, se joue leur propre destinée. Toujours mal ou incomplétement informés, il ne savent, à aucun moment, ni à quel point on en est, ni où l'on va.

Nous avons à constater, pendant cette période, les mouvements inquiets de l'opinion dans la population, et les mesures prises sur quelques objets particuliers par le Conseil municipal, seules manifestations possibles de la vie publique, sous le régime de l'état de siége ; enfin le sentiment douloureux de l'étonnement, de l'indignation et de la souffrance chez les malheureux Messins, lorsqu'éclate inopinément la catastrophe que rien n'annonçait d'abord, qu'ils persistent ensuite à croire impossible quand on essaie de la leur faire entrevoir, et qui leur semble encore un rêve, un cauchemar imaginaire, alors que les faits sont accomplis et sans remède.

La torture de l'ignorance, du doute et de l'impuissance, tel a été notre supplice pendant les longues semaines du blocus, qui ont abouti à notre perte.

Après les journées de Borny, de Gravelotte et d'Amanvillers, la ville se remplit de blessés. Les soins qu'ils réclament absorbent toute l'attention des habitants. Le Conseil municipal se partage en cinq commissions permanentes de sections, avec adjonction de citoyens de bonne volonté, pour organiser et surveiller les ambulances improvisées de tous côtés dans les divers quartiers de la ville. Il nomme en même temps dans son sein deux commissions spéciales, l'une pour diriger l'emploi des fonds de la souscription de secours, l'autre pour aviser aux mesures de toutes sortes qui peuvent intéresser l'alimentation publique (Append. XXXIII et XXXIV).

Le soin des blessés auquel surtout on était appliqué, n'empêchait pas qu'on ne se préoccupât tout naturellement de la situation militaire, bien qu'on la crût en bonnes mains. Ce n'est cependant pas sans un certain étonnement, et quelque chose de plus peut-être, qu'on avait été témoin de la confusion incroyable avec laquelle s'était effectué le passage de l'armée à travers la ville, pendant et après la bataille de Borny les 14 et 15 août. Le désordre apparent qui suivit la bataille du 18 avait à son tour surpris et inquiété l'opinion publique. Le lendemain de cette affaire, tous les corps semblaient se presser confusément sur les pentes du Saint-Quentin et dans la plaine qui s'étend à ses pieds, entre les forts de l'ouest et la ville, pendant qu'au sud et à l'est de celle-ci le terrain était abandonné ; à ce point que le 19 on avait vu avec stupeur les cavaliers ennemis se présenter en deçà même de Montigny et de Magny et jusque sur les glacis des forts de Queuleu et de Saint-Julien. Le 3e corps, puis le 2e, repassant quelques jours après sur la rive droite de la Moselle régularisèrent heureusement bientôt la distribution des forces de l'armée autour de la place, et l'on vit en même temps ces troupes exécuter sur leurs divers fronts des lignes de défense. Le maréchal Bazaine semblait décidé à attendre. On n'hésita pas à penser que ce qu'il attendait c'était l'armée de Mac-Mahon ; on ne doutait pas que celui-ci n'arrivât bientôt, et la pensée que sa présence dégagerait l'armée prisonnière dans ses lignes fit prendre patience à tout le monde.

Les deux mouvements du 26 et du 31 août, dans lesquels l'armée de Metz presque tout entière se porta sur la rive droite de la Moselle, parurent d'abord annoncer la prochaine apparition de cette autre armée avec laquelle on croyait le maréchal Bazaine secrètement en communication.

Cependant le 26 les troupes étaient rentrées, après avoir été toute la journée à la pluie sans avoir rien fait. Le 31, il est vrai, une action brillante exécutée, après une longue attente, à la fin de la journée, avait donné à tous un vif sentiment d'espérance; mais cet espoir s'était évanoui le 1er septembre, quand on avait vu les troupes engagées rentrer le matin dans la place, après avoir abandonné pendant la nuit les positions dont elles s'étaient emparées la veille. L'étonnement fut grand, lorsqu'on s'aperçut, après ces deux journées, que les différents corps reprenaient simplement leurs positions antérieures entre les forts et derrière leurs lignes de défense, qu'ils se bornèrent, dès lors, à étendre un peu et à perfectionner.

Depuis quinze jours et plus nous étions, à Metz, sans nouvelles positives du dehors. Les derniers journaux parvenus jusqu'à nous étaient ceux du 16 août. Nous ne savions rien des événements accomplis que le remplacement du ministère Ollivier par celui que présidait le comte de Palikao, lorsque dans la seconde semaine de septembre nous apprenons, presqu'à la fois, par des prisonniers rendus et par des fragments de journaux, la capitulation de Sedan, la captivité de l'Empereur, la fuite de l'Impératrice, et la formation, à Paris, d'un gouvernement provisoire.

L'*Indépendant de la Moselle* reproduit le premier une partie de ces nouvelles dans son numéro du 12 septembre qu'on s'arrache avec avidité, et le lendemain un caractère en quelque sorte officiel leur est donné, mais avec certaines réserves, dans une proclamation signée par le commandant supérieur, par le préfet et par le maire, où il est dit qu'on ne peut ni les confirmer ni les démentir. On ajoute que, du reste, dans la situation où nous sommes, notre unique pensée doit être pour la France, et que notre premier devoir est l'union dans la défense de la ville de Metz (Append. XVI). On en savait un peu plus en certain lieu qu'on ne voulait en dire, car la veille (12 septembre) le maréchal Bazaine avait informé les généraux de ces événements, et le 16 il les fit connaître à l'armée par un ordre du jour imprimé.

La proclamation du 13 septembre parut au Conseil municipal lui offrir une occasion toute naturelle de manifester son adhésion à l'acte important des hommes qui venaient de prendre en main la défense nationale, et il vota dans cette intention une adresse où était exprimée cette pensée et qui fut remise au commandant supérieur, au préfet et au maire, comme réponse à la proclamation qu'ils avaient signée (Append. XXXVII).

Notre situation semblait entrer dans une phase nouvelle. L'armée restait immobile. L'ennemi établissait, disait-on, pour l'enfermer, des lignes de circonvallation qu'on représentait comme formidables. Un blocus plus ou moins prolongé paraissait imminent.

La question des subsistances se pose alors dans tous les esprits. Jusqu'alors le Conseil municipal s'était occupé surtout des blessés et des ambulances. Cependant le 25 août déjà, il avait, comme nous l'avons dit, nommé dans son sein une Commission des subsistances (Append. XXXIV) ; et le 30 août il s'était ému d'une mesure dont il avait obtenu la révocation, et qui avait pour objet de livrer, comme viande de boucherie, à la consommation de l'armée, les vaches laitières existant dans la ville (Append. XXXV).

Le 13 septembre, la Commission des subsistances fait au Conseil un rapport, à la suite duquel celui-ci décide que tous les blés et les farines conservés chez les particuliers seront immédiatement mis en réquisition, pour être appliqués ultérieurement à l'alimentation publique (Append. XXXVI). En vertu de cette délibération, un arrêté est sollicité et obtenu du commandant supérieur pour prescrire l'exécution de cette mesure (Append. XVII).

Cette grave question de l'alimentation publique commençait donc à inspirer quelques inquiétudes. Jusqu'alors elle n'en avait causé aucune. On savait le maréchal Bazaine au courant de la situation et parfaitement informé des ressources de la ville (Append. LXIII), et l'on pouvait croire qu'il les jugeait suffisantes pour les éventualités qu'il prévoyait. On croyait aussi que son armée en était, de son côté, abondamment pourvue ; d'autant plus que des quantités notables de denrées qu'elle aurait pu facilement recueillir dans les fermes et les villages environnant la place, avaient été négligées et même parfois refusées, malgré les propositions formelles de ceux qui en étaient détenteurs (Append.

LXVII.). Cependant le 10 septembre, les habitants avaient été, par ordre du maréchal, invités à livrer à l'intendance les quantités d'avoine, d'orge et de fourrage qui pouvaient dépasser les besoins de leurs propres chevaux jusqu'au 10 octobre (Append. XV). Depuis quinze jours, en outre, les vivres renchérissaient graduellement dans la ville (Append. LXI.). La viande devenait rare et quelques denrées même manquaient complétement dans les magasins du commerce. On commençait aussi à s'inquiéter de l'attitude du général en chef, immobile à la tête d'une armée nombreuse à peu près intacte. On se demandait ce que pouvait signifier l'inaction dans laquelle il la retenait. Avant le 1er septembre il attendait, disait-on, Mac-Mahon; mais maintenant que Mac-Mahon ne pouvait plus venir, qu'attendait-il encore ?

Il courait dans Metz de vagues rumeurs de négociations, et l'on savait que des communications actives existaient entre les deux quartiers généraux français et allemand. Ces bruits se renouvelèrent à plusieurs reprises, vers le milieu de septembre d'abord, puis à la fin du même mois lors du départ de Bourbaki, et en octobre lors des voyages du général Boyer. Le public ne sut jamais au juste ce qu'il en était. Après avoir cru d'abord que ces négociations pouvaient procurer par un traité de paix le salut de la ville, il se laissa persuader à la fin qu'on allait obtenir au moins ainsi l'éloignement de l'armée, dont la présence prolongée l'inquiétait plus, à cause de la nécessité de la nourrir, qu'elle ne le rassurait contre des attaques qu'on ne redoutait pas.

Vers le milieu de septembre, l'opinion se prononce avec énergie contre cette inaction de l'armée. Elle se produit de diverses manières, contre les officiers surtout qui remplissent journellement la ville, et auxquels on s'en prend bien à tort d'une situation qu'ils subissent plutôt qu'ils ne la font. Le maréchal Bazaine, le maire de la ville, reçoivent des lettres dans lesquelles s'expriment ces sentiments, et où sont parfois développés en outre des plans d'opérations pour sortir de la situation dont on souffre. L'impatience publique grandissant, les choses en viennent à ce point, qu'à la fin de septembre une adresse couverte d'un grand nombre de signatures est remise au maire pour lui exposer ces inquiétudes de la population et le prier de s'en faire l'interprète auprès du général en chef.

« Il vous sera permis, lui dit-on, à vous le repré-
» sentant naturel et respecté d'une vieille cité qui veut
» rester française, de faire à cette occasion telle dé-
» marche que vous jugerez nécessaire, et de parler
» avec la franchise et la simplicité que commandent les
» circonstances.......

» Nous croyons que l'armée rassemblée sous nos
» murs est capable de grandes choses, mais nous
» croyons aussi qu'il est temps qu'elle les fasse. Chaque
» jour qui s'écoule amènera pour elle et pour nous des
» difficultés nouvelles.........

» Sans pouvoir discuter ni même indiquer des opé-
» rations militaires, le simple bon sens nous montre
» clairement que des entreprises énergiquement et rapi-
» dement conduites, avec l'ensemble des forces dont on
» dispose, peuvent amener des résultats considérables,
» peut-être même décisifs. Laisserons-nous venir le jour
» où, après avoir fermé les yeux, il faudra reconnaître
» que les retards nous ont été funestes et ont eu des
» conséquences irréparables ? Certes toute tentative
» est périlleuse ; mais avec le temps le péril sera-t-il
» moindre ? Quel secours attendons-nous d'ailleurs ?
» Est-ce la question politique qui se mêle à tort à la
» question militaire et qui commande ces lenteurs ?....

» Si dures que soient les exigences de la situation....
» notre ville les supportera..... puisqu'elle ne veut pas
» être la rançon de la paix, et qu'après le long passé
» d'honneur qu'elle trouve dans ses annales, elle ne
» veut pas déchoir (Append. LIV). »

Le maire n'hésite pas à faire la démarche qui lui est demandée. Il se rend au quartier général du Ban-Saint-Martin où il trouve le maréchal en possession déjà du document dont il vient l'entretenir. Il est accueilli du reste avec courtoisie, mais finalement éconduit sans avoir obtenu la moindre parole capable de rassurer (Append. LV).

En parlant de la question politique, les auteurs de l'adresse avaient touché, on a lieu de le croire, plus encore qu'ils ne le pensaient, le point capital de la situation. La démarche montrait du reste où en était le moral toujours excellent de la population. Sa fermeté dans la résolution de se défendre pouvait devenir un embarras, suivant l'attitude qu'on voudrait prendre; et, à diverses reprises, elle dut résister à d'évidents essais d'intimidation, indépendamment des épreuves auxquelles la soumettait naturellement la marche des événements. Elle en avait déjà supporté, sans faiblir, plus d'une, capable de l'ébranler. Sans parler de l'effet qu'aurait pu produire à Metz sur l'esprit public la nouvelle devenue certaine du désastre de Sedan, le bruit y avait été prématurément répandu, dès le commencement de septembre, de la chute de Strasbourg (Append. LVI). On avait ensuite annoncé que l'anarchie était déchaînée à Paris et dans les provinces, tombées, disait-on, entre les mains des socialistes : détail imaginaire dont la mise en œuvre était un des procédés habituels des hommes de l'Empire et qui trahissait ainsi l'origine des faux bruits auxquels il était associé.

Tout à coup, vers le milieu de septembre, se produit la menace d'un prochain bombardement. Parmi les chefs militaires, quelques-uns semblent y croire. Avis est donné de la part du général Coffinières à la municipalité[1],

---

[1] Le 16 septembre M. Demoget, architecte de la ville, capitaine-commandant des sapeurs-pompiers, fut appelé chez M. le général Coffinières pour recevoir ses avis touchant les mesures à prendre en

et par celle-ci aux habitants, de se préparer à cette éventualité par des précautions spéciales. Le service des pompiers est renforcé; des tonneaux pleins d'eau sont disposés sur les places, dans les rues et dans les cours des maisons. Cependant des gens raisonnables démontraient qu'en raison des positions occupées à ce moment par les ennemis ce bombardement était tout à fait chimérique. Beaucoup de personnes hésitaient à le croire possible. Les plus crédules se rassurèrent bientôt. Il n'y eut pas de bombardement; et l'on se demanda naturellement si le bruit qui s'en était répandu, ne procédait pas de quelqu'intention d'inquiéter, d'intimider peut-être la population. On eut occasion de revenir plus tard à ces soupçons.

Il avait été dit, dans certains groupes militaires, que la menace d'un bombardement ferait nécessairement jeter les hauts cris aux bourgeois et rendrait impossible la défense si l'on arrivait à cette extrémité. Une pareille supposition faisait bondir d'indignation les braves Messins et, comme pour affirmer cette disposition, ils se prononçaient de plus en plus contre la présence prolongée et l'inaction de l'armée. On demandait tout haut, à Metz, son éloignement et la constitution, dans la place, d'une garnison qui ne dépassât pas en nombre les nécessités de la défense avec le concours de la garde nationale, pour une durée dont la prolongation serait assurée par celle des subsistances, quand on n'aurait plus à pourvoir, avec les approvisionnements existants, à la nourriture d'une armée nombreuse et inutile.

L'impatience de tous ne fut guère trompée par les petites expéditions entreprises, peut-être pour lui

---

prévision du bombardement. Ces mesures furent prises. Elles n'aboutirent qu'à augmenter les charges ordinaires du service pour les sapeurs-pompiers dont les tours de garde revenaient tous les quatre jours depuis le commencement du blocus.

répondre, vers cette époque, du 22 septembre au 7 octobre; opérations décousues, brillantes quelquefois, grâce à la valeur des soldats, mais toujours à peu près stériles et sans aucun résultat sérieux. Ce qu'on voulait de l'armée c'est que, rompant le blocus, elle réussît à se ravitailler, ou que, tenant la campagne, elle se transportât ailleurs. Ce sentiment s'exprimait d'une manière quelquefois excessive et il froissait injustement, dans les troupes, de braves gens à qui n'appartenait nulle initiative et qui ne pouvaient qu'obéir; mais il était vrai dans son principe. A cette impatience allaient se mêler bientôt le doute et la méfiance, touchant les intentions du général en chef; et ces dispositions devaient se prononcer contre lui, jusqu'à faire naître la pensée de lui enlever le commandement, pour le remettre en d'autres mains.

La question des subsistances dominait cependant de plus en plus la situation. Le 21 septembre, le Conseil municipal est touché de certaines difficultés qui s'y rattachent, des collisions à la porte des boulangers et du commerce interlope du pain entre la ville et les camps, avec les abus et les dangers qu'il entraîne (Append. XXXVII). A cette occasion est proposée, pour la première fois, la mesure des cartes de consommation, renvoyée à l'étude de la Commission des subsistances, et adoptée ultérieurement dans une séance du Conseil, renforcé d'un certain nombre de notables habitants (4 octobre), où se constituent des Comités de recensement pour son exécution. Les opérations commencèrent immédiatement; elles étaient longues et difficiles et la mesure ne put être appliquée que tardivement: à partir du 16 octobre seulement (Append. XXV).

Dans l'intervalle venait de se produire, les 12 et 13 octobre, un grave incident. Pour compléter la mesure de la réquisition des blés et farines dont l'arrêté du 15 septembre avait prescrit le recensement chez les particuliers, le commandant supérieur avait, le

7 octobre, enjoint à tous les détenteurs de ces denrées de venir en faire à l'hôtel de ville la déclaration, avant le terme du 11 de ce mois (Append. XXI). Il avait, en même temps, institué des commissions mixtes de perquisition, chargées de contrôler, par des visites domiciliaires, les déclarations. Ces commissions, composées de membres du Conseil et d'officiers, étaient réunies le 12 au matin à l'hôtel de ville, pour commencer leurs opérations, quand le général Coffinières, qu'on n'y avait guère vu jusque-là, s'y présente lui-même et leur déclare que, par ordre du maréchal Bazaine, c'est, non pas aux greniers de la ville, comme on l'avait annoncé, mais aux magasins de l'armée que devront être portés les grains qu'on va recueillir. Il ajoute que, du reste, l'armée est près de nous quitter et qu'elle s'éloignera, soit en se frayant un passage par la force, soit par suite d'un arrangement (*sic*); que la ville alors restera exposée à un bombardement inévitable, car les Prussiens, sans s'arrêter aux lenteurs d'un siége méthodique, ont l'habitude de brusquer ainsi l'attaque des places qu'ils veulent enlever. On devra s'attendre dès lors, dit-il, à des choses effroyables (*sic*) (Append. XXXIX).

Cet incroyable langage rappelle l'essai d'intimidation du mois précédent par la première annonce, vers le milieu de septembre, d'un bombardement qui ne s'est pas réalisé. Il est rapporté le lendemain au Conseil municipal, en même temps que lui est communiquée une lettre du général qui, pour le confirmer en quelque sorte, fait savoir que l'armée n'a plus de vivres et que la ville est sommée de lui livrer sur ses propres approvisionnements ce qu'exige son alimentation.

« M. le Maire, dit le général Coffinières dans cette
» lettre datée du 13 octobre, j'ai l'honneur de vous in-
» former que les magasins militaires de vivres sont
» complétement vidés aujourd'hui même..... Dans les
» circonstances critiques où nous nous trouvons, toutes

» nos ressources doivent être mises en commun, et je
» ne saurais penser qu'il fût nécessaire de recourir à la
» force pour établir cette égalité entre tous. En consé-
» quence je vous prie et je vous requiers, au besoin, de
» prendre les mesures nécessaires pour que la quantité
» de 480 quintaux de blé soit mise journellement à la
» disposition de l'administration de l'armée. La pre-
» mière livraison, c'est-à-dire celle qui doit s'opérer
» immédiatement, sera enlevée par les voitures mili-
» taires, dès que vous m'aurez fait connaître les locaux
» dans lesquels se trouvent les denrées. »

Dans le corps de sa lettre, le général évaluait, d'après ses renseignements, les ressources actuelles de la ville à 5000 quintaux environ, la consommation journalière de la population à 300 quintaux, celle de l'armée à 480, et il en inférait qu'on aurait ainsi du pain pendant six jours encore à peu près (Append. XXXIX).

Rapprochée de la communication verbale du 12, la lettre du 13 octobre parut au Conseil municipal dénoter le projet de l'intimider par la double perspective du bombardement et de la famine à court délai, comme terme d'une défense qu'on ne voulait pas prolonger. Avait-on l'intention de provoquer dans la population civile des sentiments et peut-être des manifestations de crainte qui servissent d'excuse à quelqu'acte honteux ? L'indignation que causait une pareille pensée fit rédiger et adopter immédiatement par le Conseil une adresse au général, dans laquelle, sans exprimer formellement les suppositions que permettait sa double communication, on lui disait que la connaissance tardive de la situation de l'armée quant à ses subsistances, ne pouvait que causer à la population un douloureux étonnement, mais qu'on était prêt à supporter avec courage et sans faiblir toutes les conséquences de cette situation qu'on n'avait été en position ni de connaître, ni de prévenir (Append. XXXIX).

Cette résolution avait été prise par le Conseil municipal dans une séance de nuit, convoquée d'urgence et qui s'était prolongée jusqu'à dix heures du soir (Append. XXXIX). A cette heure avancée, se pressaient encore sur la place de l'hôtel de ville des groupes nombreux, mis en éveil par ce qui avait transpiré du langage tenu la veille au matin par le général, et se demandant avec inquiétude ce qu'on allait décider et ce qu'on allait faire. La séance terminée, le Maire, escorté par le Conseil tout entier, paraît devant cette foule agitée et lit à haute voix l'adresse qui vient d'être rédigée. La résolution de tenir, sans se laisser intimider, jusqu'aux dernières extrémités, est reçue avec des cris chaleureux de : Vive la France! vive la République! Le document répandu le lendemain, puis affiché dans la ville, n'est pas moins bien accueilli, et il est ratifié de même par la population tout entière[1].

Le général répondit immédiatement à cette adresse, en feignant d'y voir l'expression d'un sentiment qui eût été naïf, s'il eût consisté, comme il le dit, à s'étonner que 230000 bouches et plus, alimentées pendant deux

---

[1] En même temps un certain nombre d'officiers de la garde nationale signaient dans une réunion chez M. Racine, architecte, l'adresse suivante envoyée ensuite au général Coffinières :

Général, le bruit s'est répandu dans la ville qu'il restait à la population pour dix jours de vivres et pour deux jours seulement à l'armée qui campe sous nos murs. Ce bruit a été accueilli à la fois avec stupeur et indignation ! Qui de nous, en effet, eût pu s'attendre à cette nouvelle, après avoir vu, il y a peu de jours encore, le blé distribué aux chevaux de l'armée ; après être, nous-mêmes, restés libres jusqu'à ce jour de manger à notre faim sans avoir été prévenus par aucune note officielle qu'il y avait lieu de ménager les vivres. Il est difficile d'admettre que l'on ait ainsi, sans motifs, attendu au dernier jour pour adopter les mesures commandées par la prudence la plus élémentaire ; tant d'imprévoyance ferait croire qu'il y a lieu de prendre au sérieux le mot de trahison qui est dans toutes les bouches.

Quoi qu'il en soit, en présence de circonstances si graves, et, sans vouloir rechercher aujourd'hui sur qui doit retomber la responsabilité des fautes commises, nous venons réclamer de l'autorité concentrée dans vos mains depuis la mise en état de siège, l'application des mois par les approvisionnements d'une ville, en eussent réduit les ressources. Il rencontrait mieux le sentiment vrai de la population, en déclarant ensuite qu'il comptait sur son ardent concours pour la défense de la ville, et qu'on pouvait aussi être assuré de l'énergie avec laquelle il saurait accomplir son devoir. Le commandant supérieur avait introduit, en outre, dans cette réponse, qui fut affichée, une reconnaissance explicite, que n'avait encore produite à Metz aucun chef militaire, du *Gouvernement de la défense nationale* (Append. XXIV).

Cette dernière déclaration satisfaisait le sentiment général, exprimé plus formellement et plus vivement surtout, contre l'Empire, deux jours auparavant (le 11 octobre), par les officiers de la garde nationale arrachant, aux acclamations d'un public nombreux, l'aigle qui surmontait le drapeau placé à la façade de l'hôtel de ville, où personne n'a plus demandé son rétablissement.

mesures les plus énergiques pour faire face à la situation. — Que tous les habitants soient rationnés et toutes les rations réduites à leur minimum. Que, si la réalisation de cette mesure doit entraîner quelque délai, on fasse, dès aujourd'hui, placarder une proclamation dans laquelle les habitants seront avertis de la situation et invités à se rationner eux-mêmes.

La population de Metz tout entière saura, nous n'en doutons pas, s'imposer les privations nécessaires pour éviter à tout prix une seconde édition de la capitulation de Sedan. S'il s'agit de nous préparer à supporter les rigueurs d'un siège, nous sommes prêts. Mais s'il s'agit de nous préparer à une lâcheté, que l'on ne compte point sur nous ! La population de Metz saura résister jusqu'au dernier jour, non pas seulement à l'ennemi du dehors, mais encore à tous ceux qui tenteraient de proposer une capitulation avant le jour où les circonstances seront devenues telles, que cette capitulation, si nous devions avoir le malheur de la subir, devînt une gloire pour la ville au lieu d'être une honte de plus pour la France.

Veuillez, général, agréer l'expression de nos sentiments patriotiques.
Metz, le 13 octobre 1870.

(Suivent les signatures.)

L'instinct populaire était que du régime nouveau dépendait notre salut. Aussi, commençait-on à se méfier de Bazaine, qu'on avait lieu de croire attaché par des liens étroits à l'ancien gouvernement; ce qui augmentait singulièrement l'inquiétude produite par son inexpliquable attitude militaire. Son étrange et persistante immobilité démoralisait évidemment son armée, dans laquelle se propageaient l'indiscipline et le découragement. Certaines manœuvres, dont on hésite à accuser l'apparente origine, aggravaient journellement encore cette situation. On inquiétait les troupes par une image exagérée et anticipée des souffrances qui les attendaient. Le 12 septembre, au moment de faire connaître aux soldats l'anéantissement de l'armée de Mac-Mahon, on leur annonçait qu'on n'avait plus de pain que pour vingt-cinq jours, et de fourrage que pour cinq seulement. Des bruits de négociations politiques, accrédités ensuite par différents actes, par les communications fréquentes et bien connues avec le quartier général prussien, par les voyages de Bourbaki et de Boyer, habituaient peu à peu l'armée à ne plus compter sur elle-même et à attendre, non d'une action militaire, mais d'une transaction politique, la solution qui devait la sauver.

Cependant l'idée de se dégager par un coup de vigueur avait, on le savait aussi, ses partisans dans l'armée. Un certain nombre d'officiers réunis dans cette pensée, cherchèrent jusqu'à la fin à la réaliser. Ils s'en occupaient encore dans les derniers temps en secret; mais, au commencement, ils avaient agi à découvert; et ils étaient même allés, assurait-on, communiquer leur projet au général en chef. Celui-ci leur aurait déclaré qu'il était des leurs, qu'on le verrait le jour de l'action à leur tête, qu'ils pouvaient compter sur lui; mais finalement ils les aurait, disait-on, éconduits de telle sorte qu'ils n'y étaient plus revenus.

Bazaine n'entendait nullement, on peut le croire,

encourager de pareilles entreprises. Il tâchait bien plutôt d'en détourner ses soldats. Le 17 octobre, un communiqué émanant du grand quartier général et publié dans le journal l'*Indépendant*, énumérait avec complaisance les forces considérables des ennemis autour de Metz. Ces indications fournies par le général en chef résultaient, disait le document officiel, du témoignage de soldats ennemis faits prisonniers, et c'est au journaliste qu'on laissait le soin si naturel de faire remarquer que ces renseignements, en raison de leur origine, ne devaient être accueillis qu'avec beaucoup de réserve (Append. LIX).

Un peu plus tard on faisait pis encore; on répandait parmi les officiers, une note que tout le monde a eue entre les mains et qui détaillait, en les exagérant, les obstacles créés par les ennemis pour former les lignes de circonvallation qui nous enfermaient. En même temps se propageait, parmi les troupes, le bruit qu'une capitulation, si elle avait lieu, stipulerait la captivité des officiers seulement et le licenciement, avec renvoi dans leurs foyers, des soldats.

Voilà comment on agissait vis-à-vis de l'armée. Du côté de la population on ne se bornait pas aux tentatives d'intimidation. De temps en temps un bruit habilement mis en circulation calmait l'opinion par l'espérance que l'armée allait lever le camp. Les ordres étaient donnés à tout le monde de se tenir prêt. Les officiers, croyant partir, faisaient leurs adieux à leurs amis de la ville en leur confiant une partie de leurs bagages, pour obéir à l'invitation qu'ils avaient reçue de les alléger. On allait, croyait-on, percer les lignes. Ordre fut même, dit-on, donné, un jour, de préparer des lits pour les blessés, qu'une pareille tentative devait coûter.

Le départ de l'armée était devenu l'idée fixe des Messins. L'impatience que causait son ajournement avait fait naître une sorte d'irritation qui s'exprimait de mille façons, contre les officiers surtout. Cette situation provoque un jour une déclaration, datée du 15 octobre, signée : un officier d'infanterie, et accueillie dans l'*Indépendant* du 19.

« Depuis quelques jours, y était-il dit, les Messins
» qui, jusqu'à présent, ont fait notre admiration et se
» sont acquis des droits à notre grande reconnaissance,
» se plaignent de ce que l'armée reste autour de la
» ville et absorbe le peu d'approvisionnements qui
» lui restent..... Il est bien facile de dire : Que l'armée
» s'en aille et il nous restera des approvisionnements;
» nous nous défendrons et nous périrons dans nos
» murs. Tout cela se dit très-bien et se ferait de même,
» j'en suis persuadé...... Ceux qui, en ce moment, ne
» rendent pas justice à l'armée sont peu au courant
» de la situation. Il m'est difficile de m'expliquer
» comme je pourrais le faire, parce que je ne dois
» pas entrer dans certaines considérations que ma po-
» sition de militaire ne me permet pas de dévelop-
» per...... Nous avons occupé et fait respecter par
» l'ennemi le principal rempart de la France...... On
» a eu bien de la peine à réunir assez de monde
» pour défendre Paris, et Metz reste seul, entouré
» d'ennemis en grand nombre et de fortifications dont
» il faudrait faire un siége en règle, si l'on voulait les
» franchir. Je ne sais ce que fera le maréchal Bazaine;
» je m'en rapporte complétement à sa sagesse et j'ac-
» cepterai, avec une entière confiance, les ordres qu'il
» nous donnera...... On parle, sans cesse, de la fameuse
» trouée qui doit nous dégager. Je ne puis vous dire ce
» que j'en pense, mais si on ne la fait pas, croyez bien
» qu'elle est impossible. Si nous recevons l'ordre de
» la tenter, comptez sur notre énergie pour la voir
» réussir. Si vous, Messieurs les Messins, voulez bien
» vous rappeler ce que nous avons fait et voir les dan-
» gers et les privations que nous supportons tous les
» jours avec gaîté pour être dignes de notre pays, vous

» aurez pour nous de meilleurs sentiments, et vous
» nous laisserez, sans mélange, au fond du cœur, une
» reconnaissance sans borne pour les soins empressés
» que vous avez donnés à nos camarades atteints par
» la maladie ou le feu de l'ennemi. »

Nous citons cette lettre, parce qu'elle fournit un intéressant témoignage de l'état d'esprit où se trouvaient, à sa date et à plusieurs points de vue, les officiers de l'armée. Les nuages légers qu'elle accuse entre celle-ci et la population civile ne troublaient pas cependant d'une manière essentielle les rapports toujours excellents qui existaient entre elles[1], ni les sentiments de sérieuse estime qu'elles avaient l'une pour l'autre. Nous en avons pour garants notamment une adresse de confraternité de la garde nationale à l'armée, imprimée dans l'*Indépendant* du 16 octobre, et une réponse chaleureuse publiée au nom de celle-ci dans le numéro du 18 du même journal.

« Inspirés par les nobles résolutions du Conseil mu-
» nicipal, disait l'adresse, les citoyens et les gardes
» nationaux de la ville de Metz viennent vous offrir leur
» concours pour défendre l'indépendance de la patrie
» menacée. Ils sont convaincus que vous accueillerez
» leur démarche et que vous résisterez avec eux à
» toute idée de capitulation... »

Dans la réponse on disait : « Plusieurs motifs empê-
» cheront sans doute l'armée de répondre par une
» adresse à celle que la garde nationale de Metz lui a fait
» l'honneur de lui envoyer ; mais, à défaut d'une ré-
» ponse collective, elle en recevra certainement de par-
» ticulières. Plus d'un de nous tiendra à remercier la

---

[1] On peut mentionner comme une preuve de ces bonnes dispositions du côté de l'armée, la part considérable prise par ses différents corps à une souscription en faveur des indigents de la ville, ouverte dès le 21 septembre, sur la proposition du général Coffinières, et dont le produit a dépassé le chiffre de 103 000 francs (Append. XXXVII et LXVIII).

» garde nationale d'une offre de concours qui n'a surpris
» personne........ Pour moi je n'ai pas la prétention
» exagérée d'être l'interprète de toute l'armée, mais je
» suis sûr au moins d'être l'écho fidèle des pensées et
» des paroles de ceux qui m'entourent....... L'union de
» tous est notre plus grande, peut-être notre seule
» force. Que cette union soit pour nous le plus saint
» des devoirs........ Il faut que chacun sache qu'avant
» d'être soldat, chacun de nous est français...........
» Malheur et honte à qui croirait que, dans la terrible
» épreuve que nous traversons, nous pourrions avoir
» d'autre pensée que de sauver la patrie ou de mourir
» pour elle !........ Plus de défaillances, plus de hontes,
» plus de capitulations !........ Merci à la population de
» Metz, à ses femmes dévouées, à ses hommes fiers et
» braves. L'armée conservera toujours dans son cœur
» le souvenir et l'amour de cette héroïque cité ».

Dans cette réponse, comme dans l'adresse qui l'avait provoquée, se manifestait un sentiment d'inquiétude touchant la solution à laquelle on marchait, et comme une réaction contre certaines menées politiques attribuées par la rumeur publique à Bazaine. On l'accusait de refuser son concours au gouvernement de la défense nationale et de ménager une restauration de l'Empire (Append. LVII). Il ne paraissait pas s'émouvoir beaucoup de ces bruits. Un jour, cependant, rompant le silence obstiné qui semblait chez lui un système, il se décide à parler. Pour la première fois il s'adresse directement à la population, et, incidemment du reste, dans un communiqué placardé le 11 octobre 1870 à l'occasion de nouvelles réclamées par l'opinion publique, il adjure les habitants de Metz d'avoir confiance dans sa loyauté, car rien, assure-t-il, ne leur est caché ; depuis le blocus il n'a jamais reçu la moindre communication du gouvernement, malgré toutes les tentatives faites pour établir des relations. « Quoi qu'il advienne, ajoute-t-il
» en finissant, une seule pensée doit en ce moment

» absorber tous les esprits, c'est la défense du pays ;
» un seul cri doit sortir de toutes les poitrines :
» Vive la France ! » (Append. XXIII).

A la suite de cette publication, le maréchal mande, le 15 octobre, à son quartier général, les commandants de la garde nationale. Il veut savoir ce que dans la population de Metz on lui reproche ; et, sur la franche exposition faite par eux des inquiétudes et des doutes qui assiégent les esprits, il leur déclare qu'il ne fait rien pour un pouvoir tombé par ses propres fautes et qu'il ne pense pas à autre chose qu'à servir le pays. Il ajoute que, dans les conseils où il réunit les généraux, il n'a jamais été question de capitulation ou de reddition de l'armée[1] (Append. LVII).

On aurait pu croire qu'il ne pensait plus à l'Empire. On sait aujourd'hui qu'il en était tout autrement, et qu'à cette date du 15 octobre, et depuis trois jours déjà, après Bourbaki, Boyer était parti pour négocier une restauration bonapartiste.

On comprend que, dans ces circonstances, quelques hommes plus impatients et plus résolus que le grand nombre aient songé à se débarrasser d'un chef qu'ils croyaient capable de trahison et à lui enlever le commandement pour le remettre en d'autres mains. La difficulté était de trouver un officier qui pût prendre le rôle de commandant en chef, avec les capacités requises et le crédit nécessaire sur les troupes. Il fallait un général. On a parlé de plusieurs tentatives qui toutes

---

[1] Nous ne savons pas à quel moment remonte la première pensée de la capitulation, mais nous tenons de M. le colonel Humbert, bibliothécaire de l'École d'application, que, le 5 octobre, un officier du génie attaché à l'état-major du général Coffinières, est venu chercher pour M. le maréchal Bazaine, à la bibliothèque de l'École, le volume de l'ouvrage de Thiers, où il est question de la capitulation de Baylen, et les relations de la défense et de la capitulation de Gênes et de Dantzig. Quelques jours plus tard, M. le général Frossard faisait demander aussi ces ouvrages.

échouèrent. Nous nous bornerons à mentionner celle qui fut dirigée du côté du général Changarnier.

Le général Changarnier était, depuis les premiers jours d'août, à l'armée de Metz, sans y avoir de commandement. Il s'était établi finalement à Saint-Julien, avec l'état-major du 3e corps qu'il avait suivi dans quelques-unes des dernières journées, notamment le 31 août, à Servigny, où son attitude pleine d'entrain avait produit beaucoup d'effet. Sa vieille réputation militaire ainsi rajeunie aurait exercé sur les soldats le prestige nécessaire pour les enlever; et l'on pouvait compter qu'ils le suivraient, s'il consentait à se mettre à leur tête. La difficulté était d'engager la question, d'aborder le général en le pressentant, et de le mettre de suite, s'il voulait s'y prêter, dans une position qui pût servir de point de départ et d'appui à son action. On imagina de lui offrir le commandement de la garde nationale. Le 16 octobre, plusieurs officiers de celle-ci se décident à se rendre à Saint-Julien pour lui faire cette proposition.

Le général parut démêler dès l'abord la portée véritable de la démarche dont il était l'objet. Il commença par déclarer que son premier devoir était l'obéissance envers le général en chef, pour lequel il protesta de son estime et de sa confiance. Il ne pouvait donc, dit-il, sans son assentiment, répondre d'aucune façon à la proposition qui lui était faite, mais il s'en déclarait très-flatté. Il ajouta cependant, avec une légère teinte d'ironie, que le service de la garde nationale devant se borner à la défense des remparts, il préférerait peut-être un commandement qui lui permît d'aller plutôt aux avant-postes. On lui répondit que la garde nationale tout entière était prête à le suivre où il voudrait la mener, et l'on se sépara. Le général avait en outre profité de cet échange d'explications pour blâmer certaine démarche faite récemment d'un autre côté par la garde nationale, en vue d'obtenir une part plus large dans l'œuvre de la défense. Elle avait demandé au général Coffinières d'être admise à la garde des portes et au service des pièces d'artillerie dans les forts ' (Append. XXXIX et LVI).

La tentative à l'adresse de Changarnier n'alla pas plus loin. Le général avait suffisamment montré, et c'était évidemment son intention, qu'il ne fallait pas compter sur lui pour le rôle qu'on avait un instant songé à lui offrir; et il n'en fut plus question (Append. LVIII).

Il était dit qu'on subirait jusqu'au bout le commandement du maréchal Bazaine, efficacement protégé par les principes vivaces de discipline qui dominaient, après tout, chez les officiers, malgré quelques défaillances accidentelles et purement individuelles. La population contenait plus de ferments de révolte; mais ils étaient nécessairement étouffés par l'écrasante supériorité nu-

' Pour satisfaire à cette dernière demande, le général Coffinières, par décision du 14 octobre, admit l'artillerie de la garde nationale sédentaire à faire un service journalier dans les forts détachés de la place. L'artillerie de la garde nationale s'était, par son zèle à s'instruire, rendue digne de cette faveur.

« L'artillerie avait conscience de ce qu'elle pouvait et devait faire
» pour la défense de Metz et sa conservation à la France ; son zèle
» fut prodigieux. En huit jours son instruction était complète pour le
» service des pièces de siége qui garnissaient les remparts. Ce résultat
» fut constaté et proclamé par M. le général de Mecquenem, com-
» mandant de l'artillerie de la place, dans la visite que lui firent les
» officiers de l'artillerie de la garde nationale quelques jours après
» sa réorganisation. Dans sa réponse au commandant de l'escadron
» qui mettait l'artillerie à sa complète disposition, le général de Mec-
» quenem déclara qu'en raison de l'aptitude des artilleurs des batteries,
» dont il s'était rendu compte par lui-même, il s'était entendu avec
» le général Coffinières pour leur confier le service exclusif des fronts
» de la place et des forts intérieurs, tels que Belle-Croix, Gisors, la
» lunette d'Arçon, Miollis, de manière à utiliser pour le service des
» forts extérieurs toute l'artillerie de ligne disponible. Cette décla-
» ration du général de Mecquenem fut confirmée en tous points par
» le général Coffinières lors de la visite que lui firent les officiers de
» l'artillerie le 18 septembre ». — *La garde nationale pendant le siége, par un citoyen de Metz* (M. Noizet).

mérique de l'armée, toujours soumise à ses chefs. Du reste, dans la ville elle-même, la méfiance n'était pas générale, et, en raison de l'ignorance où l'on était des événements, il ne manquait pas de gens qui, répugnant à tout soupçon de trahison, pensaient que l'inaction du général en chef était motivée par des calculs de temporisation, fondés sur la connaissance où l'on pouvait le croire de ce qui se passait au dehors, aussi bien chez nous que chez les ennemis.

Il est assurément permis de déplorer aujourd'hui le maintien du maréchal Bazaine à la tête de l'armée de Metz; mais qui oserait blâmer ses officiers, eux ses premières victimes, d'avoir respecté dans son autorité la loi fondamentale de la discipline militaire! Il n'eût d'ailleurs été, probablement, au pouvoir d'aucun d'eux de décider tous les autres à oublier leur premier devoir; et, si l'on doit douter du succès, au sein de l'armée, d'une conspiration militaire, que penser d'une tentative de ce genre qui fût partie du milieu de la bourgeoisie messine? Il s'est trouvé pourtant des gens pour croire qu'une pareille entreprise était possible. Le maire reçut des lettres dans lesquelles on l'invitait à déposer le maréchal et à disposer de son commandement. D'autres auraient voulu qu'il provoquât l'armée à se révolter contre son chef et à en choisir un autre. Nous ne mentionnons ces faits que pour montrer à quel point étaient portés l'inquiétude et le trouble dans certains esprits.

Sans aller jusque-là, sans concevoir la pensée que le maréchal Bazaine fût capable de trahison, beaucoup se laissaient aller à douter, au moins, qu'il fût bien résolu aux actes de vigueur qui auraient pu nous sauver; et, à tort où à raison, ils étendaient leurs soupçons au général Coffinières, malgré les assurances que celui-ci n'avait pas hésité à donner, dans quelques circonstances, de ses bonnes dispositions (Append. LVI). La méfiance, à l'endroit du général en chef et du commandant supérieur, s'exprime, faute de pouvoir s'affirmer autrement, par des manifestations diverses de la volonté de résister et de se défendre à outrance; volonté bien arrêtée qu'on entendait leur signifier en toute occasion, avec d'autant plus d'insistance qu'on les soupçonnait de ne pas la partager.

Les officiers de la garde nationale font dans cet esprit, à diverses reprises, des démarches chez le commandant supérieur, pour lui demander d'agrandir le rôle de la population dans le service militaire de la défense (Append. XXXIX et LVI).

Les journaux publient, pour le même objet, des pages significatives. L'*Indépendant* reproduit, le 15 octobre, dans ses colonnes, les articles de la loi militaire qui condamnent à la dégradation et à la peine de mort le commandant d'une place de guerre, qui capitule sans avoir forcé l'ennemi à passer par les travaux lents et successifs des siéges, et avant d'avoir repoussé au moins un assaut au corps de place, sur des brèches praticables[1].

Un autre jour, la statue du maréchal Fabert, élevée à l'illustre messin sur la place de l'hôtel de ville, se trouve ornée d'une couronne destinée à appeler l'attention sur elle et sur l'inscription qui décore son piédestal :

SI, POUR EMPÊCHER QU'UNE PLACE QUE LE ROI M'A CONFIÉE, NE TOMBAT AU POUVOIR DE L'ENNEMI, IL FALLAIT METTRE A LA BRÈCHE MA PERSONNE, MA FAMILLE ET TOUT MON BIEN, JE NE BALANCERAIS PAS UN MOMENT A LE FAIRE.

---

[1] Il ne faut pas croire cependant que les six journaux existant à Metz pendant le blocus, aient alors joui d'une complète liberté. Une censure, qu'ils ont pu quelquefois lasser ou surprendre accidentellement, était exercée sur eux à l'état-major du commandant supérieur. On trouvera dans une note placée à la suite de ce mémoire quelques détails intéressants sur sa manière de procéder (Append. LVI).

Les craintes exprimées par ces manifestations pouvaient sembler suffisamment motivées, car le général Coffinières avait dit publiquement, le 12 octobre à l'hôtel de ville, que la population se faisait des illusions regrettables sur la possibilité d'une défense prolongée que ne permettait pas l'état des subsistances existant dans la place, et il avait ajouté qu'il importait d'éclairer les habitants sur cette situation et de les préparer à certaines conséquences qui pouvaient, à bref délai peut-être, en résulter (Append. LVI). Les bonnes dispositions des habitants, qu'un commandant énergique et résolu eût entretenues et fait naître au besoin, même au prix d'un pieux mensonge, celui-ci les déplorait et s'étudiait à les détruire.

Le général Coffinières se plaignait du reste d'être paralysé dans l'adoption de certaines mesures nécessaires à la défense, par la toute-puissante autorité du maréchal Bazaine qui, en lui imposant la charge des subsistances de son armée, anéantissait les ressources sans lesquelles il se trouvait, lui, dans l'impossibilité de garder la ville, comme c'était son devoir et sa volonté, disait-il, de le faire.

Nous ne pouvons juger jusqu'à quel point le commandant supérieur de la place était obligé de sacrifier ainsi ses obligations aux exigences du général en chef, mais il nous est permis de nous en étonner, en présence surtout de l'attitude nouvelle que le général Coffinières se décide enfin à prendre aux approches de la crise finale. Après avoir subi sans révolte, au grand détriment de la place, la volonté du chef de l'armée, depuis le milieu d'août jusqu'au milieu d'octobre, tout à coup, à la veille d'en finir, et quand les ressources vont manquer, il s'avise d'y résister, et il indique la résolution de séparer désormais les intérêts de la place de ceux de l'armée. Il constitue, le 12, et il installe, le 13 octobre (Append. LX), le comité de surveillance des subsistances que la loi prescrit d'établir aussitôt après l'ordre de former les approvisionnements, c'est-à-dire au début de la mise en état de siége ; mais cette mesure tardive ne semble pas être un acte bien sérieux, de la part du général, le jour même où il écrivait au maire de Metz : « les magasins militaires des vivres sont complétement vidés aujourd'hui même (Append. XXXIX). » Cette dernière déclaration, qui pouvait être utile pour obtenir les grains qu'on voulait tirer des greniers de la ville, n'était, il est vrai, pas tout à fait exacte ; car le comité de surveillance constata ultérieurement l'existence dans les magasins de la place de certaines ressources et, le 18 octobre, le commandant supérieur put ordonner encore de ne plus rien laisser sortir de ses magasins au profit de l'armée. Des vérifications permirent en outre de reconnaître des approvisionnements assez importants conservés jusqu'à la fin dans certains corps, et l'on sut que les forts en avaient encore des quantités plus ou moins notables le jour de la reddition. L'assertion du 13 octobre était donc quelque peu prématurée ; mais ce qui n'était pas encore vrai ne devait malheureusement pas tarder à l'être.

Le 13 octobre il s'agissait, ce semble, de retirer seulement à la ville une partie de ses ressources (Append. XL). On lui prit, en effet, les 15 et 16 de ce mois 756 quintaux de blés et de farines ; après quoi on lui fit savoir qu'on renonçait pour le moment à lui rien demander de plus. La population se trouvait dès lors avoir de quoi vivre, à deux jours près, juste autant de temps que l'armée. Peut-être avait-on voulu égaliser ainsi les ressources de chacun pour faire tomber plus sûrement ensemble toutes les possibilités et toutes les velléités de résistance ? On a dit que le maréchal Bazaine voulait en finir pour un terme convenu. On n'ose le croire ; mais les faits s'accorderaient véritablement avec une pareille supposition si l'on pouvait la faire.

C'est par les subsistances, on le voit, que la situation devait se dénouer et la chute de la place se décider. Les questions qui les concernaient étaient devenues, pour le Conseil municipal, l'objet des plus grandes préoccupations. Depuis le 18 octobre, il s'était déclaré en permanence; tous les jours il se réunissait pour s'occuper surtout de l'alimentation publique. La farine diminuait; on avait réduit les rations de pain, on pensait à leur substituer des rations de bouillon et de viande cuite, quand la farine viendrait à manquer (Append. XLI et XLII). On sentait bien, il est vrai, qu'arrivée à ce point la défense ne pouvait plus être qu'une question de jours; mais on savait aussi que, pour une ville assiégée, une seule journée gagnée peut tout sauver et que l'assurer, au prix même des plus grands sacrifices, est le strict devoir de ses défenseurs. Or on voulait pousser la défense jusqu'aux dernières limites.

Cependant le bruit se répandait qu'il se tenait de nombreux conseils de guerre dont on ne savait rien de positif sinon qu'on voyait les généraux s'y rendre. Dans ces conseils il était, disait-on, question de capitulation suivant les uns, d'un coup de vigueur suivant les autres, pour sortir à tout prix de la situation où l'on se trouvait. On a su depuis que, dans ces réunions, il avait été en effet quelque peu parlé d'une action énergique et désespérée, mais que cette idée y avait trouvé peu d'accueil, et qu'on s'y était bien plus occupé de la manière dont on pourrait obtenir une capitulation qu'on voulait honorable, sans avoir la force ni la résolution d'en imposer les conditions.

Le 22 octobre le général Coffinières se rend à la séance du Conseil municipal. C'était la première fois qu'il y paraissait. Il vient dire que des nécessités impérieuses ressortent de la situation et qu'au point où l'on en est les récriminations sont inutiles; que l'armée va décidément nous quitter; que ce qu'il demande maintenant à la ville c'est de partager ses ressources avec la garnison qui s'enfermera dans ses murs; que celle-ci a dans les magasins militaires du pain pour cinq jours jusqu'au 27; que la ville en a pour sept jours jusqu'au 29; et qu'en mettant tout en commun on pourra vivre ensemble jusqu'au 28. Mais plus que jamais il faut, dit-il, que la population renonce à des illusions que rien encore n'a pu détruire; il faut qu'elle soit enfin convaincue que les vivres touchent à leur fin et que dans six jours ils seront épuisés. Le général insiste surtout sur la nécessité de faire savoir aux habitants que le 28 octobre ils mangeront leur dernier morceau de pain (Append. XLIV).

La connaissance de la situation devait se répandre dans ces termes précis, le lendemain même, par la publication du procès-verbal de la séance. Avant d'en transmettre, comme d'habitude, le résumé aux journaux, on le soumet à l'appréciation du général pour s'assurer qu'il rend bien sa pensée. On trouvait plus d'un inconvénient à fixer ainsi, à une date déterminée, l'entier épuisement des ressources, car on voulait croire encore à une prolongation désespérée de la résistance. On eût désiré que le général modifiât quelque peu, dans ce qu'elles avaient de précis, les expressions de sa communication. Mais son intention formelle était tout autre; il avait dit, pour que cela fût répété : Nous aurons du pain jusqu'au 28. On obtint seulement de lui que, dans le résumé qui allait être publié, il fût dit d'une manière un peu moins saisissante : Nous aurons du pain pendant quelques jours encore. C'est ainsi que la nouvelle fut donnée, le lendemain, à la population, dont on eût souhaité de soutenir, le plus longtemps possible, les bonnes dispositions (Append. XLIV et XLV).

Le général voulait, c'était son expression, ôter aux Messins leurs illusions. On pourrait presque dire qu'il voulait les décourager. Il n'y parvient pas encore. L'opinion publique accueille avec incrédulité sa communication au Conseil municipal. Elle n'en a guère moins pour certains bruits alarmants répandus dans les camps, qui les renvoient à la ville. Il s'agissait des nouvelles rapportées par le général Boyer qui arrivait de Versailles. Elles avaient été communiquées verbalement aux chefs des corps, aux généraux et, par ceux-ci de la même manière, aux officiers et aux soldats. La France était, disait-on, en proie à l'anarchie ; le gouvernement de la défense nationale était en dissolution ; plusieurs villes, entre autres Rouen, avaient demandé des garnisons prussiennes pour les protéger contre le désordre ; l'armée de Lyon avait été battue à Orléans. On ajoutait que les Prussiens étaient disposés à traiter de la paix, mais seulement avec la dynastie napoléonienne et la régence, représentée par le maréchal Bazaine, et que le général Boyer repartait pour aller demander à l'Impératrice d'acquiescer à cette combinaison.

Ces nouvelles se produisaient, au reste, avec certaines variantes qui s'expliquent suffisamment par cette circonstance qu'elles avaient pour origine les communications purement verbales des généraux. Plusieurs officiers avaient pris cependant la précaution d'en rédiger la teneur immédiatement après les avoir reçues. Une de ces notes, remise à cette époque entre nos mains par son auteur, porte en outre ces indications : « L'armée ne touchera probablement pas de vivres » demain, et après-demain on ne lui donnera que du » vin et de la viande. — On engage les soldats à ne » pas crier. — Dans trois jours ils quitteront Metz, » avec le consentement des Prussiens, pour aller rétablir » l'ordre en France. — On demande aux chefs » de corps de faire de nombreuses propositions pour » la croix et la médaille. — Les officiers touchent » aujourd'hui, 19 octobre, la solde du mois de no- » vembre. »

On était étonné et justement ému dans la ville que de pareilles communications faites officiellement à l'armée n'arrivassent à la population que d'une manière indirecte, par des versions incomplètes et peut-être infidèles. Dans sa séance du 23 octobre, le Conseil municipal émet le vœu que des renseignements positifs soient demandés sur les nouvelles données à l'armée touchant les affaires générales du pays et les négociations pendantes, et que cette demande soit adressée au commandant supérieur (Append. XLV). Celui-ci répond (25 octobre) que, pour sa part, il ne peut rien dire, et que le général en chef peut seul le faire. La demande est adressée alors dans les mêmes termes, avec la déclaration du général Coffinières, au maréchal Bazaine (Append. XLVII).

La réponse du maréchal arrive le lendemain (26 octobre). Elle est lue au Conseil municipal le jour même, en présence du général Coffinières qui, pour la seconde fois, s'était rendu à sa séance. Le maréchal disait que le général ayant assisté à tous les conseils de guerre, aurait pu fournir au Conseil municipal les renseignements qu'il réclamait (Append. XLVIII). Le général ne pouvait plus se dispenser de parler et il communique alors les tristes et décourageantes nouvelles que nous venons d'indiquer; mais il néglige de faire connaître, ce qui a été avoué depuis lors, qu'elles ont pour unique origine les déclarations de M. de Bismarck ou des officiers prussiens au général Boyer [1].

La lettre du maréchal qui a provoqué ces confidences contient encore une autre information bien plus grave

---

[1] « L'autorisation demandée pour M. le général Boyer, qui avait été
» refusée le 11 octobre fut accordée le 12, sur une dépêche télégra-
» phique du roi de Prusse. Cet officier général se mit immédiatement
» en route pour Versailles, accompagné de deux officiers de l'état-major
» du prince Frédéric-Charles. A son arrivée à Versailles le 14, *où on*
» *ne le laissa pas communiquer librement*, il fut reçu par M. le comte
» de Bismarck qui lui donna une seconde audience le lendemain, à
» l'issue du Conseil. M. le général Boyer revint à Metz le 17. » —
Rapport sommaire sur les opérations de l'armée du Rhin du 13 août au 29 octobre 1870, par le commandant en chef, maréchal BAZAINE.

— 42 —

et malheureusement plus certaine, c'est que, de l'avis unanime des chefs militaires réunis en conseil, l'heure de la reddition est arrivée, et que, par suite des exigences de l'ennemi et de la pénurie actuelle des vivres, il est irrévocablement décidé que la place et l'armée doivent subir le même sort. Le général Coffinières fait savoir, en outre, que les négociations sont déjà commencées pour la reddition de la place (Append. XLVIII).

Malgré les bruits persistants qui couraient depuis quelque temps déjà, cette déclaration produit au sein du Conseil municipal une profonde consternation. Il était évident que tout était consommé. La capitulation était certaine ; Coffinières s'applique à la justifier. L'épuisement des subsistances est le grand, l'unique argument de sa thèse ; et il se charge d'annoncer lui-même, par une proclamation aux habitants, la situation où l'on se trouve. Il pourra, du reste, leur donner, dit-il, l'assurance que, dans les négociations qui ont maintenant leur cours, on ne négligera pas leurs intérêts, en faveur desquels il a fourni déjà plusieurs pages d'observations, et il invite, en finissant, le Conseil à lui envoyer, s'il le juge à propos, des notes relatant, pour le même objet, tout ce que lui suggérera sa prudence.

Après s'être levé, le général s'entretient avec quelques membres du Conseil municipal des conditions qu'on peut proposer en faveur de la ville, puis il se retire. Il laisse le Conseil en proie à une vive émotion, mais fermement résolu à ne tremper d'aucune manière dans l'acte déplorable qui s'accomplit. Le Conseil municipal déclare à l'unanimité qu'il ne fournira pas de notes pour la négociation, et qu'il convient de laisser à celle-ci son caractère purement militaire. Il décide aussi, par un sentiment facile à comprendre et pour ne pas se faire auprès de la population le porteur de cette lamentable nouvelle, que le procès-verbal qui la contient ne sera livré le lendemain à la publicité habituelle qu'après la proclamation annoncée par le commandant supérieur pour faire connaître aux habitants la triste résolution du général en chef (Append. XLVIII).

C'est en effet par la proclamation du général Coffinières que les Messins apprennent dans la journée du 27 octobre où en sont les choses. « L'ennemi, dit le général, » demande la place et l'armée, et n'admet pas la sépa- » ration de ces deux intérêts. » C'est à cette exigence que l'on consent à céder (Append. XXXI).

Le soir, une députation des officiers de la garde nationale introduite d'abord au sein du Conseil municipal, est ensuite menée chez le général Coffinières par le maire accompagné de quelques conseillers. Les officiers veulent dire encore une fois que la milice citoyenne est toujours prête à s'associer à toute mesure énergique que pourrait tenter l'armée jusqu'au dernier moment; mais que, si l'on a décidé irrévocablement la reddition de la place, elle demande de remettre ses armes dans les arsenaux avant que l'ennemi vienne l'obliger à les déposer [1] (Append. XLIX).

Dans une conversation qui suit ces déclarations, on revient sur les négociations dont le général a parlé la veille. On lui apprend que le Conseil a résolu d'y rester

---

[1] Le 28 octobre, le commandant supérieur rendait un arrêté portant que la garde nationale sédentaire de Metz était dissoute et que ses armes devaient être déposées dans les arsenaux. — La garde nationale de Metz avait été formée en conséquence d'un arrêté du commandant supérieur en date du 7 août (Append. IV). Elle avait procédé immédiatement au choix de ses officiers confirmés le 8 par un arrêté du général Coffinières (Append. VI). — Les armes lui avaient été remises le 8 août, les compagnies se présentant successivement aux arsenaux où le nombre de fusils nécessaires à leur armement était délivré au chef du détachement; ces fusils étaient ceux du dernier modèle à percussion. — L'artillerie fut organisée le 22 août (Append. XIII et XIV). — L'uniforme adopté était la blouse feuille morte et la casquette américaine de même étoffe avec un galon d'une couleur particulière (bleue, rouge, jaune, verte ou noire) pour chaque bataillon, au collet de la blouse et à la casquette. L'artillerie avait le galon de couleur écarlate. — Les cinq bataillons d'infanterie et les cinq batteries d'artillerie de la garde nationale portaient les numéros

étranger, et lui-même affirme qu'il s'est décidé à n'y participer également en rien. L'œuvre est donc laissée à celui-là seul qui en a été l'artisan principal et à qui elle appartient, au général en chef, à Bazaine, à qui est réservé tout entier le triste rôle de livrer l'armée qu'il n'a pas voulu conduire au combat, et la malheureuse ville où il a trouvé un refuge, et dont il a ainsi entraîné la perte. A ce moment (27 octobre au soir), l'acte de reddition était déjà signé, au nom du maréchal Bazaine, par le général Jarras, son chef d'état-major.

Le 28 octobre est pour l'infortunée ville de Metz un jour de trouble, de souffrances et d'efforts violents et vains, comme ceux qu'on fait convulsivement pour vivre encore quand on va mourir. Les rues sont pleines de tumulte; des clameurs bruyantes, des coups de feu s'y font entendre. La grande voix de la *Mutte* est déchaînée par quelques hommes exaltés qui ont envahi le clocher de la cathédrale et s'y sont barricadés. L'air est rempli des sons de la vieille cloche municipale. Signe ordinaire de réjouissance dans la cité, ses volées

des sections de la ville auxquelles appartenaient les hommes qui les composaient et avaient la garde des portions de l'enceinte comprises dans ces sections. L'infanterie était forte de 5064 hommes, et l'artillerie de 605. — La première garde fut fournie le 13 août par la 1re compagnie du 4e bataillon, aux postes du palais de justice et de la maîtrise de l'évêché. — Une décision du maréchal Bazaine, notifiée par une lettre du 23 septembre du général Coffinières, portait qu'une solde de 1 fr. 50 c. par jour de service serait accordée aux gardes nationaux sédentaires de Metz. Cette solde ne fut remise aux chefs des compagnies que dans les derniers jours du blocus; elle n'a été touchée par presque personne. — Le 4 octobre une décision du général Coffinières autorisait les habitants des campagnes réfugiés à Metz à se faire inscrire à titre volontaire dans les bataillons de la garde nationale. Cet appel a été peu entendu. — Les exercices journaliers, auxquels tout le monde se rendait avec zèle, et les gardes sur les remparts, dont le tour revenait pour chacun tous les huit ou dix jours, ont été les seuls services réclamés de la garde nationale pendant le blocus. Elle a été passée une seule fois en revue par son colonel le 25 septembre.

retentissant à cette heure d'angoisse, font l'effet du rire insensé que provoque parfois la frénésie de la douleur. Plus vrai dans sa signification est le tocsin d'incendie, cloche d'alarme, qu'on met en branle à son tour. En même temps des groupes agités se forment ; des hommes fous de colère se portent menaçants sur l'hôtel du commandant supérieur ; mais des piquets d'infanterie ont été placés déjà aux abords des rues qui y donnent accès. Des gardes nationaux mêlés à des soldats se réunissent en armes. Ils veulent se jeter à travers les lignes ennemies ; ils franchissent le soir les portes de la ville et disparaissent. Le tumulte se prolonge jusqu'à une heure avancée de la nuit.

Cette agitation impuissante, comme celle de l'agonie, ne pouvait plus provoquer que des périls. Le maire et le Conseil municipal cherchent à la calmer par une proclamation dont le langage est compris.

« Chers concitoyens, y est-il dit, le véritable courage
» consiste à supporter un malheur sans les agitations
» qui ne peuvent que l'aggraver. — Celui dont nous
» sommes tous frappés aujourd'hui nous atteint sans
» qu'aucun de nous puisse se reprocher d'avoir un seul
» jour failli à son devoir. — Ne donnons pas le désolant
» spectacle de troubles intérieurs, et ne fournissons
» aucun prétexte à des violences ou à des malheurs
» nouveaux et plus complets encore. — La pensée que
» cette épreuve ne sera que passagère et que nous,
» Messins, n'avons assumé dans les faits accomplis aucune part de responsabilité devant le pays et devant
» l'histoire, doit être, en ce moment, notre consolation.
» — Nous confions la sécurité commune à la sagesse
» de la population » (Append. L).

Le 28 octobre avait été pour la population une journée d'agitations convulsives. Le lendemain la souffrance était renfermée dans les cœurs. Les rues encore pleines de mouvement étaient silencieuses. Des mains patriotiques avaient voilé d'un crêpe de deuil la statue de

— 46 —

Fabert et sa noble inscription. A midi, les forts étaient remis à l'ennemi ainsi que les portes de la ville, pendant que les soldats étaient conduits, désarmés, aux avant-postes. Livrées en même temps, partageant le même sort, la cité et l'armée étaient maintenant prisonnières.

II.

LES SUBSISTANCES.

Le 26 octobre, le général Coffinières, parlant devant le Conseil municipal, à qui il venait d'annoncer la nouvelle imprévue de la capitulation, terminait sa triste communication par les paroles suivantes :

« Dans une telle situation et acculés par la famine,
» avec quatre jours de vivres, que pouvions-nous
» faire ?....... Je ne connais pas de place qui ait été si
» près de l'épuisement complet de ses ressources. A
» Dantzig, quand le général Rapp se vit réduit à qua-
» rante jours de vivres, il fit, le 24 novembre, un traité
» pour le 1er janvier, et cinq jours avant l'échéance, le
» 25 décembre, il rendit la place. »

Ce tableau du dénûment de l'armée du maréchal Bazaine était exact. Il ne nous appartient pas de rechercher comment elle était arrivée à une telle extrémité : notre mission a seulement pour objet de retracer ce qui se rapporte à la ville de Metz, de grouper les faits relatifs à son alimentation pendant le blocus, et d'exposer les documents officiels qui s'y rattachent.

Avant d'aborder le récit qui va suivre, il est nécessaire de bien établir tout d'abord les conditions dans lesquelles se trouvait Metz au moment où se présenta pour la première fois à ses yeux l'éventualité d'un blocus.

Jusqu'à ce moment, et à dater du 15 juillet, jour de la déclaration de guerre, c'est-à-dire pendant un intervalle de trois semaines, Metz n'avait pas cessé de servir de lieu de passage et de cantonnement aux troupes qui devaient composer l'armée. Tous les moyens de transport, toutes les ressources des chemins de fer avaient été absorbés par le service de la guerre et pendant que, d'une part, la consommation s'était accrue dans des proportions considérables, d'autre part, le ravitaillement, même normal, avait été radicalement suspendu.

En outre, aucune injonction, aucun avertissement de se prémunir pour le cas d'un siége n'avait été adressé à l'administration civile.

Les esprits n'étaient pas alors tournés de ce côté. Chacun croyait que la guerre allait être portée bien au delà de la frontière. La confiance dans des succès prochains était complète, générale, absolue.

La réaction produite par les échecs de Spickeren et de Reichshoffen fut aussi violente que subite. En un jour, en un instant, apparut l'imminence d'un blocus et se révéla la nécessité de faire des approvisionnements et d'amasser des réserves de vivres.

Mais il était déjà trop tard. L'ennemi était, sinon aux portes de Metz, au moins à quelques lieues. Une grande partie des campagnes environnantes était en sa possession; les denrées, qu'elles pouvaient fournir, dans ses mains ou à sa portée, et le ravitaillement était ainsi, du premier coup, devenu une affaire exclusivement militaire et l'objet d'une opération de guerre.

A ces difficultés, déjà si redoutables, était venu bientôt se joindre un nouvel élément d'embarras.

L'approche de l'ennemi et la frayeur qu'il semait devant lui avaient fait affluer dans Metz une quantité considérable de campagnards, accourus de toutes parts pour chercher un refuge, une protection dans l'enceinte de la ville. Du 10 au 15 août, ce n'avait été qu'une longue traînée d'émigrants amenant à leur suite leurs femmes, leurs enfants, leurs meubles, tout ce qu'ils avaient pu sauver dans la hâte de la fuite.

En vain, des arrêtés successifs avaient été édictés les 10 et 12 août (Append. IX, X et XI) pour arrêter cette immigration, ou, tout au moins, pour en atténuer les effets relativement aux subsistances.

Ces arrêtés n'avaient pas été complétement exécutés ; et, de fait, ils ne pouvaient pas l'être, car il eût été inhumain de refuser à des concitoyens sans défense l'asile qu'ils venaient implorer, et de les rejeter brutalement aux mains de l'ennemi.

En conséquence, les émigrants étaient restés dans Metz et la somme des bouches à nourrir s'en était trouvée, en peu de jours, augmentée dans de notables proportions.

En effet, la population de Metz est, en temps normal, de 48000 habitants ; or, d'après un recensement qui fut opéré plus tard et dont il sera parlé dans la suite, il y a lieu d'estimer que, pendant le blocus, elle s'est élevée à un total d'au moins 70000 âmes.

Il est toutefois juste d'ajouter que les campagnards avaient apporté avec eux des quantités assez importantes de blé, lesquelles pourvurent, au moins en partie, à leur subsistance.

Telle était la situation faite par les circonstances à la ville de Metz et à son Administration municipale le jour où se posa devant cette dernière la question des subsistances : à ce moment, c'est-à-dire pendant les huit jours qui séparèrent les premières menaces d'un siége, de l'investissement même, on ne pouvait essayer de se pourvoir de vivres : la seule chose à faire était de s'assurer de ce que renfermait la ville, et de le réserver pour l'alimentation des habitants [1].

---

[1] On lit dans le rapport sommaire sur les opérations de l'armée du Rhin (p. 9 et 10) : « Malheureusement les autorités *civiles* et militaires » de cette place n'avaient pas pris de dispositions, *quand il en était* » *temps encore*, pour faire rentrer dans son enceinte toutes les res- » sources en vivres et fourrages des cantons voisins, et augmenter » ainsi les approvisionnements, en prévision d'un long blocus. »

Les lignes qu'on vient de lire répondent suffisamment à cette singulière imputation de M. le maréchal Bazaine, et feront comprendre

— 50 —

Pénétrée de cette idée, l'Administration procéda immédiatement à une enquête et chargea le fermier des moulins de la ville [1] de lui faire un rapport sur le stock de grains dont on pouvait disposer.

Or, ce rapport lui fit connaître que cet industriel possédait alors une réserve de 14 000 quintaux métriques, soit de quoi alimenter la population pendant trente jours au moins; que, de plus, il y avait dans les mains des négociants pour une dizaine de jours de nourriture; enfin, que les greniers des particuliers pouvaient contenir environ 15 000 quintaux, représentant encore un mois de vivres, si bien que la totalité des ressources disponibles pouvait s'élever à plus de 30 000 quintaux.

Il y avait donc deux mois d'assurés. En outre, les magasins de l'intendance militaire devaient renfermer des grains en quantités considérables. Tout ce qui avait été acheté et accumulé pour le service de l'armée était resté à Metz, et on pouvait compter sur une participation à ces réserves, au profit de la population civile, pour le jour où les approvisionnements seraient épuisés.

Ainsi se présentait l'état des choses à la date du 15 août : mais, quelques jours après, tous les calculs étaient bouleversés et les prévisions, basées sur le secours à tirer des réserves de l'intendance, se trouvaient complétement déjouées.

En effet, on ne supputait alors que sur une garnison ordinaire de siége, soit environ 20 000 hommes, et on ne tenait pas compte de l'armée du maréchal Bazaine, qu'on croyait devoir s'éloigner et quitter le campement de Metz. Mais cette armée, après avoir essayé, les 16 et 18, de percer les lignes ennemies, revenait, le 19, s'établir dans l'enceinte de Metz et, dès lors, il fallait lui

---

à tous les lecteurs l'étonnement qu'elle a causé chez les personnes au courant des faits.

[1] M. E. Bouchotte.

réserver sa part, la part de 150 000 bouches, dans les approvisionnements militaires.

Cet événement inattendu ne pouvait manquer d'apporter un trouble profond dans l'affaire des subsistances. L'effet ne s'en fit pas longtemps attendre.

L'intendance militaire se mit à acheter des grains sur le marché de Metz, faisant ainsi concurrence à la population et menaçant d'attirer à elle une grande partie de ce qui appartenait aux habitants.

En outre, comme les moyens de mouture étaient devenus insuffisants devant l'augmentation des besoins, elle prétendit requérir, pour son service exclusif, l'ensemble des moulins de la ville, comprenant un total de vingt-sept paires de meules.

Toutefois, sur les observations qui lui furent aussitôt faites, elle consentit, le 29 août, à cesser ses achats dans l'intérieur de la ville et à laisser à la population les dix-sept paires de meules des moulins Bouchotte, se réservant pour son usage le reste, soit dix paires de meules, dont six exploitées par des particuliers et quatre appartenant à la manutention militaire.

Ce premier différend aplani, il en surgit bientôt un autre à propos de la viande.

Cet article, dès le commencement du blocus, avait accusé une rareté et subi une hausse inquiétantes. De 1 fr. 50 c. le kilo, la viande de bœuf s'était élevée en un instant à 2 francs, 2 fr. 50 c., pour atteindre, dans les premiers jours de septembre, 3 et 4 francs [1]. La viande de cheval avait, en même temps, fait son apparition sur les étaux des bouchers et était devenue la seule ressource des petits ménages [2].

De fait, le bétail était accaparé pour les besoins de

---

[1] En octobre le bœuf se paya 10 francs le kilo. Voir à l'appendice la nomenclature des prix des principaux articles de consommation (Append. LXI).

[2] Du 22 août au 3 septembre, l'Administration autorisa l'ouverture de vingt boucheries chevalines.

l'armée, et la population était menacée d'en être totalement privée.

Le 30 août un incident d'une certaine gravité s'élevait dans le Conseil municipal à ce sujet.

Le maire faisait connaître au Conseil que, dans la journée du 29, un intendant militaire, agissant par ordre du général en chef, s'était présenté à la mairie avec ordre d'opérer le recensement de toutes les bêtes à cornes et vaches laitières qui étaient logées en ville. Ces animaux, que l'autorité militaire estimait être au nombre de 12 à 1500, étaient destinés à l'alimentation de l'armée et devaient être livrés, à sa réquisition, par leurs propriétaires [1].

Le maire ajoutait que toutes les représentations qu'il avait faites, en invoquant l'intérêt des malades et des enfants, étaient restées sans effet.

Une discussion animée succéda à cette communication; des protestations énergiques partirent de la bouche de chacun des membres du Conseil, et une commission fut chargée de se transporter au quartier général et de

---

[1] Dès le matin, le maire se rend chez le général Coffinières, afin de lui exposer le mécontentement causé dans la population par la réquisition des vaches laitières, qui fournissent aux enfants, aux infirmes et aux femmes un aliment de première nécessité qu'aucun autre ne pourrait remplacer ; qu'enfin, la voirie, en exécution des mesures prescrites dans l'intérêt de la salubrité de la ville, ayant voulu procéder à l'enlèvement des fumiers amoncelés au Jardin-d'Amour, un officier a fait savoir aux ouvriers qu'il repousserait par la force toute tentative d'enlèvement.

Au milieu d'ordres aussi contradictoires, et émanant de sources diverses, l'Administration municipale ne pouvant plus être utile à ses concitoyens se trouvera dans la nécessité de résigner ses fonctions.

Le général répondit qu'à l'instant il allait demander la suppression des acquisitions de vaches et irait s'en expliquer avec l'intendance du quartier général de l'armée du Rhin.

Quant à l'opposition faite à l'enlèvement des fumiers, il déléguerait un de MM. les officiers de son état-major pour lui faire un rapport sur l'incident. *(Note de M. Félix Maréchal, maire de Metz.)*

soumettre au maréchal Bazaine les justes réclamations du Conseil (Append. XXXV).

Une heure après, justice était obtenue et la mesure rapportée. Mais l'incident n'en restait pas moins comme un fâcheux présage des difficultés qui devaient s'élever entre la ville et l'armée à l'endroit des subsistances.

L'Administration municipale n'avait pas attendu jusque-là pour pressentir la gravité des questions qu'elle aurait à résoudre. Dès le 25 août, elle avait proposé au Conseil la nomination d'une commission spéciale des subsistances, et le Conseil avait constitué aussitôt cette commission, qu'il avait composée de trois membres, en lui donnant mission de s'occuper de tout ce qui se rapportait à l'alimentation publique, avec faculté de s'adjoindre telles personnes qu'il lui conviendrait d'appeler dans son sein (Append. XXXIV).

La Commission était entrée immédiatement en fonction, et, le 13 septembre suivant, elle faisait au Conseil une communication qui allait ouvrir une phase nouvelle dans l'importante affaire dont elle était chargée.

Les approvisionnements en blé étaient sur le point de s'épuiser. Le 8 septembre, le fermier des moulins de la ville avait prévenu le maire que ses réserves diminuaient, et qu'il n'avait plus en magasin, à la date précitée, que 2400 quintaux, représentant sept jours de travail. Il était donc urgent d'aviser. Or, il existait dans les greniers des particuliers d'importantes quantités de blé, estimées, ainsi qu'on l'a vu plus haut, à environ 15000 quintaux, et le moment était venu de les requérir, afin de les faire entrer dans les mains de la ville et de les verser dans la consommation.

En conséquence, la Commission proposait de requérir ces blés ; elle proposait en outre d'en fixer le prix à 36 francs les 100 kilog., prix à peu près conforme à leur valeur du moment, tout en réservant, à ceux qui le préféreraient, la faculté de se faire rembourser en nature après le blocus.

De plus, elle demandait que, en suite de conventions arrêtées avec la meunerie, la farine fût taxée à 48 francs le quintal, et le pain à 0 fr. 46 c. le kilo [1].

En second lieu, la Commission signalait l'élévation croissante du prix de la viande de cheval, élévation provenant de la concurrence que se faisaient, sur le marché, le fournisseur de l'armée et les bouchers de la ville, et appelait l'attention du Conseil sur cette fâcheuse cherté et sur le préjudice qui en résultait pour les classes laborieuses, dont les plaintes s'étaient déjà fait entendre à plusieurs reprises [2].

Les conclusions et observations de la Commission furent adoptées par le Conseil, qui, après une discussion sur quelques points de détail, décida qu'il serait demandé au général Coffinières de rendre un arrêté pour la réquisition des céréales et la taxation des farines et du pain. Le Conseil émettait en outre le vœu que cette taxation s'étendît à la viande de cheval (Append. XXXVI).

Un arrêté conforme à ces conclusions parut le 15 septembre. Aux termes de cet arrêté, la réquisition des blés des particuliers était ordonnée ; le blé était taxé à 36 francs les 100 kilog ; la farine à en provenir à 48 francs chez le meunier, et le pain, d'une seule sorte, dite de seconde qualité, à 0 fr. 48 c. le kilo chez le boulanger. Enfin le prix de la viande de cheval était établi ainsi qu'il suit :

0^f 60^c pour les parties basses ;

1 » pour les parties moyennes ;

1 50 pour les morceaux de choix autres que le filet dont la vente restait libre (Append. XVII).

---

[1] Jusque-là le pain n'avait pas été taxé officiellement ; seulement il avait été convenu entre l'Administration et M. Bouchotte, que celui-ci livrerait ses farines au prix de 50 francs à la boulangerie, qui avait été avertie officieusement de ne pas dépasser 48 centimes pour le coût du kilo de pain.

[2] Le kilo de la viande de cheval était alors de 1 fr. 50 à 2 francs pour les morceaux moyens.

L'abaissement du prix de la viande fut accueilli avec une grande satisfaction ; bien plus, un fait d'une haute gravité et qui exerça depuis une triste influence sur la situation de l'armée, vint, quelques jours après, déterminer une nouvelle diminution des prix de la boucherie, diminution, sans doute avantageuse aux habitants, mais bien chèrement payée plus tard.

La disette des fourrages commençait à se faire vivement sentir ; la nourriture des chevaux devenait difficile. Une réquisition, essayée le 10 septembre, n'avait amené que des quantités tout à fait insuffisantes (Append. XV). Enfin, le 14 septembre [1], l'intendant militaire prenait la mesure extrême d'ordonner de mélanger le blé et le seigle pour la ration des chevaux [2] ; si bien qu'on en fut bientôt réduit à les abattre et que, dès lors, on se trouva plutôt embarrassé d'un trop plein de viande.

En présence de cette situation, dont elle ne con-

---

[1] « Le blé sera employé à la nourriture des chevaux en le mélangeant, tant que cela sera possible, soit avec du seigle, soit avec de l'avoine. » *(Circulaire de M. Mony, intendant militaire. 14 sept.)*

[2] Il est assez difficile de déterminer les quantités de blé et de seigle qui furent détournées de la consommation pour la nourriture des chevaux, car le fait ne fut connu que plus tard, vers la fin du blocus, et quand il n'était plus temps, soit d'empêcher l'abus, soit d'en mesurer l'importance. Voici, toutefois, d'après des renseignements qui nous ont été fournis après la reddition, un relevé que nous croyons pouvoir donner comme exact, tout en faisant expressément nos réserves :

Blés. — Par le service des vivres............	4000 q. m.
Petit blé acheté à M. B.................	1200
Gerbes prises à Magny.................	1500
Seigle acheté à M. B.................	1200
— à M. R.................	1700
— à M. E.................	750
— à M. J.................	1200
— à M. S. C.	500
Plus 158000 gerbes livrées par différents cultivateurs dont les noms sont sous nos yeux, soit à 3 kil. la gerbe.	4140
	15990 q. m.

naissait toutefois qu'un côté, celui relatif à l'abattage des chevaux, l'Administration municipale demanda au général Coffinières de lui livrer, pour le service de la population, le nombre de chevaux, environ cinquante par jour, qui étaient nécessaires à l'alimentation publique, s'engageant à les céder, à prix d'achat, aux bouchers qui, eux-mêmes, les débiteraient suivant une taxe proportionnée; et, cette demande ayant été accueillie, la taxe fut, le 23 septembre, fixée à 10 centimes, 50 centimes et 1 franc, suivant les morceaux, toujours à l'exception du filet (Append. XVIII).

Pour en revenir aux céréales, les choses n'allèrent pas aussi aisément sur ce point. La réquisition du 15 septembre fut, il est vrai, immédiatement exécutée. On avait calculé sur 15 000 quintaux: il s'en présenta environ 12 000, et le reste fut déclaré ensuite sur une seconde réquisition dont il sera fait mention en son temps. Toutefois, il est à croire qu'on était resté, dans les évaluations, au-dessous de la réalité, car il fut reconnu plus tard que des quantités d'une certaine importance furent achetées par-dessous main, soit pour la nourriture des chevaux, soit pour les réserves secrètes de certains corps d'armée, que ces quantités furent prises à des prix bien supérieurs à ceux que payait la ville [1]; d'où il suit que l'opération ne rendit pas tout ce qu'elle aurait régulièrement dû rendre.

---

[1] Il est certain que pendant que la ville requérait le blé à 36 francs le quintal, des agents de l'armée le recherchaient à 45 francs, en le faisant passer pour de l'avoine. Le fait est notoire à Metz et est attesté par des saisies qui eurent lieu dans les derniers jours d'octobre aux portes de la ville.

Une personne digne de foi nous communique même la note suivante, que nous transcrivons littéralement, en supprimant toutefois les noms qui y sont cités :

« Quatre jours avant la reddition de Metz, M. S...., cultivateur de
» la...., avait 380 sacs de blé. Il en a amené 180 sacs à 36 francs.
» Sur l'ordre du maréchal Bazaine, les 200 autres sacs ont été achetés
» par un intendant, à 100 francs les 100 kilog. MM. D..., de M...,

Quoi qu'il en soit, et pendant que la réquisition suivait son cours, les difficultés qui s'étaient déjà manifestées à l'égard de la mouture se reproduisaient avec une nouvelle intensité.

Le 21 septembre, l'Administration municipale informait le Conseil que l'armée se trouvait à bout de farines, et que, ayant à faire moudre des blés au delà de ce que pouvaient lui livrer les moulins qui lui avaient été attribués, elle avait manifesté l'intention de requérir tout ou partie des meules de M. Bouchotte [1] (Append. XXXVII).

Cette exigence n'allait rien moins qu'à arrêter le service de la boulangerie. Le Conseil protesta; des négociations furent engagées entre les administrations respectives, et enfin l'armée consentit à ne réclamer, des moulins Bouchotte, que la mouture de quarante sacs par jour; même, quelques jours après, le 3 octobre, elle renonçait complètement à empiéter sur les droits de la ville [2].

En même temps que la farine se faisait rare, la con-

» et S..., de M..., ont aussi vendu, au même prix, certaines quan-
» tités dont le chiffre est inconnu. »

L'auteur de la note nous affirme avoir eu sous les yeux la facture, encore impayée, des 200 sacs cotés à 100 francs.

[1] « Dans cette conférence, le maire se plaint de ce que l'intendance
» entrave tout le service de la boulangerie locale, en accaparant pour
» elle seule toute la mouture à façon et en faisant des acquisitions en
» blé bien supérieures, quant au prix, à celui fixé par le tarif du gou-
» verneur.

» M. M.... assure que l'armée est largement approvisionnée pour
» vingt-cinq jours au moins; que 300 sacs de farine peuvent jour-
» nellement suffire aux besoins d'une population évaluée, avec la gar-
» nison de la place, à 80 000 habitants. En résumé, dit-il, loin de
» considérer l'armée comme une cause d'épuisement, c'est elle qui,
» par ses approvisionnements et ses réserves assurera la subsistance
» de la population, ce qui doit dissiper bien des inquiétudes. » *(Note de M. Félix Maréchal, maire de Metz.)*

[2] L'intendance se vit réduite à employer les moulins à café des épiciers (Append. LXII).

sommation s'augmentait chaque jour. Les provisions des communes suburbaines, comprises dans l'enceinte des forts, s'épuisant, les habitants venaient réclamer du pain chez les boulangers de la ville. En même temps, l'armée, dont la ration avait été réduite, le 15 septembre, à 500 grammes, accourait de son côté en chercher dans Metz.

Aussi, dès le matin, on voyait une foule de gens assiégeant les portes des boulangeries et se pressant, se heurtant pour entrer et obtenir du pain. Des altercations, des rixes, des scènes fâcheuses eurent même lieu.

Pour faire cesser le désordre, on prit le parti de défendre aux soldats l'entrée de la ville avant midi, heure à laquelle les boulangeries se fermaient. Aussitôt des courtiers, des entremetteurs de bas aloi s'improvisèrent et se mirent à acheter du pain qu'ils revendaient quelques instants après aux soldats, aux cantiniers, moyennant le double du prix qu'ils l'avaient payé.

Sur la demande de l'Administration civile, deux arrêtés furent aussitôt édictés pour empêcher et punir ce commerce interlope (Append. XX). Mais rien n'y faisait; la queue aux portes des boulangers était toujours la même et un certain nombre d'entre eux menaçait de fermer.

Il fallut aviser. Le 21 septembre, l'Administration municipale appelait les délibérations du Conseil sur cette situation insoutenable (Append. XXXVII); et la question, renvoyée à la Commission des subsistances, revenait trois jours après, le 24 septembre.

La Commission, par l'organe de son rapporteur, après avoir signalé et constaté les faits qui viennent d'être retracés, concluait que le seul remède efficace était la délivrance à chaque habitant d'une carte pour prendre sa ration de pain chez son boulanger, opération longue, difficile, et dont elle ne dissimulait pas les inconvénients (Append. XXXVIII).

La discussion fut assez animée : le Conseil, préoccupé d'apporter un terme immédiat aux embarras du moment, écarta provisoirement le système des cartes et décida que les boulangers seraient invités à constituer un syndicat de cinq membres pris dans leur sein. Un nombre égal de conseillers municipaux fut délégué pour s'adjoindre à eux, et la Commission, ainsi composée, reçut pour mandat de prendre en main la police du service de la boulangerie, et de rechercher et exécuter toutes les mesures qui lui paraîtraient opportunes.

Le syndicat fut nommé le lendemain, 25 septembre, et le 26 la Commission commençait son travail.

La question qui lui était posée se formulait ainsi : « étant donné le nombre de sacs de farine dont la ville » pouvait disposer chaque jour, calculer quelle ration » approximative revenait à chaque habitant, et faire en » sorte que tous eussent leur part légitime. »

Or, les moulins dont les produits étaient assurés, étaient en mesure de livrer chaque jour 240 sacs de farine, lesquels rapprochés d'une population pouvant s'élever, en prenant la moyenne des âges, à 63 000 bouches adultes, donnaient pour ration quotidienne, environ 500 grammes de pain.

Il fut donc décidé que les boulangers seraient d'abord divisés en trois classes, suivant l'importance de leur clientèle respective ; que les 240 sacs disponibles seraient répartis entre tous, suivant une échelle adoptée pour chaque classe, savoir : quatre sacs pour la première, trois pour la seconde, et deux pour la troisième ; enfin que les boulangers, ainsi pourvus de farine, délivreraient à chacun de leurs habitués sa ration de pain, sur le pied de 500 grammes par adulte.

Quant aux communes suburbaines, il fut convenu que ce qui pourrait être obtenu en sus des 240 sacs assurés, leur serait attribué. Cette part éventuelle était estimée à un maximum de 40 sacs par jour, et les communes à alimenter représentaient une population de

8355 personnes. Enfin, quelques villages, d'une population totale de 4809 habitants, qui possédaient encore du blé, furent autorisés à le faire moudre par les moulins de la ville.

La mesure, mise en pratique dès le 27 septembre, n'eut pas les résultats qu'on en attendait. Les fraudes se reproduisirent, plus habilement déguisées, mais non moins nuisibles. Les boulangers, toujours aux abois, continuèrent à crier merci, et enfin la Commission, huit jours après l'application du nouveau système, résolut d'adopter le régime des cartes.

Sans perdre de temps, on convoque un certain nombre de fonctionnaires civils, d'officiers de la garde nationale, de citoyens notables, et on compose cinq commissions, correspondant aux cinq sections de la ville, lesquelles sont chargées d'opérer un recensement général et détaillé, maison par maison, famille par famille, de tous les habitants, et d'attribuer à chacun, suivant son âge, une carte avec indication d'un boulanger déterminé, en établissant le rationnement d'après les bases suivantes :

Adultes, une ration entière ;
Enfants de quatre à douze ans, une demi-ration ;
Enfants de un à quatre ans, un quart de ration.

Les commissions se mettent aussitôt à l'œuvre et, après dix jours d'un travail continu, elles achèvent le recensement dont le résultat est la fixation d'un total de 63370 rations entières.

Cette opération, en régularisant la vente du pain, mit fin aux faits regrettables dont tout le monde se plaignait ; mais, la quantité de farine dépensée chaque jour étant restée la même, elle n'eut pas d'influence sur l'ensemble de la consommation, et n'eut pas pour résultat d'arrêter la décroissance des ressources, décroissance d'autant plus sensible que les autres objets comestibles, les légumes, le riz, etc., se raréfiaient en même temps d'une façon inquiétante.

On essaya, il est vrai, d'amoindrir l'importance du mal, en prenant enfin une mesure réclamée depuis quelque temps par le Conseil municipal. Le 10 octobre, un arrêté du général Coffinières, rendu sur les ordres du maréchal Bazaine, et renouvelé le 18 suivant, décidait que la sortie des blés, farines et de toutes denrées fourragères serait désormais interdite [1] (Append. XXII) ; mais ce n'était là qu'un palliatif insuffisant et tardif ; et, aussi bien, la plaie était plus large et plus profonde qu'on ne pouvait le supposer.

L'armée allait manquer de pain : telle était la triste réalité, telle était la douloureuse révélation qu'on réservait aux Messins et qu'il fallut enfin faire à la population tout entière.

Déjà, le 7 octobre, le général Coffinières avait rendu un arrêté, corollaire et complément de celui du 15 septembre, enjoignant à tous les détenteurs de blé de faire, avant le 11 octobre, la déclaration des quantités qu'ils possédaient encore, et édictant en outre une pénalité contre ceux qui n'auraient pas obéi à cette injonction (Append. XXI).

Le même arrêté annonçait que des perquisitions seraient faites à domicile, chez tous les habitants, après le délai écoulé. Or, le 12 octobre, au matin, le général Coffinières, en présence des commissaires chargés d'opérer les perquisitions, déclarait que non-seulement les ressources de la ville commençaient à s'épuiser, mais que celles de l'armée étaient sur le point de faire absolument défaut ; que, dès lors, toutes les denrées qui allaient être recherchées et qui seraient découvertes devraient, sur l'ordre du maréchal commandant en chef, être enlevées par les soins de l'autorité militaire pour être versées dans les magasins de l'armée [2].

[1] Cette prohibition fut même étendue en fait aux comestibles de tout genre et de tout ordre.

[2] Celui qui écrit ces lignes, se trouvant près du général Coffinières,

Le lendemain matin, le général adressait au maire de Metz une lettre dans laquelle, accentuant encore davantage ses déclarations, il annonçait que les magasins militaires étaient vides et réclamait la livraison des quantités nécessaires pour l'alimentation des troupes (Append. XXXIX).

La communication verbale du 12 avait produit un effet considérable sur les auditeurs et s'était répandue aussitôt dans la population. La dépêche, qui la suivit, mit le comble à l'émotion générale, et le Conseil municipal, s'étant réuni d'urgence, le 13 au soir, protesta contre le mystère qui lui avait été fait de la situation de l'armée ; et, dans une adresse rédigée, votée, et lue séance tenante à la foule qui couvrait la place de l'hôtel de ville, consigna l'expression des sentiments qui animaient tous les citoyens (Append. XXXIX).

Néanmoins il fallait obéir ; les perquisitions d'ailleurs avaient commencé et, à la date du 15 octobre, l'armée avait reçu 215 quintaux métriques de blé et 221 de farine. Le 16, il était encore versé 320 sacs de farine à l'armée.

Un incident arrêta bientôt ces livraisons : le 17 octobre, le Conseil municipal était informé par un de ses membres que le bruit courait que l'armée avait des réserves cachées ; que certains corps, parmi lesquels on citait surtout le troisième, avaient, par des achats déguisés, acquis des blés qu'ils détenaient encore en magasin ; d'où il y avait lieu de conclure que les levées faites par l'armée sur la ville étaient abusives, et de décider non-seulement qu'on reviendrait sur le partage subi et qu'on en suspendrait l'exécution, mais même qu'on réclamerait énergiquement les quantités qui avaient été livrées.

Sur ces énonciations, appuyées et confirmées par

et lui ayant demandé s'il ne serait pas possible de pratiquer un ravitaillement, reçut pour réponse un haussement d'épaules parfaitement significatif.

plusieurs membres, une délibération est prise portant qu'on ne livrera plus rien à l'armée (Append. XL). Des ordres sévères sont ensuite donnés aux gardes nationaux faisant le service des portes de la ville, et le général Coffinières, lui-même, atteint par l'émotion générale, déclare qu'il ne livrera plus de pain à l'armée [1].

Les perquisitions continuèrent dès lors au profit exclusif de la ville, et furent terminées au bout de quelques jours, grâce au zèle des commissaires et à la bonne volonté des habitants. Elles produisirent un millier de quintaux, tant en farine qu'en blé, et amenèrent la constatation, en farine, de quelques provisions de ménage, s'élevant chacune de 1 à 5 kilog., et d'un ensemble presque insignifiant.

Dans l'intervalle, de nouvelles mesures étaient prises pour épargner les ressources. Ainsi, à la suite de négociations entre le général Coffinières et l'Administration municipale, il était établi que la farine livrée aux boulangers comprendrait désormais tout le son, et un arrêté, en date du 14 octobre, ordonnait la mise en vente d'un pain, confectionné avec cette farine, et dit pain de boulange (Append. LXIV) [2].

En même temps la ration était abaissée à :
400 grammes pour les adultes ;
200 — pour les enfants de quatre à douze ans ;
100 — pour les enfants de un à quatre ans.

Enfin, le 18, la ration des adultes était encore réduite à 300 grammes (Append. XXV, XXVI et XLI).

---

[1] Quelle était l'exacte vérité sur ces économies de l'armée ? c'est ce qu'il nous est impossible de déterminer. Quoi qu'il en soit, il a été constaté que, le 17 octobre, l'intendant du 3ᵉ corps avait versé aux subsistances 225 quintaux métriques de blé et 45 de seigle. On sut en outre, plus tard, que le 3ᵉ corps avait eu continuellement ration entière de pain.

[2] L'adoption du pain de boulange devait produire et produisit une économie de matière d'environ 20 p. º/₀.

Malgré tous ces efforts combinés, la situation allait empirant chaque jour, et, le 21, le Conseil municipal apprenait de la bouche du plus autorisé de ses membres en cette matière, que la ville n'avait plus que huit jours assurés de blé et de farine (Append. XLIII). Ce ne fut pas tout : la viande même menaça de manquer. Dès le 20, le maire avait annoncé que l'armée ne pourrait plus livrer de chevaux à la ville [1], attendu qu'elle avait abattu, faute de pouvoir les nourrir, la presque totalité de ceux qu'elle possédait; et que, en conséquence, il serait nécessaire de requérir les chevaux des particuliers (Append. XLII). Deux jours après, le 22, le général Coffinières se rendait au sein du Conseil, et, après un exposé de l'ensemble de la situation, exposé d'où il ressortait que les ressources en céréales de la ville seraient épuisées pour le 30 et celles de l'armée pour le 28, il convenait avec le Conseil qu'un arrêté serait pris pour la réquisition des chevaux des habitants (Append. XLIV).

L'arrêté fut affiché le 23 et étendu le lendemain aux communes suburbaines (Append. XXVII et XXVIII). En même temps une commission mixte est instituée pour l'achat des chevaux et la revente aux bouchers. Le prix de la viande est maintenu aux conditions de l'arrêté du 24 octobre, et on stipule que la perte qui résulterait de l'opération, serait supportée par le trésor (Append. XLV).

Vains et inutiles efforts ! Alors que chacun se flattait de l'espoir d'un changement radical dans l'état des choses et pensait voir enfin partir l'armée, et la ville rentrer en possession de ses dernières ressources ; pendant que l'Administration civile s'ingéniait, par tous les moyens humains, à prolonger la résistance, et que

---

[1] Le manque de chevaux arrêta la réalisation d'un projet adopté par le Conseil et qui consistait à confectionner du bouillon de cheval et à le distribuer gratuitement aux nécessiteux (Append. XLI et XLII).

les citoyens, se refusant d'ailleurs à croire à la réalité, se préparaient aux plus extrêmes sacrifices, de secrètes et mystérieuses négociations étaient entamées pour la capitulation de la ville.

Le 26 octobre, le général Coffinières revenait une dernière fois prendre part aux délibérations du Conseil et lui faisait connaître que les conventions de la reddition étaient arrêtées et que, dans le moment même où il parlait, on était occupé à rédiger l'acte sinistre qui devait consommer la perte de la cité.

Cette déclaration coupait court à toutes les opérations entamées et, du même coup, mettait fin à toute la série des mesures que l'Administration et le Conseil avaient prises et se disposaient encore à prendre relativement à la question des subsistances [1].

Ici devrait également s'arrêter ce résumé; toutefois, pour compléter notre tâche, nous avons encore à dire quelques mots des autres éléments d'alimentation qui, après le pain et la viande, constituent les moyens de subsistance d'une grande ville.

Parmi ces éléments, l'eau et le sel qui, d'ailleurs, ont un caractère exceptionnel, ayant seuls donné lieu à des mesures générales et administratives, nous occuperont d'une manière plus spéciale et à peu près exclusive.

Sous le rapport de l'eau, la ville de Metz est alimentée par les sources de Scy et du Sablon, et surtout par celles de Gorze et de Parfondval, d'une abondance et d'une richesse plus que suffisantes pour tous les besoins. Ces dernières, qui sont amenées par des conduites d'une

---

[1] Pour ne pas scinder le récit et afin, d'ailleurs, de rester fidèle à notre programme, nous nous sommes efforcé de ne pas sortir du domaine des faits se rapportant à la ville et nous n'avons, en ce qui concerne l'armée, relaté que ceux qui avaient eu une action directe et décisive sur les conditions d'alimentation de Metz.— Nous croyons, toutefois, utile de donner sur ce sujet quelques notes que nous extrayons textuellement des documents officiels militaires. On les trouvera dans la partie consacrée aux documents officiels (Append. LX).

longueur d'environ 14 kilomètres, étaient coupées vers le 25 août, et la ville se vit réduite aux sources secondaires et à l'eau de Moselle [1].

Pour amener cette eau, on établit trois pompes rotatives avec trois locomobiles au moyen desquelles elle fut dirigée vers une partie des fontaines de la ville.

De cette façon, l'eau ne manqua pas : les deux tiers de la ville purent se fournir d'eau de source ; le reste dut se contenter d'eau de rivière, et, quoique cette dernière fût loin de posséder les qualités hygiéniques que réclame la santé publique, chacun s'en accommoda sans grand dommage.

Il n'en fut pas de même du sel qui, dès le premier jour, devint d'une rareté inouïe. Placée au milieu des principales salines de France, la ville de Metz, à sa grande stupeur, se trouva subitement en présence d'une pénurie presque absolue de sel, et l'Administration dut chercher à remédier au manque de cette denrée de première nécessité.

Heureusement il existait dans les environs de Metz une source d'eau salée de quelque importance. La Commission des subsistances, saisie de la question, se mit aussitôt en mesure d'utiliser cette précieuse ressource. Le 13 septembre, le rapporteur de la Commission faisait, à ce sujet, une communication au Conseil, et, à la même séance, un autre membre indiquait un procédé par lequel, en traitant le carbonate de soude par une certaine quantité d'acide chlorhydrique qu'on avait à sa disposition, on pourrait obtenir une quantité d'environ 2000 kilogrammes de sel (Append. LXV).

Ce procédé fut aussitôt mis en pratique et le produit obtenu versé aux hôpitaux et au bureau de bienfaisance.

[1] Le moment précis où les Eaux de Gorze ont cessé d'arriver à Metz n'a pas été constaté, parce que les vastes réservoirs qui les recueillent dans la ville ont continué à les débiter pendant quelque temps encore après avoir cessé de les recevoir.

Quant à la source d'eau salée, qui prend son origine dans les galeries de mine du fort Belle-Croix[1], l'autorité militaire avait d'abord commencé à la réclamer comme sa propriété et à s'en attribuer l'usage exclusif, mais quelque temps après (24 septembre), elle en faisait, dans une certaine mesure, profiter les habitants (Append. XIX).

On trouvera, plus loin, le prix du sel pendant le blocus, et on verra qu'il s'est élevé jusqu'à 8 francs la livre[2], c'est-à-dire quelque chose comme quatre-vingts fois sa valeur ordinaire (Append. LXI).

On trouvera encore à l'appendice les cours des principaux objets de consommation, relevés à diverses dates, et d'une authenticité hors de toute contestation (Append. LXI).

La cherté qui caractérise ces cours n'a pas besoin de commentaires et en dit plus que tous les développements dans lesquels nous pourrions entrer.

Il est bon, toutefois, de rappeler ici ce qui a été énoncé au commencement de ce travail, relativement à l'interruption des transports.

Dès le 15 juillet, on le sait, le service des chemins de fer avait été suspendu. Le commerce avait donc, à partir de cette époque, cessé de recevoir des marchandises. Pendant huit jours seulement, avant le 6 août, il avait pu se faire expédier quelques objets dans les conditions très-restreintes de la grande vitesse.

Beaucoup de commandes étaient ainsi restées inexécutées ; tout ce qui avait été demandé en vue des circonstances n'avait pu arriver, et la consommation avait été réduite à se contenter des produits qui se trouvaient

---

[1] Le propriétaire du terrain, M. Sendret, avait fait spontanément don à la ville de la source saline.

[2] Quelques personnes assurent même qu'il a été vendu du sel à 12 francs la livre.

en magasin et des provisions ordinaires faites en dehors de toute prévision d'un blocus.

De toutes façons ces provisions eussent à peine suffi pour la population normale de la ville ; devant le développement énorme qu'elle avait pris, elles étaient devenues à peu près insignifiantes.

Dès les premiers jours du blocus, les officiers et les soldats eux-mêmes étaient venus largement puiser dans le fonds commun, achetant de toutes mains et à tout prix. Peu à peu les magasins s'étaient dégarnis et, au bout de quelque temps, ils s'étaient trouvés complétement vides.

Au mois d'octobre, la rareté était générale, et, vers le 10, on ne voyait plus dans les vitrines des marchands que des cafés et des liquides de choix qui ne tardèrent pas, eux-mêmes, à disparaître.

Il y a lieu toutefois de mentionner le produit de quelques réquisitions qui furent pratiquées, par les ordres du général Coffinières, sur des marchandises restées dans les magasins de la gare, par suite de l'impossibilité de les diriger sur leur lieu de destination. Ces réquisitions (23 août et 12 septembre) portaient sur des sucres, des riz, des vins, des eaux-de-vie qui furent attribués aux ambulances. Enfin, les 24, 25 et 26 octobre, une vente aux enchères déblaya tout ce qui restait dans les mains du chemin de fer [1].

Il est à peine besoin d'ajouter que tout autre commerce que celui des comestibles et de quelques objets de première nécessité demeura suspendu.

Dans l'ignorance des décrets du gouvernement, les effets de commerce furent, par des arrêtés du général Coffinières, en date des 9 août, 9 septembre, 28 sep-

---

[1] Le manque de houille entrava aussi le service du gaz d'une manière sérieuse. Dès neuf heures du soir les rues étaient enveloppées dans la plus complète obscurité. Le chauffage fut de même très-difficile et très-cher dans les quinze derniers jours du blocus.

tembre, 12 octobre et 27 octobre, prorogés successivement jusqu'au 30 novembre (Append. VIII).

En ce qui touche à la partie financière, la Banque de France avait cessé en fait, dès le blocus[1] et faute de matière escomptable et de demandes du commerce, ses opérations d'escompte. L'argent versé par l'armée suffit amplement aux besoins de la circulation. Seulement, vers le 20 octobre, les caisses publiques se trouvant à bout, un appel fut fait par le général Coffinières aux banquiers et agents de change, et ceux-ci les 22 et 23 octobre, deux jours avant que la capitulation fût annoncée, versaient près d'un million pour venir en aide au trésor et faciliter les services financiers de la ville.

Une partie de cette somme, environ 85 000 francs, se trouvait en caisse le jour de la capitulation, et tomba dans les mains des Prussiens.

---

[1] La succursale de la Banque de France, après avoir fourni à M. le Trésorier-payeur général du département, pendant tout le cours du blocus, des sommes très-considérables (49 959 000 francs) pour les besoins de l'armée et des services publics, avait, à partir du 23 octobre, épuisé son encaisse et les crédits ouverts sur l'établissement.

Il y avait donc à pourvoir, dès ce moment, en dehors des ressources de ladite succursale, aux nécessités des services publics, et notamment aux remboursements de la caisse d'épargne. *(Note de M. Blondin, directeur de la succursale de la Banque de France.)*

III.

LES AMBULANCES.

Les travaux récents, entrepris autour de la place de Metz, et sa situation près de la frontière, où allait se porter le premier effort de la guerre, désignaient à l'avance notre ville comme un centre important d'opérations. La question des ambulances devait naturellement y tenir une grande place. C'est à elle, en effet, que se rattachent les premiers rapports de l'administration militaire avec la municipalité messine. Prise au dépourvu, cette administration chercha, dès le début, à se décharger, sur la ville, de la responsabilité que lui imposait une tâche dont elle était loin, cependant, de prévoir alors l'étendue et la gravité.

Le 23 juillet, M. le Maire annonçait au Conseil municipal que, peu de jours avant, l'intendant général de l'armée avait proposé à l'administration civile des hospices de Metz de prendre sous sa direction l'hôpital militaire et les services hospitaliers qu'il pourrait être nécessaire d'organiser. Malgré son vif désir de venir en aide à l'administration militaire, et après lui avoir fait toutes les offres qui pouvaient témoigner de ce désir, la commission des hospices avait déclaré qu'il lui était impossible de suffire à une pareille entreprise. Sur son refus, l'intendant général s'adressait à l'Administration municipale et demandait à la ville « de se » charger de l'organisation et de la gestion des hôpitaux » temporaires nécessaires aux malades et blessés de » l'armée et de la gestion de l'hôpital militaire de Metz, » dont le personnel actuel serait retiré. La ville choi-

» sirait les médecins, les sœurs (si elle désirait en
» avoir), le personnel, l'administration, les infirmiers ;
» elle fournirait les locaux, les médicaments, les ali-
» ments ; elle entrerait en jouissance de tout le maté-
» riel de l'hôpital militaire, et l'administration de la
» guerre lui procurerait, en totalité ou en partie, le
» matériel nécessaire à ces hôpitaux temporaires ; le but
» principal de cette mesure étant de rendre disponible
» le personnel attaché à l'hôpital militaire de Metz, afin
» de le porter sur les points où l'appelle l'intérêt de
» l'armée. »

Telle était la situation proposée à notre ville. Le maire ajoutait qu'afin d'éclairer le Conseil, et avant de provoquer à ce sujet une délibération, il jugeait utile de lui communiquer les conclusions auxquelles s'était arrêté le Conseil central d'hygiène, devant lequel la question avait été posée et mûrement étudiée, en s'appuyant de l'autorité de toutes les personnes compétentes que ce Conseil avait pensé convenable de s'adjoindre (Procès-verbal de la séance du 22 juillet. Append. LII).

La délibération qui s'ouvrit au sein du Conseil municipal manifeste le bon vouloir le plus empressé de prêter à l'administration militaire tout le concours possible, mais en même temps l'intention bien arrêtée de ne pas s'engager dans des voies complétement inconnues. Accepter la direction absolue du service hospitalier avec le personnel restreint de médecins civils dont on pouvait disposer, c'était, comme on le faisait observer, se substituer à l'administration militaire pour une mission qui, en raison des connaissances spéciales qu'elle exige et de l'autorité qu'elle suppose, ne peut être remplie que par elle ; c'était désorganiser, au moment même du plus pressant besoin, l'hôpital militaire qui est un centre tout créé ; et, en exposant les malades à de graves dangers, assumer sur soi la plus lourde des responsabilités.

Pour sortir de l'ordre des généralités, et définir

nettement l'action que la ville entendait exercer, le Conseil adoptait, à l'unanimité, les résolutions suivantes :

1º La ville ne peut consentir à prendre la direction de l'hôpital militaire, à entreprendre la création et la gestion des hôpitaux temporaires, en un mot à se substituer d'une manière absolue à l'administration militaire pour l'organisation du service administratif et médical de ces hôpitaux.

2º Ne pouvant accepter cette substitution, à raison de la responsabilité qui pèserait sur elle, sans avoir les ressources nécessaires pour y faire face, et dans l'intérêt même des malades, la cité offre d'ailleurs à l'administration militaire tout son concours.

3º A cet effet, et préalablement à toute autre mesure, d'après l'avis exprimé par le chef du service médical militaire, au sein du Conseil central d'hygiène, le Conseil municipal propose, au nom de la ville, de faire immédiatement construire à l'extérieur un baraquement pour 2000 lits, si ce système a l'approbation de l'autorité militaire, et sous la réserve du compte ultérieur à établir avec l'État pour cette avance dont l'évaluation approximative s'élève au chiffre de 160000 francs. Pour la réalisation éventuelle de ce projet, le Conseil ouvre un crédit de 160000 francs à inscrire au budget supplémentaire de l'exercice 1870.

4º Le Conseil municipal déclare qu'il y a lieu de nommer une commission qui devra, de concert avec l'Administration municipale, rechercher d'urgence les divers moyens de donner à l'administration militaire le concours le plus efficace.

Le maire faisait connaître ensuite au Conseil qu'un certain nombre de dames avaient offert leurs services en faveur des blessés, proposant de former des comités pour préparer la charpie, le linge, et réunir les divers objets qui pouvaient être nécessaires ou utiles aux malades. Le concours de ces dames ayant été accepté avec gratitude, une salle de l'hôtel de ville avait été mise immédiatement à leur disposition.

Enfin, sur la proposition d'un de ses membres, avant de se séparer, le Conseil, prévoyant « le moment
» imminent où la population de Metz, indépendam-
» ment de ce qu'elle pourrait mettre à la disposition
» du comité central de Paris, aurait à pourvoir sans
» délai, par elle-même, aux besoins des blessés et des
» malades, se préoccupait de créer sur-le-champ les
» ressources qui seraient alors nécessaires. En versant
» dans une caisse spéciale, à l'hôtel de ville, tout ce
» dont on pourrait disposer et ce que, de partout, on
» voudrait bien y joindre, on serait en mesure de
» secourir efficacement, et sans retard, les souffrances
» dont nous allions être les premiers témoins. »

Le Conseil municipal, s'associant à ces vues, à l'unanimité, renvoyait à une commission l'adoption de toutes les mesures propres à en réaliser l'exécution.

Les suggestions de l'administration militaire ne manquèrent pas pour faire revenir le Conseil des conclusions qu'il venait de voter, et pour obtenir de lui que la ville se chargeât, sous sa responsabilité, de l'ensemble des services hospitaliers. Le Conseil sut garder, jusqu'au bout, l'attitude qu'il avait prise dès la séance du 23 juillet, et que les événements ne devaient que trop tôt justifier. Déçue dans ses espérances, mais conservant encore quelque espoir de les voir se réaliser, l'intendance opposait un silence prolongé aux propositions réitérées que lui adressait la ville d'organiser une ambulance dans un baraquement extérieur. Vainement on objectait que le temps pressait, qu'il était indispensable de faire sur-le-champ les acquisitions nécessaires pour les divers services de cette ambulance, qu'il fallait la pourvoir d'un personnel suffisant et s'occuper immédiatement des constructions : les lettres restaient sans réponse. Enfin, dans sa séance du 27 juillet, le Conseil municipal, après avoir convoqué et consulté les médecins et pharmaciens civils de Metz, qui avaient tous promis leur concours, confirmait sa première délibération et persistait dans la résolution de ne prendre à sa charge que la création et l'administration d'une ambulance qui pourrait recevoir 2050 malades et qui serait construite au dehors de la ville. L'intendance militaire, mise ainsi en demeure, dut accepter cette proposition, qu'elle consacra par un traité formel passé avec la ville de Metz, l'État se portant garant des avances faites par la ville pour l'établissement et la gestion de l'hôpital temporaire du Polygone. En raison de l'importance de cet hôpital et de son organisation purement municipale, il a paru convenable de lui consacrer plus loin une notice spéciale, quand l'ensemble du mouvement hospitalier aura été succinctement examiné [1].

I. — L'intendance militaire, grâce à l'arrangement qu'elle venait de prendre, et aux diverses installations que de son côté elle avait pu réaliser, allait disposer à Metz de 4000 lits environ, nombre qui lui paraissait suffisant [2] puisqu'elle comptait répartir à l'intérieur du pays et dans différents centres tous les blessés qui pourraient être transportés au dehors. Dans le seul département de la Moselle, les offres dont elle pensait profiter, et qui lui étaient venues d'un grand nombre de communes,

[1] Il ne pouvait être ici question que de la part prise par l'Administration municipale et par la population de Metz à l'organisation et au service des ambulances. Le point de vue purement médical trouvera naturellement sa place dans les *Mémoires de la Société des sciences médicales de la Moselle*.

[2] C'était aussi l'impression de M. le docteur Oulmont, médecin des Chemins de fer de l'Est, chargé à ce titre par le ministre des travaux publics d'organiser des ambulances dans notre région. Après s'être rendu compte des dispositions prises à Metz, et avoir visité les premières baraques construites au Polygone, M. Oulmont disait au maire que sa présence dans notre ville était désormais inutile, et que tout y avait été prévu.

atteignaient le chiffre de 5000 lits, sans comprendre ceux que pourraient fournir les villes de Sarreguemines, de Longwy, de Bitche, de Thionville et de Metz [1].

Mais si, dans sa prévoyance, le Conseil municipal avait tenu à définir nettement la responsabilité que la ville voulait accepter, il n'entendait pas mettre de limites à son action, et c'est avec confiance qu'il faisait appel au patriotique dévouement de la population messine. Déjà, on l'a vu, les dames de Metz avaient offert leur concours. Dans une assemblée générale présidée par le maire, elles avaient constitué à l'hôtel de ville un comité central destiné à former une sorte d'atelier permanent pour veiller à la réception, à la confection, à la garde et à l'envoi dans les diverses ambulances de tous les objets de secours qui pourraient leur être utiles. La répartition se faisait par les soins de comités particuliers établis dans chacune des sections de la ville sous la présidence de dames désignées par le maire. Les tâches y étaient distribuées et remplies avec la plus charitable émulation.

Les collectes recueillies à domicile, et les sommes spontanément portées au comité central s'élevaient bientôt au total respectable de 87899 fr. 65 c. A côté des riches offrandes, on ne pouvait lire sans émotion sur la liste, les modestes chiffres qui représentaient pour les donateurs le prix de plusieurs journées de leur travail. Des employés médiocrement rétribués abandonnaient à la souscription des portions notables de leur traitement. Les dons en nature affluaient aussi à la mairie : ils consistaient en objets de pansements, en

---

[1] L'investissement de Metz empêcha de mettre à profit pour nos blessés ces offres dont la liste est sous nos yeux. Les troupes ennemies purent trouver disponibles et préparés déjà une foule de locaux qui avaient été destinés à nos soldats. Les plus pauvres communes ou celles qui étaient trop éloignées des secours médicaux proposaient de recevoir des convalescents, ou témoignaient de leur charité patriotique par des dons d'argent, de linge, de couchages, de vins etc.

provisions alimentaires ; des vins fins ou vieux, du cognac, des confitures, des sirops, du sucre, du chocolat, des jambons, etc.[1] Ces dons étaient mis en réserve dans des locaux prêtés par l'Administration, et jusqu'à leur entière distribution l'état en était régulièrement tenu. Peu à peu, toutes les salles disponibles à l'hôtel de ville étaient transformées en magasins ou en ateliers. Dans ces derniers, régnait une incessante activité : d'après les indications données par le médecin en chef, le linge était coupé, adapté au meilleur usage, puis classé avec la charpie dans des caisses dont chacune portait l'indication exacte de son contenu. On s'était mis résolûment à la besogne. Il y avait des visages qu'on était sûr de rencontrer chaque jour dans ces salles où tous les rangs de la société étaient confondus, et où de simples ouvrières, en grand nombre, travaillaient gratuitement et avec ardeur, donnant, sans compter, leur temps, puisqu'elles ne pouvaient disposer d'autre chose.

Il fallait se hâter, en effet, de réunir ces précieuses ressources, car elles allaient bientôt trouver leur emploi. Déjà par suite des fatigues et des marches forcées, par suite des privations et des chaleurs excessives qui régnaient à ce moment, nos hôpitaux avaient reçu ce tribut de malades que fournit toute guerre à ses débuts. Bientôt les sanglantes journées de Borny, de Gravelotte et d'Amanvillers allaient, coup sur coup (14, 16 et 18 août), amener dans nos murs de nombreux blessés. Les cacolets, les voitures d'ambulances, les charrettes de paysans sur lesquelles ils étaient entassés pêle-mêle, sans avoir toujours reçu leur premier pansement, traversaient la ville sans relâche. Les transports suffisaient à peine à cette lugubre tâche.

En même temps, l'investissement complet de Metz

---

[1] Sur la proposition du maire, le Conseil, dans sa séance du 2 août, décidait que les liquides et comestibles offerts pour les blessés de l'armée seraient admis en franchise des droits d'octroi.

modifiait et aggravait singulièrement la situation. La ville, coupée de toute communication, ne devait plus compter que sur elle-même pour recueillir et soigner tous les blessés, tous les malades de l'armée. Il n'y avait plus à tirer du dehors aucun secours ni en personnel, ni en approvisionnements. Jusqu'au dernier moment, l'intendance avait pris à tâche d'évacuer dans l'intérieur du pays les hommes en état de supporter le voyage[1], mais ces évacuations, qui furent peu nombreuses, étaient désormais impossibles. Les hôpitaux étaient pleins et les casernes, qui ne présentaient trop souvent que les plus déplorables conditions pour l'installation des malades, s'étaient également remplies. On eut bientôt reconnu l'insuffisance de tous ces locaux.

Dès le 17 août, une affiche du gouverneur de la place déclarée en état de siége fait appel aux habitants, et leur demande d'organiser des ambulances et de recevoir même chez eux des blessés. Dans la matinée de ce jour, le maire donne communication de cette affiche au Conseil, « il ne doute pas de l'empressement de la
» population à répondre à un semblable appel, mais,
» dans l'intérêt même des malades, il pense que tous
» les efforts devraient tendre à éviter leur dissémina-
» tion chez les particuliers : c'est là une mesure à la-
» quelle il ne faut arriver que quand tous les moyens
» de concentration seront épuisés. Il propose en consé-
» quence de rechercher, dans les cinq sections de la
» ville, tous les locaux dans lesquels on pourrait orga-
» niser des ambulances temporaires pour la réunion
» d'un certain nombre de blessés. Quand les locaux
» seront trouvés, on avisera à se procurer des lits et
» ensuite toute l'organisation qui deviendra nécessaire »

---

[1] Dans les journées des 17 et 18, et dans la matinée du 19 août, l'intendance put expédier 2500 blessés par la ligne des Ardennes. Malheureusement les derniers convois du 19 au soir furent obligés de rétrograder.

(séance du 17 août). La proposition est accueillie par le Conseil, et les membres de chaque section se constituent en commission afin d'opérer immédiatement cette recherche. Dans l'après-midi le Conseil rentre en séance, et chacun des membres de la Commission rend compte du résultat de ses investigations. Il est décidé que les cinq commissions resteront en permanence pour organiser et surveiller dans Metz le service hospitalier.

Cependant un grand nombre d'habitants s'étaient portés à la rencontre des convois de blessés. Chacun recueillait à l'envi ces hôtes glorieux. Des artisans, de pauvres ménages, oublieux de leur propre gêne, les ramenaient dans leur logis. En remerciant les Messins de cet empressement, le général Coffinières, par une nouvelle affiche (18 août), décidait qu'une indemnité de 2 francs par jour serait allouée à quiconque la réclamerait, pour soins et aliments donnés aux soldats ainsi recueillis. Le maire, de son côté, comme on vient de le voir, justement préoccupé des difficultés que pouvait présenter, pour les secours, la dispersion des malades pris sans discernement, engageait, par une affiche du même jour (18 août), les personnes qui voulaient recevoir des blessés « à s'adresser aux médecins traitants » des ambulances. Ils désigneront ceux que l'état de » leur santé permet de placer chez des particuliers. »

La difficulté des secours médicaux n'était pas en effet une des moindres de la situation. Les médecins militaires retenus dans les camps afin d'y veiller à la santé des soldats sous les armes et de porter les premiers secours aux blessés, ne pouvaient, pour la plupart, être détachés au service des ambulances. Le nombre de ceux qui restaient disponibles était bien insuffisant en face des nécessités présentes. Aidés de quelques médecins anglais, belges, luxembourgeois ou français, renfermés dans la place, les médecins civils de Metz tinrent à honneur de les suppléer à force de zèle et d'abnégation. Et quand, vers la fin du blocus, l'autorité militaire désignait plusieurs d'entre eux pour une distinction bien légitime, on comprit qu'elle avait voulu rendre ainsi hommage au corps médical tout entier : car si quelques-uns étaient à l'honneur, on les avait vus, tous, à la peine. Sans compter leur dévouement, ils étaient parvenus à se distribuer les tâches et à visiter journellement les diverses ambulances établies dans Metz; mais ce ne fut qu'au prix de fatigues excessives qui, pour quelques-uns, devaient amener la maladie et même la mort.

Le nombre des malades s'élevait rapidement de jour en jour. A côté des blessures graves causées par les terribles engins de destruction employés dans cette guerre, l'insalubrité du séjour des camps, les fortes chaleurs suivies de pluies torrentielles qui plus d'une fois remplirent d'eau les tranchées, les excès ou les privations fournissaient leur contingent de maladies : c'étaient surtout la dyssenterie, la petite vérole et la fièvre typhoïde qui faisaient leurs ravages. L'autorité municipale avait dû pourvoir, dès le commencement de la campagne, au service des inhumations avec toute la convenance et aussi avec les précautions de salubrité qu'il réclame. Un terrain attenant au cimetière de Chambière avait été affecté aux sépultures militaires [1].

En raison de cet encombrement subit de malades, les grands édifices de l'État, tels que la manufacture des tabacs nouvellement construite et le lycée, les maisons des communautés religieuses des divers cultes, les deux séminaires, l'établissement des Pères jésuites, le palais de justice, l'évêché, la préfecture, l'école normale, les écoles centrales, les bâtiments communaux,

[1] L'employé qui dirigeait ce service, avait rencontré le concours imprévu d'un des principaux acteurs du théâtre de Metz, qui faillit payer de la vie l'emploi qu'il faisait de ses loisirs forcés. Il ne fallut pas moins que l'activité courageuse de l'un et de l'autre pour suffire à cette tâche ingrate et périlleuse.

des locaux appartenant à des associations ou à de simples particuliers, avaient été successivement demandés ou spontanément offerts et finalement occupés. Tout cela ne suffisait pas encore. Il avait fallu couvrir de grandes tentes les terrains libres de l'Esplanade, du jardin Boufflers et du Saulcy. Sur la place Royale, 300 wagons de la Compagnie de l'Est, dans lesquels étaient installés des hamacs ou des lits, avaient été amenés à grand'peine, et disposés symétriquement. Tous les emplacements susceptibles d'être convertis en ambulances étaient aussitôt utilisés. Pendant que l'armée était campée au dehors, sous la tente ou dans les forts, cette place de guerre, presque vide de troupes valides, semblait n'être plus qu'un vaste hôpital[1]. Dans une ville de 50 000 âmes, le nombre des blessés et des malades s'est élevé à une certaine époque jusqu'à 22 000 environ, et on n'y a pas compté moins de 65 ambulances[2], sans comprendre dans ces nombres les ambulances suburbaines établies au séminaire et au Sacré-Cœur de Montigny, à Plantières, à Queuleu, à Longeville, à Woippy, etc., et dans presque toutes les localités situées à l'intérieur des lignes de défense.

[1] Pendant toute la durée du blocus, l'armée étant au dehors, le service de la place a été fait, tant aux remparts qu'aux postes de l'intérieur, par la garde nationale sédentaire, concurremment avec l'infanterie de la garde nationale mobile (l'artillerie était dans les forts), les sapeurs-pompiers, les douaniers ramenés de la frontière, et les francs-tireurs de Metz, jusqu'à leur envoi au poste avancé de Grimont. Rien n'était plus pittoresque à l'état-major de la place, que le mélange de costumes des 40 sous-officiers de service qui, chaque matin, venaient prendre l'ordre pour les différents postes de la ville. On vit cependant un instant à l'hôtel de ville un poste d'infanterie de ligne, lorsque, vers le milieu de septembre, le général Coffinières introduisit dans la place un bataillon qui fut installé dans une des ailes du marché couvert, où il est resté jusqu'à la capitulation. Le poste de l'hôtel de ville, occupé alors par les soldats, fut aussitôt réclamé par la garde nationale; il lui fut rendu le 3 octobre.

[2] En ne donnant le nom d'ambulances qu'à des locaux où dix malades, au moins, se trouvaient réunis d'une manière permanente.

Les officiers étaient recueillis à l'hôpital militaire, aux séminaires de Metz et de Montigny, chez les Pères jésuites et à l'École d'application, mais la plupart avaient été réclamés par les habitants. Il n'y avait guère de maison qui ne renfermât quelque blessé [1] : malgré les indemnités offertes par l'intendance, le plus grand nombre étaient traités gratuitement et recevaient au sein des familles les soins les plus délicats et les plus dévoués.

L'administration militaire, on le comprend, n'aurait pu seule faire face à des besoins aussi imprévus, aussi complexes. Elle avait dû, sous la pression des circonstances, accepter toutes les combinaisons qui pouvaient alléger sa tâche. Outre les hôpitaux régis avec les ressources dont elle disposait, et sous sa direction unique, elle avait confié à des particuliers, à des communautés ou à des associations quelconques, et en vertu de traités libellés d'une manière uniforme, la gestion et la comptabilité d'ambulances dans lesquelles elle se chargeait de faire des avances en espèces, de rembourser toutes les dépenses justifiées selon certaines formes, à charge, par les directeurs ou les établissements recevant ainsi délégation, de pourvoir à tous les besoins des malades qui leur étaient envoyés. Pour les ambulances d'une troisième catégorie, un prix fixe de 2 francs par homme et par jour, était stipulé dans un marché à forfait passé avec l'autorité militaire [2]. Enfin, plusieurs

---

[1] Environ 2500 avaient été ainsi recueillis chez des particuliers.

[2] « Cette allocation fixée au début du blocus était devenue bien » insuffisante en raison du renchérissement de tous les objets de con- » sommation. Il est positif que certaines communautés religieuses, » pauvres d'ailleurs, se sont trouvées au mois d'octobre dans l'obli- » gation de s'imposer à elles-mêmes de dures privations, et d'épargner » même sur le nécessaire pour nourrir leurs malades. » (Rapport de M. Moisson.) Dans la séance du 21 septembre, le Conseil municipal demanda que l'indemnité fût élevée à 2 fr. 50 c. par homme et par jour.

ambulances privées avaient été organisées d'une manière toute gratuite et avec une libéralité digne de la reconnaissance publique (Append. LXVI).

Quel que fût d'ailleurs le mode de gestion de chacun de ces établissements, il y avait toujours place et appel au dévouement de tous. L'administration militaire livrait bien ce qu'elle avait de disponible en fait de couchages, de médicaments, mais elle était débordée par l'urgence des besoins qui s'accusaient de jour en jour. Les commissions municipales lui venaient puissamment en aide. Dans chaque section les conseillers exerçaient un contrôle assidu sur les divers centres de malades placés dans leur ressort : quelques-uns d'entre eux avaient même pris en main la gestion de plusieurs ambulances. Sous leur surveillance, et par les soins des dames présidentes des comités, les distributions de secours, provenant des fonds de la souscription, étaient réparties avec la plus stricte équité.

Le maire et ses adjoints montraient, d'ailleurs, les premiers, l'exemple. Malgré tout le labeur que leur imposaient les circonstances, ils se rendaient fréquemment dans les ambulances et ils tenaient à les visiter toutes pour se rendre compte de leur installation. Ils donnaient, à l'occasion, des conseils pleins d'expérience et de prévoyante bonté, s'enquéraient des besoins et témoignaient ainsi aux malades un intérêt que ni le commandant en chef de l'armée, ni presque aucun des généraux placés sous ses ordres n'ont, pas même une seule fois, su leur montrer pendant toute la durée du blocus.

Le 25 août, sur la proposition du maire, le Conseil arrêtait la formation d'une commission permanente, chargée de centraliser, à l'hôtel de ville, les renseignements relatifs à un service aussi compliqué et d'y établir tout l'ordre possible. L'un de ses membres aurait mission de recueillir et de résumer les rapports qui lui étaient journellement adressés, afin de transmettre, à qui de droit, les observations ou réclamations qui se produiraient [1]. C'est également sur la proposition du maire que le Conseil nommait une autre commission chargée de surveiller le fonctionnement de la caisse de secours aux blessés et d'examiner toutes les questions se rattachant à l'emploi de ces fonds.

La première commission ne tardait pas à justifier sa création, en signalant (30 août et 5 septembre) et obtenant des améliorations notables dans diverses ambulances dont l'organisation lui avait paru défectueuse et préjudiciable à la santé des malades ou à la salubrité publique. Elle réclamait : ici, l'eau qui, par suite de la rupture de l'aqueduc de Gorze, faisait défaut dans certains quartiers; là, des couchages moins incommodes; en plusieurs endroits, une surveillance plus suivie. A un point de vue général elle demandait au Conseil central d'hygiène l'assainissement de l'ambulance du Saulcy, établie tardivement dans les plus mauvaises conditions, quoiqu'elle renfermât des malades ou des blessés gravement atteints, exposés, sous des tentes, aux intempéries de l'air et même aux débordements de la Moselle, dans ce terrain bas et découvert [2]. Elle appelait aussi l'attention sur les casernes dont les corridors étroits, les salles basses et mal aérées, exigeaient des soins de propreté particuliers, sous peine de les voir transformées en foyers d'infection et de maladie.

D'un autre côté, le 5 septembre, le maire faisait encore connaître au Conseil que 30 000 francs environ sur les

---

[1] Ces rapports partiels, et le travail d'ensemble qui les résume, ont été rédigés par M. Moisson, président de la Commission. Nous y avons largement puisé, non-seulement des chiffres et des dates, qui nous ont servi pour dresser la liste complète des ambulances (Append. LXVI), mais, dans le cours même de cette étude, nous ne pouvions mieux faire que d'emprunter à ces consciencieux documents, et souvent même avec leur forme, les renseignements exacts et les excellentes appréciations qu'ils contiennent.

[2] Conseil central d'hygiène, séance du 31 août (Append. LIII).

fonds de la souscription avaient été déjà dépensés [1], et qu'en raison de certaines dépenses non soldées, on ne pouvait plus guère compter que sur un avoir de 55 000 francs en argent. Presque tous les dons en nature étaient épuisés par suite des distributions faites. Sur l'avis du Conseil, la Commission de surveillance s'occupa de constater immédiatement les ressources alimentaires encore disponibles, afin d'en opérer sans retard la distribution entre les diverses ambulances, et, autant que possible, proportionnellement à la population de chacune d'elles. Vers la même époque, cette Commission, chargée seule désormais de décider les acquisitions, jugea que le soin de procurer le linge nécessaire aux ambulances rentrait dans les attributions de l'intendance. Elle fit donc remise à celle-ci de tout ce qui lui avait été confié et de tout ce qu'elle avait acheté, à charge de pourvoir à l'entretien de ce qui était en circulation, ainsi qu'aux fournitures ultérieures. De cette manière, l'argent restant en caisse pouvait être appliqué à d'autres usages, en tenant compte des désirs des malades et des exigences de la situation. Des objets de première nécessité, rares dès le début, le sucre et le sel étaient devenus presque introuvables : l'alimentation des convalescents ou des blessés, alors qu'il eût fallu un régime plus substantiel pour les réconforter, tournait chaque jour dans un cercle plus restreint. La concentration imprévue de tant de malades et la prédominance de certaines affections régnantes, avaient aussi épuisé les réserves de plusieurs des matières employées comme désinfectants ou comme médicaments. Il fallait, dans les limites du possible, subvenir à tous ces besoins, acheter les quantités de sucre ou de sel qu'on pourrait encore découvrir, soutenir les blessés par des distributions de

[1] La majeure partie de cette somme avait été employée en achats de linge.

vins généreux ou d'eau-de-vie [1] ; enfin donner satisfaction à un désir généralement émis par les malades, en leur procurant du tabac, dont la privation semblait la plus dure de toutes à la plupart [2].

Toutes ces utiles mesures venaient en aide aux efforts de la population dont le dévouement suppléait, en toute occasion, au manque de ressources et surtout de personnel. L'investissement de la ville n'avait pas permis d'appeler du dehors un nombre d'infirmiers en rapport avec les besoins présents. La Société internationale française avait bien, il est vrai, précipitamment dirigé sur Metz un premier envoi de chirurgiens, d'aides et de matériel, et, par les soins des hommes distingués qui en avaient la direction, son ambulance avait été organisée dans la serre et sur les terrains du Jardin-Fabert. Mais cette ambulance, qui rendit d'ailleurs les meilleurs services, ne pouvait presque rien distraire de son personnel, ni surtout de ses ressources bientôt épuisées. D'autres sociétés internationales de secours aux blessés ne purent pénétrer dans la place qu'après la capitulation. Des sœurs de Saint-Vincent-de-Paul, mandées sur-le-champ, n'arrivèrent qu'en très-petit nombre et furent employées au Polygone. Les ambu-

---

[1] Le renchérissement de ces divers objets nécessita des dépenses considérables ; on put cependant trouver encore et distribuer, du 20 au 30 septembre, près de 2600 kilogrammes de sucre et 100 kilogrammes de sel. Dans les premiers jours d'octobre, 80 hectolitres de vin de Bordeaux et vers la fin de ce mois, 7 hectolitres de vins fins et 5 hectolitres d'eau-de-vie, furent achetés pour suppléer à l'insuffisance des rations fournies par l'intendance.

[2] Au commencement de septembre une première distribution de tabac se montait à 1500 kilogrammes ; une autre, le 26 septembre, à 1600 kilogrammes ; enfin, le 25 octobre, eut lieu une dernière distribution de 1000 kilogrammes. Les livraisons étaient faites à la Commission, par ordre du directeur de la manufacture de Metz, dans les meilleures conditions possibles de prix et de qualité : elles étaient d'autant mieux accueillies que, dans un grand nombre de bureaux, certaines sortes de tabac faisaient souvent défaut.

lances que les communautés religieuses avaient elles-mêmes installées dans leurs couvents y nécessitaient la présence de toutes les sœurs, et quelques-unes seulement, appartenant à divers ordres, purent être momentanément attachées à d'autres établissements. Autour de chaque réunion de malades créée par l'initiative privée, les aides s'étaient naturellement groupés suivant des convenances de voisinage, de croyances religieuses ou de relations ; le service y était donc assuré gratuitement et avec toutes les garanties qu'on pouvait désirer. Mais les grandes agglomérations, celles qui contenaient chacune plus de 1000 malades, comme les casernes, la manufacture des tabacs, les tentes de l'Esplanade, et du jardin Boufflers, celles du Saulcy, ne comptaient qu'un personnel insuffisant, recruté à la hâte et presque sans aucun renseignement [1]. Parmi ces infirmiers salariés, les uns étaient capables de zèle et de soins excellents, d'autres ne voyaient dans leurs fonctions qu'un moyen de vivre, quelques-uns ont pu n'y chercher que des facilités de paresse ou même de vol qui convenaient à la bassesse de leur nature. Mais à côté de ces misères morales, heureusement assez rares, que d'exemples d'abnégation et d'infatigable dévouement chez toutes les classes de la population ! Quel empressement, quelle émulation parmi ces volontaires de la charité ! Des hommes, des jeunes gens, après les exercices et le service des gardes, consacraient aux ambulances leur temps et leurs forces. Toutes les tâches leur étaient bonnes, s'ils y étaient utiles, et à force de bon et cordial vouloir, les éducations d'infirmiers ou d'administrateurs se faisaient vite à Metz. Infatigables, eux aussi, dans l'accomplissement de leur mission, les

---

[1] Il faut en excepter l'hôpital sous wagons, où les ouvriers et les employés de la Compagnie de l'Est formèrent immédiatement un service homogène, composé d'hommes d'une intelligence et d'une honnêteté éprouvées.

ministres des différents cultes se montraient partout, prodiguant à l'envi aux malades leurs consolations et leurs soins.

Mais les femmes surtout montrèrent en ces douloureux moments un dévouement à la hauteur de nos épreuves. Leur charité patriotique se révélait chaque jour par mille traits nouveaux de bonté et de prévenante attention pour les blessés. Un même sentiment amenait et retenait près d'eux des dames élégantes, de modestes bourgeoises, des ouvrières; confondues, unies par une égale ardeur, toutes se prêtaient aux besognes les plus diverses et souvent les plus pénibles. La cuisine et la lingerie avaient leurs habituées; les cahiers étaient tenus pendant la visite des médecins, les médicaments régulièrement distribués, les plaies étaient pansées. Chacune était à l'œuvre: par tous les temps, sous le soleil et sous la pluie, autour des tentes de l'Esplanade, au Saulcy où la gravité des maladies et des blessures aussi bien qu'une installation défectueuse nécessitaient un courage plus méritoire; dans les casernes, à Coislin, au Génie où elles bravaient le danger de la contagion; dans toutes les ambulances enfin, pendant près de trois mois, il en est qui ne manquèrent pas un seul jour à l'appel. Les transformations de nature les plus imprévues se produisaient. Des femmes d'une organisation délicate étaient étonnées elles-mêmes de leurs forces et de leur résistance à la fatigue. Rien ne leur coûtait; les plus timides devenaient hardies pour leurs malades; elles savaient plaider énergiquement leur cause près des membres de la Commission municipale, près des médecins, près de l'administration militaire. Plus d'une fois, tout en admirant ce zèle, l'intendance accusait ses ardeurs indiscrètes, et le formalisme traditionnel de sa comptabilité devait céder souvent devant des sollicitations réitérées.

Ce qu'elles savaient surtout, ces femmes généreuses, c'était trouver elles-mêmes, au prix de sacrifices personnels, tout ce qui pouvait adoucir la condition de leurs chers malades. Il était touchant de les voir, par les rues de la ville, pressées de regagner l'ambulance au service de laquelle elles s'étaient vouées, portant dans leurs mains, dans leurs sacs, des aliments préparés, des vêtements chauds empruntés à la garde-robe du mari ou du père, des boissons toniques ou des médicaments. Combien avait dérobé à la modique provision du ménage, quelque régal mis en réserve pour les plus nécessiteux de leurs protégés, combien l'avaient épargné sur leur propre faim ! un peu de sucre, un petit cornet de sel, donnés par elles, devenaient une gâterie merveilleuse pour de pauvres gens condamnés au monotone et insuffisant régime du bouillon et de la viande de cheval sans assaisonnement. Infirmières attentives, elles devenaient bientôt habiles dans les pansements, elles soutenaient, elles guidaient les premiers pas des blessés, elles suivaient avec anxiété l'état de leurs plaies, et, quand elles rentraient au logis, on pouvait lire sur le visage des mères ou des jeunes filles associées à leurs soins le bulletin des santés auxquelles elles s'intéressaient particulièrement. Sous leur toit même, elles retrouvaient souvent la continuation de leurs charitables offices, et les blessés qu'on avait recueillis étaient, là aussi, soignés, choyés, et à l'heure de la convalescence, nourris à la table de famille où l'on était à la fois heureux et effrayé de leur appétit.

Avec le temps, avec la contagion et les privations croissantes, bien des vides se faisaient parmi cette population d'infirmes. Il y eut des périodes pendant lesquelles presque tous les amputés succombaient. Mais les ambulances ne se dégarnissaient pas pour cela. De nouveaux combats et de nouvelles maladies venaient les remplir. Il fallait recommencer avec les nouveaux arrivés l'œuvre de chaque jour, s'attacher à eux, redoubler d'efforts pour tâcher de les sauver.

Les jours de soleil étaient les bienvenus. Aux fenêtres des hôpitaux et des casernes, une suite de visages pâles et amaigris se pressaient, avides d'air et de lumière : les lits des chambrées à portée des cours y étaient transportés pendant les bonnes heures ; tous ceux qui pouvaient se mouvoir, se prêtaient un mutuel secours pour échapper à leurs tristes gîtes, et aller se mêler aux camarades des tentes et des wagons. A l'Esplanade, le coup d'œil était plein d'animation, parfois même de gaieté. Chacun s'installait au soleil, fumant le tabac de la souscription ; les lettrés sur un banc avec le livre qu'on se passait de main en main, ou les journaux qu'on lisait à haute voix ; d'autres étaient accroupis par terre pour la partie de cartes, de dames ou de dominos, ou bien, groupés autour du classique loto, riaient aux éclats des appellations plaisantes du loustic de la bande ; d'autres enfin qui avaient pu se traîner jusqu'au mur d'enceinte, en garnissaient les abords, suivaient du regard l'effet du tir des forts, et saluaient de leurs acclamations la grosse voix du canon qui manquait rarement de se faire entendre chaque jour. Ils n'étaient point difficiles dans leurs distractions, nos braves soldats, et, acceptant avec résignation leurs souffrances, ils se montraient reconnaissants, sensibles à toute marque d'intérêt [1].

Mais il y avait aussi les mauvais jours : quand la pluie et le vent faisaient rage, et qu'on était si mal préservé

---

[1] Des prêts de livres dans les ambulances furent faits pendant toute la durée du blocus, et au delà, par un certain nombre de personnes. Outre cela le maire avait décidé que la bibliothèque de la ville, quoiqu'on fût dans la période réglementaire des vacances, resterait ouverte pendant les mois de septembre et d'octobre. Les blessés qui pouvaient marcher accueillirent avec faveur cette mesure, et ne cessèrent de se rendre en foule dans les salles de lecture qu'ils encombraient littéralement, car on dut pour leur usage dresser des tables nouvelles et, outre cela, ceux qui n'y trouvaient pas de place formaient des groupes pittoresques, assis résolûment par terre, au pied des rayons, avec un livre sur leurs genoux. Cet empressement donna à la Société d'histoire et d'archéologie l'idée d'instituer spécialement pour les blessés des lectures et conférences qui parurent

sous ces légers abris contre les gouttières et le froid. Alors la visite de *la Dame*, ses soins, ses paroles, ses petits cadeaux étaient bien nécessaires pour remonter le moral. Les heures étaient si longues ; déjà la nuit tombait vite, et, à la lueur des rares réverbères, les longues files blanches des tentes ou les noires rangées de wagons, qui leur faisaient suite, offraient un sinistre aspect. Quelques gémissements rompaient seuls le silence, et, dans l'air, une fade odeur d'hôpital se répandait partout.

Malgré ces spectacles attristants, si nouveaux pour la population, malgré les préoccupations de l'avenir, on reprenait avec entrain l'œuvre de chaque jour. Le moral était soutenu par l'activité, par le devoir, par je ne sais quel courant de généreux sentiments qui stimulaient l'âme et l'empêchaient de fléchir. Il semble que ces choses soient d'hier et cependant qu'elles sont loin de nous ! On se sentait, jusqu'au milieu de ces misères, heureux d'être utile : on l'a bien reconnu, on l'a souvent dit depuis. Discrètement, mais avec ces saintes hardiesses que donne la charité, on relevait tous les courages, on parlait à ces pauvres abandonnés de la famille absente, de la patrie, de Dieu. On se chargeait de leurs commissions, de leurs naïves correspondances, en leur laissant l'innocente illusion qu'elles parviendraient bientôt à destination ; trop souvent aussi, hélas ! on recueillait leurs dernières volontés. Combien de ceux qui les assistaient ainsi devaient tomber eux-

---

très-goûtées par eux. On trouvera peut-être quelqu'intérêt à l'indication de quelques-uns des sujets traités dans ces séances qui eurent lieu en septembre et en octobre : La vie militaire à Metz. — Le blocus de Metz en 1792. — Le blocus de Metz en 1814. — La guerre de 30 ans en Lorraine. — Les deux sièges de Longwy en 1792 et en 1815. — Le champ de bataille de Sainte-Barbe. — Metz sauvé par le boulanger Harelle en 1473. — Les opérations militaires de Villars dans le nord-est de la France. — Le champ de bataille de Rezonville. — Le siège de Metz en 1552. — Les incursions des Barbares dans le pays Messin. — Les armées de la République et Carnot.

mêmes, victimes de leur dévouement et de leurs fatigues, sur ces champs de bataille de la charité.

Que de traits touchants! Que de libéralités ignorées se presseraient sous la plume et mériteraient un cadre moins étroit pour être conservées. Mais qu'est-il besoin d'insister? La voix de la reconnaissance publique n'a-t-elle pas déjà consacré ces souvenirs, et proclamé que si, réduite à des conditions qu'elle a péniblement subies, la population de Metz n'a pu faire à la défense nationale tous les sacrifices qu'elle aurait souhaités, elle a du moins, sous une autre forme, et sans compter, payé noblement sa dette envers la patrie.

Le terme fatal approchait. Le 13 octobre, le commandant supérieur avait annoncé au maire de la ville qu'il n'y avait plus dans les magasins militaires qu'un peu de lard pour les hôpitaux et les ambulances. Le 17 octobre, la ration de pain était réduite à 300 grammes; le pain de boulange livré par les subsistances n'était cuit qu'imparfaitement : les miches, empilées au sortir des fours, restaient aplaties sous la pression, elles étaient à peine mangeables; les distributions devenaient incomplètes. La viande de cheval, le pain avec de faibles portions de lard, composaient toute l'alimentation. Les chevaux, qu'on ne nourrissait presque plus, et qui mouraient par bandes avant d'être abattus, ne pouvaient plus donner qu'une viande malsaine; c'était autant un danger qu'une ressource. La détresse était extrême. Les habitants avaient épuisé leurs modiques provisions ou bien ils en partageaient les derniers restes avec les malades. Que pouvaient-ils d'ailleurs en face de tous ces besoins? C'est ainsi qu'on arriva au dernier jour.

L'envahissement de l'hôtel de ville par les troupes allemandes (29 octobre) fut le signal de la désorganisation du comité qui y siégeait [1]. Cependant bien des personnes

---

[1] Peu de jours avant la capitulation il restait encore environ

dévouées continuèrent à fréquenter les ambulances. Le 23 octobre un ordre, transmis dans les hôpitaux, avait prescrit de préparer un état des militaires blessés ou malades qui désiraient aller dans leurs foyers, en congé de convalescence : cet ordre avait été renouvelé le lendemain. On comprend, sans peine, avec quelle satisfaction unanime il avait été accueilli : une pareille perspective avait fait prendre en patience toutes les misères. Il fallut bientôt reconnaitre que ce n'était qu'un leurre et qu'aucune stipulation n'avait été faite en faveur des blessés dans la capitulation. Déçus dans leur espoir, quelques-uns des plus valides cherchèrent et parvinrent à s'échapper. L'administration prussienne se préoccupa, sur-le-champ, de réduire le nombre de ceux qui restaient dans Metz. Par des évacuations successives, tous ceux qu'elle jugeait capables d'être transportés furent, suivant leur état, dirigés vers l'Allemagne ou déclarés libres de regagner leur pays : cette dernière faculté n'était accordée qu'aux amputés et à ceux que la gravité de leurs blessures rendait manifestement incapables de reprendre jamais les armes.

La température était devenue très-rigoureuse; ces départs précipités donnèrent aux fonds disponibles de la souscription un emploi naturel et tracé par les besoins mêmes des malades. On acheta, pour eux, des vêtements chauds, des boissons ou des aliments réconfortants; enfin quelque argent de route fut distribué à chacun d'eux par les soins des présidentes de section et des personnes charitables qui, jusqu'au bout,

---

45 000 francs sur les fonds de la souscription. Cet argent était déposé dans la caisse du payeur général : 20 000 francs seulement purent être touchés, grâce aux démarches de la Commission auprès du général Coffinières qui avait donné ordre de ne plus rien verser. Au moment de la capitulation, les 25 000 francs qu'on n'avait pu retirer furent saisis par l'ennemi dans cette caisse. Il fallut de nouvelles démarches auprès des autorités prussiennes pour obtenir, dans le courant de décembre, la restitution de cet argent.

fidèles à leur mission, accompagnaient à la gare les partants et leur faisaient elles-mêmes ces distributions. Quant à ceux que leur situation ne permettait pas de transporter ils furent, peu à peu, concentrés dans deux ou trois locaux pour continuer à y recevoir les soins qui leur sont donnés, encore aujourd'hui, par des médecins et des infirmiers français demeurés à Metz pour cet office. Les derniers fonds restant de la souscription ont été employés à leur procurer quelque soulagement [1]. Enfin la Commission a cru se conformer à la pensée des souscripteurs, en comprenant dans les répartitions de secours certaines ambulances suburbaines où des besoins urgents lui avaient été signalés.

De leur côté, les diverses sociétés internationales de secours aux blessés avaient, depuis longtemps, mis en réserve les ressources que la générosité publique accumulait à l'étranger en faveur de notre ville. A peine l'entrée en fut-elle libre que les représentants de ces sociétés accoururent en foule dans nos murs. Ce furent d'abord nos bons voisins du Luxembourg qui, au lendemain même de la capitulation, arrivaient avec leurs abondantes provisions de pain, de pommes de terre, de denrées de toute sorte, dont les envois se succédaient de jour en jour et qu'ils distribuaient eux-mêmes avec une assiduité et une bonne grâce que personne, à Metz, ne saurait oublier. Les Hollandais, puis les Anglais et les Belges les suivaient de près, et de lourdes voitures amenaient, en leur nom, jusque dans les ambulances, des ballots, des caisses remplies des objets les plus divers, mais dont la réunion montrait une charité intelligente autant que libérale. Les uns et les autres ne bornaient pas à cette utile assistance leur sympathie

---

[1] La gestion des fonds de la souscription a été opérée par une Commission municipale avec une régularité parfaite et suivant les formes légales usitées en matière de finances. Toutes les pièces de dépenses, à l'appui du compte du receveur, étaient visées par un membre de l'Administration municipale. *(Rapport de M. Moisson.)*

pour nos misères. Ils organisaient, à leur tour, dans notre ville des ambulances largement pourvues de tous les soins, de tous les secours que réclame le soulagement des malades, grâce au dévouement et au talent de leurs médecins et de leurs aides. Après avoir quitté, au milieu du plus rigoureux hiver, leur patrie et leurs familles pour accourir au chevet de nos malades, plusieurs de ces courageux étrangers ont succombé, victimes de leur courage. Qu'ils soient bénis ces martyrs de la charité et que les nations amies, qui les avaient envoyés vers nous, acceptent l'expression de notre gratitude! Nous leur avons dû les seules consolations que nous pussions recevoir dans ces cruelles épreuves : comme si, à côté de tant de violences, de ruines et de tueries honteuses, dont deux peuples, faits pour vivre dans une mutuelle estime, donnaient l'affligeant spectacle, il était bon que le monde connût encore, par de tels exemples, les sacrifices et les vertus qui honorent le plus l'humanité.

II. — L'hôpital temporaire du Polygone présente naturellement bien des points communs avec les autres ambulances établies à Metz pendant le blocus: il n'y a donc plus à examiner et à reproduire ici que les traits spéciaux qui lui donnent une physionomie propre. L'Administration municipale, on l'a vu, avait eu à résister à la pression de l'autorité militaire qui prétendait remettre entièrement à la ville la charge et la responsabilité de tout le service hospitalier. En offrant à l'intendance son concours, la ville dut à son tour presser instamment celle-ci pour hâter la solution des questions qu'il fallait résoudre. Les journées entières des 23, 24, 25 et 26 juillet avaient été consacrées par le Conseil à l'examen et à la discussion de ces questions. Le 27, après avoir consulté le Conseil d'hygiène et fait, avec les médecins et pharmaciens de Metz, le compte du temps dont ils pouvaient disposer, le Conseil avait arrêté, nous l'avons dit précédemment, la création, au Polygone de Chambière, d'un baraquement destiné à recevoir 2050 malades. La direction du personnel médical avait été par acclamation confiée à M. le docteur Isnard, médecin principal de première classe en retraite, que des services antérieurs et notamment la remarquable organisation des hôpitaux de Brescia, dans la dernière campagne d'Italie, désignaient au choix de ses confrères. M. Dieu, pharmacien principal de première classe en retraite, avait accepté la direction de la pharmacie, et devait, de concert avec un membre du Conseil municipal, s'occuper de ses approvisionnements. D'autres membres du Conseil, et plusieurs de leurs concitoyens qui leur furent adjoints, étaient chargés de l'administration générale. Enfin, le 29 juillet, un traité consacrant les droits respectifs de la ville et de l'État était signé par leurs représentants autorisés et des marchés étaient, aussitôt après, passés avec les fournisseurs.

L'emplacement auquel on s'était arrêté, situé au nord de la ville, comprend, entre deux bras de la Moselle, des terrains sablonneux affectés en temps ordinaires aux manœuvres de l'artillerie. L'endroit était sain, bien choisi pour y établir des malades, et aussi pour préserver la ville des funestes influences provenant de leur concentration. Les terrains, perméables, promettaient le rapide écoulement des eaux de la pluie et procuraient abondamment, sur tous les points, une eau potable excellente, provenant des filtrations de la Moselle. Mais ces divers avantages étaient un peu compensés par des difficultés de service et des pertes de temps que causait l'éloignement de la ville, et aussi par le voisinage imprévu des campements qui nécessita une surveillance plus rigoureuse.

Le mode d'installation recommandé par le Conseil d'hygiène était celui de pavillons en bois séparés les uns des autres, pourvus d'une aération très-active, et pouvant contenir chacun cinquante blessés. L'expérience faite en Amérique et surtout à l'hôpital de Washington pendant la guerre de la sécession, garantissait l'excellence du principe d'isolement adopté dans les établissements de ce genre. M. Demoget, l'architecte de la ville, s'était mis aussitôt à l'œuvre, et ses plans avaient rencontré une approbation que les résultats obtenus ont pleinement justifiée depuis. Il en avait combiné les détails de manière à se servir, avec une main-d'œuvre aussi restreinte que possible, de matériaux ayant les dimensions courantes du commerce, réalisant ainsi le double avantage d'une économie notable sur la dépense (en rendant à la vente ces matériaux disponibles lors de l'évacuation de l'hôpital), et surtout d'un gain de temps précieux en de pareilles circonstances. Les pavillons, espacés l'un de l'autre de sept mètres, étaient placés, parallèlement entre eux, sur les deux côtés d'un angle assez aigu. Ils n'étaient imbriqués que d'un seul côté et sur moitié de leur longueur, afin que l'air vicié de l'un, autant que possible, ne fût pas renvoyé sur l'autre [1]. L'aération intérieure était obtenue par un système de toiture ingénieusement combiné, et par des châssis mobiles et garnis de vitres disposés de chaque côté des parois verticales. Cinq bâtiments, situés vers la base du triangle, étaient joints entre eux par la clôture de l'hôpital.

Les services généraux, tels que la dépense, la cuisine, le bureau des entrées, celui de la comptabilité, les deux salles d'amputation, la pharmacie, la lingerie, le poste de garde, les chambres de réunion des médecins, et celles destinées à l'aumônier, aux médecins de garde et aux sœurs, étaient groupés au centre du triangle et suivant les convenances de chacun de ces services. Ils étaient reliés avec les salles de blessés par de longues

---

[1] Pour éviter encore cette fâcheuse influence, les water-closets, les dépôts de linge sale et la chambre des morts étaient rejetés tout à fait à l'extérieur, et le service de vidange se faisait journellement.

galeries couvertes en zinc, qui servaient de promenoirs et d'abris en cas de pluie. Chacune des baraques, longue de 52 mètres et large de 7 mètres, était ouverte à chaque extrémité par une porte de 2 mètres de largeur, et de chaque côté de ces portes, à l'intérieur, deux cabinets avaient été réservés : pour l'infirmier de service, pour la sœur, pour le médecin traitant, enfin le quatrième servait de lieu de dépôt. Une salle avait été aménagée pour recevoir des officiers, et une autre, construite avec un soin particulier, était destinée aux soldats amputés ou blessés grièvement.

Les constructions avaient été commencées le 27 juillet. Le 18 août, le blocus empêcha tout arrivage de matériaux. On était d'ailleurs suffisamment pourvu, le nombre des baraques ayant été réduit à trente au lieu de cinquante, par suite de l'établissement d'une route militaire qui coupait les terrains disponibles. Les travaux, menés avec activité, furent terminés le 1er septembre, en trente-six jours, la surface totale des constructions étant de 13500 mètres carrés. La réduction forcée du nombre des baraques ne permettait plus d'admettre normalement que 1500 malades : on verra plus loin comment, sous l'empire des plus pressantes nécessités, ce nombre fut dépassé.

Le médecin en chef s'était occupé de réunir le personnel médical. Les médecins civils avaient bien, il est vrai, promis au début leur concours exclusif à l'hôpital du Polygone, comptant que là se bornerait leur service ; mais l'encombrement des malades dans la ville força plusieurs d'entre eux à partager leurs soins entre les diverses ambulances qui les réclamaient. Toutefois un certain nombre purent remplir l'engagement qu'ils avaient pris, et les vides furent comblés grâce à la présence à Metz de quelques médecins du département et de l'extérieur, auxquels furent adjoints des jeunes gens étudiant dans des facultés ou déjà munis de leurs diplômes. Le chiffre des médecins traitants, entre lesquels le service des salles était réparti, resta fixé à vingt ; celui de leurs aides à dix.

Les opérations importantes étaient faites sous les yeux ou par les soins du médecin en chef. Des autopsies furent même pratiquées quand elles présentaient un intérêt scientifique : un local attenant à la chambre des morts et situé hors de l'enceinte de l'établissement avait été réservé à cet effet.

Un même zèle pour le soulagement des malades, et une égale déférence pour le chef qu'ils s'étaient choisis, maintinrent jusqu'au bout l'entente la plus étroite entre les membres de ce groupe. Vers la fin même, aides et médecins avaient tenu à consacrer cette union par une touchante démarche chez M. Isnard, auquel un souvenir était remis au nom de tous, comme l'expression d'un sentiment que tous partageaient.

Le pharmacien en chef, de son côté, avait pourvu à l'achat du matériel et des approvisionnements de la pharmacie, et le personnel un peu nombreux qu'il y avait installé provoqua même plus d'une fois les réclamations de l'autorité militaire. Un inspecteur du service des prisons, résidant à Metz, s'était chargé de veiller aux détails de l'administration de l'hôpital et à la composition de son personnel. Sa retraite prématurée, et l'impossibilité de pourvoir à son remplacement, faisaient retomber entièrement ces soins sur les membres délégués par la municipalité. C'était une lourde tâche, et une tâche bien nouvelle pour eux que l'organisation et l'agencement des mille dispositions qui devaient donner la vie à ce grand corps et lui permettre de fonctionner régulièrement et rapidement.

Dès le début, des sœurs de Saint-Vincent-de-Paul avaient été appelées ; en quittant Paris précipitamment, elles avaient pu, au nombre de quatorze, arriver jusqu'à Metz. Sous la direction d'une supérieure pleine d'énergie, d'intelligence et de dévouement pour les malades, elles apportaient aux ambulances du Polygone l'appoint de leur expérience et de leur charitable activité. Les infirmiers qui, sur l'appel de la mairie, se présentaient munis de certificats en bonne forme, étaient successivement embrigadés sous les ordres de ceux qui semblaient offrir le plus de garanties. Il fallait encore se précautionner de comptables pour la tenue des livres, d'employés sûrs pour la dépense, de cuisiniers et d'aides nombreux, etc. On devait, en outre, garnir l'établissement d'un matériel en rapport avec son importance et sa situation isolée. Les objets que l'intendance n'avait pu procurer, étaient commandés directement aux fournisseurs.

Chaque jour révélait quelque difficulté nouvelle, et on n'avait ni le temps, ni l'expérience, ni les moyens d'action nécessaires pour procéder méthodiquement. Là, comme partout, heureusement, le libre dévouement vint en aide, et on rencontra sur son chemin bien des concours sur lesquels on n'avait pas compté. Dès le 8 août, des malades en traitement à l'hôpital militaire furent évacués sur le Polygone où les premières baraques étaient à peine terminées. Il fallut faire face à la fois à tous les besoins, et pousser en toute hâte l'achèvement des baraques et leur organisation. Les événements se pressaient avec une rapidité foudroyante.

La situation des ambulances à portée des champs de bataille, et leur abord possible à toute heure y amenèrent bientôt les premiers blessés de la lutte engagée sous nos murs. A la suite de la bataille de Borny, pendant les journées du 14, du 15 et du 16 août, les entrées à l'hôpital du Polygone furent successivement de 424, de 314 et de 290 blessés; le 17, 512 furent constatées; enfin, le 18, leur nombre s'éleva à 1001, et la population d'infirmes, le 19 au matin, était de 2270 environ. Comment installer, visiter, panser, comment nourrir une telle affluence? Qu'aurait pu, réduit à ses seules forces, le personnel novice qu'on avait à grand'peine assemblé[1]? C'est dans ces moments que la charité privée fait ses merveilles, c'est alors aussi, hélas! qu'elle reconnait combien elle est impuissante à soulager de semblables misères.

Une profonde pitié pour les victimes, une immense horreur de la guerre saisissait les plus endurcis à la vue de ces plaies effrayantes et de ces convois de mourants qui se succédaient sans relâche, le jour, la nuit. Un grand nombre n'avaient pu supporter le trajet: c'étaient des cadavres qu'on déchargeait pêle-mêle au milieu de la foule affairée. Les lits, les moindres coins des baraques avaient été bientôt remplis : les sinistres voitures arrivaient toujours. On dut, avec les planches disponibles qu'on arc-boutait les unes contre les autres, improviser sur l'heure des abris: on les garnissait d'un peu de paille, on y entassait les corps. Le dévouement des médecins, des sœurs, des infirmiers, celui de tous les volontaires accourus à l'aide, trouvaient là de quoi s'exercer largement. Quelles journées, et quels souvenirs! Peu à peu, cependant, on tâchait de mettre de l'ordre dans les soins, on s'occupait de trier dans cet amas les plus gravement malades, de les répartir dans les salles, de faire sortir tous ceux qu'on pouvait évacuer sans danger. Une baraque était-elle achevée, bien vite on la garnissait des blessés contenus sous les abris de planches, que les soldats, à cause de leur forme, avaient baptisés du nom de bonnets de police. C'était la besogne la plus pressante. Outre que les malades s'y trouvaient très-mal installés, la surveillance y était à peu près impossible ; on put même constater parfois la présence de quelques traînards de l'armée qui s'y réfugiaient, esquivant avec prudence la visite des médecins, mais très-assidus aux heures des repas.

---

[1] Ce personnel, en y comprenant les sœurs et les gardes mobiles, s'éleva jusqu'au chiffre d'environ 520.

Bientôt le nombre des salles étant complété, il fut possible de supprimer entièrement cette cause de désordre.

Cependant les services s'organisaient, et avec quelque suite dans les efforts, on parvenait à suffire aux besoins. Il est vrai qu'une tâche finie, une autre se présentait. Au commencement les abus étaient nombreux ; dans ce personnel improvisé, pris de toutes mains, il y avait bien des éléments défectueux. Pendant une dizaine de jours à peu près, alors que, débordé par tant de soins, on n'avait pu s'inquiéter qu'isolément des dépôts d'argent faits par les malades, ces dépôts consistaient presque uniquement dans des objets sans valeur, des médailles militaires, des lettres ; du jour où ce service fut organisé, l'argent devint abondant, et le chiffre des consignations dépassa promptement 10000 francs. Sous prétexte de soins à donner aux blessés, on avait vu autour d'eux bien des figures suspectes qui n'avaient plus reparu ensuite. Des rôdeurs infâmes, pénétrant dans un local ouvert de tous côtés, avaient profité du tumulte pour dépouiller les cadavres, pour voler les blessés eux-mêmes. Le matériel de l'établissement, les vivres, les couvertures disparaissaient. Une surveillance plus active amena avec le temps des épurations forcées dans le personnel, mais quelquefois aussi, il fallait fermer momentanément les yeux sur des désordres manifestes, pour ne pas se priver d'agents qui étaient nécessaires, et dont, malgré leurs fautes, on était obligé de se contenter.

La pluie et les orages étaient aussi un des fléaux du Polygone : le stationnement prolongé de la cavalerie autour des baraques avait peu à peu dénaturé le sol avoisinant qui, piétiné par les chevaux et couvert de débris de toute sorte, était devenu imperméable. C'étaient à chaque averse des amas de boue et de véritables lacs avec des courants qui envahissaient l'enceinte elle-même, et qui, séjournant dans les parties basses, occasionnaient des troubles graves dans le service ¹. Il fallut des travaux considérables d'assainissement, et de larges tranchées d'écoulement pour obvier à cet état de choses. Sans les omnibus dont le service avait été organisé pour amener matin et soir, les médecins, leurs aides, les dames, les sœurs et les ouvrières, de la ville aux ambulances, les abords en auraient été parfois impraticables. Les gouttières dans l'intérieur des salles et le froid pendant la nuit étaient la conséquence même d'un genre de baraquement qui, il faut le reconnaître, convient surtout à la belle saison ; mais l'aération d'autre part empêcha les influences contagieuses, dont d'autres hôpitaux n'étaient pas exempts, de se développer au Polygone, et cette précieuse immunité méritait bien d'être achetée même au prix de quelques souffrances passagères. On s'efforça d'ailleurs de porter remède à ces inconvénients et on y parvint dans une certaine mesure.

Plusieurs fournisseurs causaient au moins d'aussi sérieux tracas : ils s'étaient montrés empressés de passer leurs marchés à des prix qui leur promettaient de respectables bénéfices, mais le renchérissement de toutes choses et l'impossibilité de faire de nouveaux approvisionnements ralentirent bientôt leur zèle ; il fallait à chaque instant presser leurs livraisons.

Enfin les exigences de l'administration militaire en matière de réglementation se produisaient peu à peu, et, avec elles par conséquent, le luxe d'écritures, de papiers, de démarches et d'employés qu'entraînent tant de formalités : c'étaient le bureau des entrées et des sorties, le poste des gardes mobiles, l'état civil qu'il fallait envoyer en triple expédition, le mouvement

---

¹ A la suite d'une de ces pluies torrentielles, la cuisine fut envahie, et la sœur qui en avait la direction, pour assurer la distribution du soir aux malades, dût y séjourner assez longtemps ayant de l'eau jusqu'à mi-jambe. Elle y contracta une fluxion de poitrine dont elle mourut peu de jours après.

des malades adressé au médecin en chef des hôpitaux et au magasin des subsistances, le rapport de chaque matin pour lequel un agent était détaché, la comptabilité et ses minuties, les transports d'armes et de cartouches à l'arsenal, les états pour l'intendance, pour l'administration des lits militaires, pour les magasins d'habillement ou de campement, pour les divers hôpitaux avec lesquels on était en rapport, etc., etc., tout un assemblage de prescriptions nécessaires peut-être, mais certainement longues et auxquelles il fallait pourtant se conformer.

A côté et au-dessus de ce formalisme compliqué que des écritures peuvent aussi bien tromper que rassurer, l'Administration jalouse de l'honneur qui lui était confié se préoccupait à bon droit de sa surveillance morale, de l'honnêteté qu'elle tenait à introduire et à maintenir dans toutes les relations, du soin des malades surtout, et de la conciliation entre des intérêts qui semblaient souvent contradictoires. Elle apprenait, avec le temps, à reconnaître le zèle et la probité des divers employés, et à élargir à l'occasion le cercle de leurs attributions et de leur responsabilité. Elle invoquait pour cela les conseils et les observations des médecins, des sœurs, des brigadiers les plus capables et les plus sûrs, établissant ainsi entre les divers ressorts de ce vaste organisme une communauté d'action qui tournait au profit de l'œuvre entreprise. L'intimité affectueuse et jusqu'au bout sans nuage de ses membres, et les résultats obtenus peu à peu, grâce au concours de tous, leur semblaient plus qu'une compensation à leurs efforts. Si leur tâche avait de vilains côtés, et si dans des moments qui appelleraient les plus sublimes vertus, ils rencontraient parfois les pires instincts ou les plus laides déformations de la nature humaine, de combien de traits admirables ou touchants n'étaient-ils pas, en revanche, les premiers témoins! Faut-il citer ces femmes de toute condition, délicates souvent et obligées à des ménagements, qui, là comme partout et malgré l'éloignement, accouraient chaque jour dans les salles, sans y arriver jamais les mains vides, et qui mettaient si généreusement leurs bourses, leurs démarches et leurs soins à la disposition des malades; ces aides qui, gratuitement et régulièrement, assistaient les médecins dans leurs visites et dans leurs pansements; ce vieillard, venu de Paris, établi au Polygone sans vouloir y accepter de salaire, courbé par l'âge et ne connaissant pourtant pas la fatigue, que l'on rencontrait partout en quête de quelque adoucissement pour *ceux de sa salle,* qui travaillait de ses mains, pour mieux les abriter et qui, lors du départ des derniers blessés, nous demandait, en pleurant, ce qu'il allait faire et s'il ne pouvait pas les accompagner en Allemagne; cet autre petit vieux qui, tout le jour, occupé d'enlever les linges sales déposés devant la porte de chaque baraque, mettait à la plus rebutante des besognes un entrain et une bonne humeur inaltérables; et ces infirmiers, ces sœurs de Saint-Vincent-de-Paul, qui poussaient jusqu'à la maladie et à la mort même l'accomplissement de leur mission !

La liste serait longue de ces actes méritoires, bien faits pour consoler de tant d'autres affligeants spectacles dont on était entouré.

On recueillait d'ailleurs le fruit du travail commun, et, après le trouble des premiers temps, on était entré dans une période de pleine et régulière activité. Les baraques étaient désormais pourvues de tout leur matériel; dans chacune d'elles un personnel suffisant d'infirmiers était chargé de veiller à son entretien et au soulagement des malades. Des blessés prussiens, recueillis au début sur les champs de bataille en même temps que nos soldats, mêlés avec eux, recevaient sans aucune distinction [1], les mêmes soins, jusqu'à ce que,

[1] Tandis que les corps de nos soldats décédés, enveloppés simplement d'un suaire, étaient mis à la fosse commune (registre des ordres

à la suite de l'évasion de plusieurs d'entre eux, et en vertu d'une mesure générale, ils fussent tous traités à l'hôpital militaire. Des relations affectueuses, nées de mutuels services, s'établissaient entre tous ces compagnons de misère. Les moins malades se rendaient utiles. Quand on parcourait l'espace réservé au milieu des deux rangées de lits, symétriquement échelonnés, on était heureux de voir régner l'ordre, de rencontrer une sorte de bien-être et de contentement sur des visages qui, en dépit de la souffrance, avaient conservé leur douceur ou leur énergie. Ces figures attachantes, ces grands yeux fixes, animés par la fièvre d'une expression étrange, restaient, pour toujours, gravés dans le souvenir.

transmis à l'ambulance du Polygone par le sous-intendant militaire — 21 septembre), le commandant en chef de l'armée prenait à l'égard de la sépulture des militaires prussiens les dispositions suivantes :
« ..... Afin de venir en aide, autant que possible, aux familles qui
» recherchent les tombes des leurs décédés à Metz, Son Exc. M. le
» Maréchal commandant en chef a décidé que les militaires prussiens,
» qui succomberont dans les hôpitaux, seraient enterrés dans une
» partie du cimetière où l'on puisse retrouver leurs sépultures,
» et que l'on prendrait toutes les indications possibles pour faire
» constater leur identité. Chaque militaire de l'armée prussienne
» porte au cou une plaque portant des lettres qui le peuvent faire
» reconnaître ; il convient, ainsi que cela s'est fait jusqu'à présent, de
» transcrire les lettres et les chiffres de cette plaque, mais de la laisser
» au cou du mort en le mettant en terre. Son Exc. M. le Maréchal
» commandant en chef recommande, d'autre part, de faire rendre
» aux officiers prussiens décédés les mêmes honneurs militaires
» qu'aux officiers français. » (Registre des ordres transmis à l'ambulance du Polygone par le sous-intendant militaire — 5 octobre).

« Le sous-intendant militaire est informé que les corps des mili-
» taires prussiens décédés n'ont pas, à l'arrivée au cimetière, la
» plaque dont ils sont porteurs ; il rappelle à ce sujet les instructions
» contenues au rapport du 5 octobre, et invite MM. les Officiers
» comptables à donner des ordres pour que les plaques restent au
» cou de ces militaires qui doivent être placés dans des bières. »
(Registre des ordres transmis à l'ambulance du Polygone par le sous-intendant militaire — 10 octobre).

Matin et soir les omnibus apportaient, de la ville, leurs convois de médecins, d'aides et de dames : à l'arrivée chacun gagnait son poste ; l'infirmier de service rendait compte de ce qui était survenu, depuis la veille, dans chaque salle ; les pansements et les opérations se faisaient et les médecins, à leur tour, transmettaient au médecin en chef leurs observations. Puis la cloche annonçait la distribution et, par escouades, les infirmiers venaient chercher le bouillon, qu'on puisait dans de grandes chaudières, et les rations de viande préparées à l'avance et disposées dans des récipients numérotés pour chaque salle ; les surveillants vérifiaient les bulletins et la réception. Après le repas l'enceinte se peuplait, peu à peu, de la foule des malades : c'était le moment de la vie au dehors, de la pipe, de la promenade, des visites d'une salle à une autre. Si le temps était beau on installait facilement au soleil, presque de plain-pied, les lits ou les matelas des éclopés et la musique militaire, demandée aux chefs de corps campés dans le voisinage, venait quelquefois les récréer. Mais la suprême distraction, pour les plus valides, c'était de se hisser sur la butte de tir du Polygone, située à l'extrémité de l'enceinte. De là ils découvraient le cours sinueux de la Moselle, la riche plaine qu'elle arrose, avec son horizon de côtes gracieuses, parsemées de villages, et couronnées de vignes ou de bois déjà colorés par l'automne. Bien souvent ce pays, pénétré de calme et de fraîcheur, servait de cadre à des engagements meurtriers : de ces bois, pleins de piéges, s'échappaient les blanches fumées des batteries ennemies et la fusillade pétillait au loin dans les vignes. Avec quel intérêt la galerie suivait alors les détails de l'action : jugeant les coups, interrogeant d'un regard exercé les moindres mouvements dans les buissons, et poussant les plus énergiques jurons à la vue des incendies qui consumaient les maisons et les villages entiers. Puis chacun, de son mieux, car la descente était difficile, reprenait le chemin de la salle, où l'attendaient la contre-visite du médecin et le repas du soir. Les journées se passaient ainsi, avec la répétition des mêmes soins et des mêmes loisirs. Le dimanche une messe était célébrée, en plein air, dans l'enceinte, et les soldats concouraient aux chants, à la décoration toute militaire de l'autel, dont les trophées d'armes ou de drapeaux et des inscriptions appropriées à la circonstance composaient tous les frais [1]. Des quêtes fructueuses s'y faisaient au profit des blessés et l'argent recueilli ainsi était employé à leur acheter quelques douceurs.

Cependant, après avoir joui trop peu de temps des bénéfices d'une situation particulière, le Polygone allait participer au sort commun des autres ambulances. Les vivres étaient devenus de plus en plus rares : les fournisseurs, invoquant les impossibilités d'approvisionnement causées par le blocus, résiliaient successivement leurs marchés. Il fallait recourir à l'administration militaire qui peu à peu resta seule chargée des subsistances. Les rations furent réduites de jour en jour. Le sel avait manqué dès le début, et l'eau salée dont on allait remplir les tonneaux de l'ambulance, à la source Belle-Croix, n'était point assez saturée pour donner quelque saveur à la viande de cheval qui constituait l'unique ordinaire. On avait bien fait quelques réserves sur les fournitures livrées par le commerce, et, le 12 octobre, le Polygone avait eu sa part dans une distribution de denrées alimentaires provenant de marchandises délaissées à la gare de Metz et requises pour les hôpitaux ; tout cela ne pouvait être d'un long secours en raison du chiffre de la population qu'il fallait nourrir. On tâcha pourtant, comme on le put, de varier, de compléter un peu le triste et insuffisant régime des malades. L'argent de la souscrip-

---

[1] Un dimanche, après la nouvelle de la chute de l'Empereur, les inscriptions placées de chaque côté de l'autel étaient les suivantes : *Et nunc erudimini qui judicatis terram*, et : *Deposuit potentes de sede et exaltavit humiles*.

tion, celui qui provenait des quêtes du dimanche et de dons particuliers, ainsi que la recette d'un concert organisé dans le voisinage par les lanciers de la garde, étaient consacrés à des achats de vins, de tabac, de fruits. On s'efforça aussi, même au prix des plus grands sacrifices, d'avoir toujours une petite quantité de légumes frais, et quelques cadeaux inappréciables, dans ce genre, furent faits par des personnes généreuses qui fréquentaient les ambulances. Un chef de cuisine habile et dont l'apprentissage s'était fait à bord d'un navire de l'État, savait utiliser les moindres débris, et jusque dans les jours du plus grand dénûment, malgré l'absence de tout condiment, il s'ingéniait à donner quelque saveur à ses préparations. Mais l'alimentation des malades, des amputés surtout, aurait exigé une nourriture plus substantielle. Des suppléments étaient accordés à ces derniers, sur la demande du médecin traitant, et bien souvent il y était pourvu par la charité de leurs visiteurs. Une installation un peu plus confortable leur avait aussi été réservée dans une salle construite expressément pour eux.

A cette occasion, et plusieurs fois déjà auparavant, la répartition des malades dans les salles avait été l'objet de remaniements ayant pour but la séparation absolue des blessés et des fiévreux. Un grand nombre de ces derniers, dès le milieu de septembre, fut évacué des ambulances de Metz sur le Polygone qui présentait des conditions d'isolement et d'aération favorables à leur traitement. Le médecin en chef, à peine remis de longues et douloureuses souffrances occasionnées par ses fatigues, s'attacha constamment à concilier la séparation absolue de ces deux catégories de malades, avec le maintien d'un service intact pour chaque médecin traitant, désirant, autant qu'il le pouvait, conserver des liens réciproques que le temps, les soins et la reconnaissance avaient naturellement établis. Grâce à cette précaution, grâce aussi à la disposition des baraques et aux mesures de rigoureuse propreté qui étaient observées dans l'intérieur des salles et de l'enceinte, l'ambulance du Polygone fut entièrement préservée des périls qui sont la conséquence de toute concentration hospitalière. A aucun moment, même lorsque la population qui y était traitée atteignit son chiffre le plus élevé [1], on n'eut à constater dans les salles cette funeste odeur, persistante et caractéristique, marque d'un danger certain pour les malades aussi bien que pour ceux qui les assistent.

La lingerie était à peu près le seul endroit périlleux du Polygone ; pour la garantir entièrement des gouttières, il avait bien fallu la clore plus hermétiquement que les autres constructions. Les linges rendus imparfaitement lessivés et incomplétement secs, malgré toutes les recommandations faites à cet égard, y entretenaient une atmosphère moite et insalubre, que les courants d'air, établis toutes les fois que le temps le permettait, étaient impuissants à renouveler. Plusieurs employés, des ouvrières, la sœur chargée de la surveillance y contractèrent successivement des maladies. Un jeune homme attaché à ce service, succomba victime de son assiduité à ce poste dangereux [2].

Cependant, vers le 20 octobre, toutes les réserves étaient épuisées : chaque soir on était incertain de la distribution du lendemain. A bien des signes, on sentait venir la fin. On osait à peine pénétrer dans les salles où malgré la patiente résignation des malades, on était accueilli par des réclamations trop légitimes, mais auxquelles on était dans l'impossibilité de faire droit : on sortait navré jusqu'au fond de l'âme à la vue de tant de misères. La tristesse était générale.

[1] **2270** malades.
[2] Les mêmes tristes résultats se produisirent d'ailleurs dans plusieurs autres ambulances de Metz, et l'on eut également à y déplorer la maladie ou la mort de personnes préposées à un service qui, étant moins en vue, semblait à l'abri de tout péril.

Le temps n'était plus de ces conversations animées par lesquelles, pendant le trajet, si souvent répété, de la ville au Polygone, on trompait l'ennui du chemin. Quelles chaudes discussions, quelles nouvelles hasardeuses se croisaient alors parmi les habitués de l'omnibus. Maintenant, ce n'était plus qu'un morne silence : c'est à peine si l'on échangeait les douloureuses préoccupations qui remplissaient tous les cœurs. Les affligeants spectacles ne manquaient pas sur le parcours. Dans les rues, des attroupements à la porte des boulangers; des figures hâves sur lesquelles les privations et les inquiétudes avaient marqué leurs traces; des gamins qui revenaient de la maraude avec un maigre butin. Au sortir de la ville, à l'abattoir, des bandes de chevaux maigres pressés les uns contre les autres, et çà et là, les cadavres de ceux d'entre eux qui, victimes de la faim, étaient déjà mutilés par la dent de ceux qui les entouraient. Plus loin : des corbillards, les uns sans aucune suite; les autres avec un mince cortége de parents, d'amis; des paysans surtout qui accompagnaient quelqu'un des leurs au cimetière voisin, car ces pauvres gens arrachés violemment à leurs habitudes, et condamnés souvent au dénûment le plus complet, offraient une facile proie aux progrès de la maladie. Bien souvent, aussi, c'étaient de petits cercueils des enfants qui, nés dans ces difficiles moments, avaient passé bien vite de la vie à la mort. Plus loin, encore, les carabiniers dont les montures peuplaient l'abattoir, apprenaient gauchement l'exercice du fantassin. Tout ce monde s'agitait dans la boue amoncelée, au milieu d'un paysage sinistre dont quelques arbres, échappés aux abattis, mais ébranchés jusqu'au sommet, rompaient seuls les lignes basses et monotones : sous le ciel gris, le froid et une pluie pénétrante; partout, enfin, l'horreur ou la désolation. De pareils souvenirs ne sauraient s'effacer de l'esprit.

Le 29 octobre, à quatre heures de l'après-midi, au

moment même où l'omnibus qui ramenait les médecins rentrait dans Metz, la première colonne des troupes prussiennes débouchait sur la place d'Armes. Deux délégués d'une société internationale allemande avaient pu, dans l'après-midi de ce même jour, pénétrer au Polygone. Ils savaient la détresse de nos malades, et ils venaient généreusement leur offrir du vin, du sucre, du sel, du chocolat, des vêtements chauds, etc. Les jours suivants, des représentants de sociétés Belges, Anglaises, Hollandaises et Luxembourgeoises arrivaient à leur tour avec leurs nombreux et charitables convois. C'était, après les privations passées, un moment de largesse et d'abondance relatives.

L'administration prussienne, d'ailleurs, pourvoyait aux subsistances. Le 5 et le 9 novembre des commissaires de cette administration vinrent visiter le Polygone, dont les jours étaient désormais comptés. Le froid commençait à y sévir cruellement, et, à moins de travaux considérables, on ne pouvait songer à y tenir plus longtemps. La population de malades était à ce moment d'environ 1500. Le 11 novembre eut lieu une première évacuation de 43 blessés, organisée par une société Belge de secours [1].

Les départs se succédèrent ensuite, à peu près de jour en jour. Parmi les malades, les uns étaient dirigés sur les ambulances de Metz, d'autres prenaient le chemin de la captivité, d'autres enfin allaient rejoindre des foyers peut-être dévastés.

Le médecin en chef avait dû réclamer le concours de médecins militaires par suite du départ des médecins civils étrangers, retournés dans leurs familles, et de

---

[1] Ces blessés, confiés à un médecin russe plein de dévouement, le docteur Heyfelder, furent accompagnés par lui jusqu'à Neuwied, où il était chargé de créer une ambulance de 100 malades, choisis indistinctement parmi les blessés français ou allemands. La princesse de Wied devait pourvoir libéralement à toutes les dépenses de cet hôpital installé dans les meilleures conditions.

quelques-uns des médecins de la ville, obligés, à cause du grand nombre de leurs malades, de se consacrer exclusivement à leur service. De leur côté, les membres de la Commission municipale, si pénible que pût être leur présence au Polygone dans les conditions où ils s'y trouvaient, persistèrent néanmoins à y retourner pour effectuer le licenciement successif du personnel, terminer le règlement des comptes, et opérer la rentrée du matériel dont la ville devait rester en possession.

Il fallait d'ailleurs, avec l'aide des sœurs de Saint-Vincent-de-Paul et de quelques personnes charitables, veiller jusqu'au bout à l'intérêt des malades et à une distribution équitable des dernières ressources dont on pouvait encore disposer en leur faveur. Cependant la population de l'hôpital baissait de jour en jour. Enfin, le 26 novembre au soir, un dernier convoi de douze malades, organisé par les soins de l'ambulance Hollandaise, quittait le Polygone. Entre toutes les tristesses dont l'âme était envahie, ce n'était pas une des moindres de laisser pour toujours ces baraques en bois, témoins de tant de souffrances et de dévouement, qui, vides désormais et inutiles, restaient abandonnées dans la plaine [1].

---

[1] Il est mort à l'hôpital militaire et dans les ambulances de Metz en 1870 plus de 6500 hommes, dont 75 seulement du 1er janvier au 15 août et le reste en quatre mois et demi, du 15 août au 31 décembre.

Outre cela, dans la population civile de Metz, où la moyenne annuelle des décès est de 1200 quand il n'y a pas d'épidémie, il y a eu, en 1870, 3174 décès dont 1516 du sexe masculin et 1658 du sexe féminin, sans compter 64 déclarations d'enfants mort-nés. Pendant les sept premiers mois de l'année 1870 il n'y avait eu que 917 décès; d'août à décembre inclus, il y en a eu 2257 (voir ci-après Append. LXVIII).

Les principales maladies régnantes pendant le blocus ont été:

la variole..................	365 décès civils	176 décès militaires.
la dyssenterie.............	580 —	726 —
et la fièvre typhoïde.........	323 —	1364 —

Les enfants jusqu'à l'âge de cinq ans ont été fort éprouvés par le blocus; car sur les 968 décès de ces enfants pendant l'année 1870, il y en a eu 656 pour les cinq derniers mois.

Les paysans réfugiés, que l'on évalue à 20 000, ont aussi payé un lourd tribut à la mort; il a été inscrit sur les registres de l'état civil, du 15 août au 16 novembre, 354 décès dans cette population étrangère où les femmes et les enfants dominaient. Ces 354 décès sont répartis également entre les deux sexes; on y trouve 177 hommes et 177 femmes.

APPENDICE.

On trouvera dans cet appendice les documents qui se rapportent aux faits relatés dans le présent mémoire: 1° les principaux placards affichés dans Metz pour la publication des ordres et autres notifications des autorités civiles et militaires ; 2° des extraits de procès-verbaux des séances du Conseil municipal et de celles du Conseil central d'hygiène ; 3° des notes émanant de personnes compétentes et dignes de foi, sur certains faits et sur quelques objets spéciaux.

I.

23 JUILLET. — AVIS PUBLIÉ PAR LA COMMISSION MUNICIPALE. — SOUSCRIPTION POUR LES BLESSÉS.

Ville de Metz. — Le maire et le Conseil municipal à leurs concitoyens. — Par toute la France s'organise une grande souscription nationale en faveur des soldats de notre armée. — Le moment est imminent où la population si généreuse et si patriotique de Metz, indépendamment de ce qu'elle peut mettre à la disposition du Comité central de Paris, aura tout particulièrement à pourvoir, par elle-même et sans délai, aux besoins des blessés et des malades qui seront dirigés sur notre ville. — Le Comité central de Paris sera bien loin de nous à ce moment. — La prudence nous commande d'y penser d'avance et de créer, dès maintenant, les ressources qui nous seront alors nécessaires, en versant dans une caisse spéciale, à l'hôtel de ville, *tout ce dont nous pouvons disposer* et ce que, de partout, on voudra bien y joindre. Nous serons ainsi en mesure de secourir efficacement et sans retard les souffrances dont nous serons les premiers témoins. — La souscription est ouverte à l'hôtel de ville où seront reçus les versements et les noms des donateurs. — L'Administration municipale fait aussi appel au dévouement des habitants pour tous les services personnels qu'ils pourraient rendre, et prie ceux qui sont disposés à le faire, de venir s'inscrire à l'hôtel de ville, en indiquant ce qu'on peut attendre des aptitudes spéciales et du zèle de chacun. — Le maire, Félix Maréchal, et les membres de la commission déléguée par le Conseil: Géhin, Aug. Prost, de Bouteiller, Noblot, Émile Sturel et Worms.

II.

7 AOUT. — DÉCRETS IMPÉRIAUX. — MISE EN ÉTAT DE SIÉGE ET NOMINATION DU COMMANDANT SUPÉRIEUR DE LA PLACE.

Ville de Metz. — Napoléon, par la grâce de Dieu et la volonté nationale, empereur des Français, à tous présents et à venir, salut, avons décrété et décrétons ce qui suit : — Article 1er. Les villes de Metz, Verdun, Montmédy, Longwy, Thionville, Bitche, Strasbourg et les places de l'Alsace, Phalsbourg, Marsal, Toul, Belfort, sont déclarées en état de siége. — Art. 2. Notre major général de l'armée est chargé de l'exécution du présent décret. — Fait à Metz, le 7 août 1870. — Napoléon. — Par l'empereur: le maréchal de France, major général de l'armée, Signé : Le Bœuf.

Quartier impérial, à Metz, le 7 août 1870. — Le général de division Coffinières de Nordeck, commandant en chef le génie de l'armée, est nommé commandant supérieur de la place de Metz. — Napoléon. — Par l'empereur: le maréchal de France, major général de l'armée, Le Bœuf.

Extraits du décret du 13 octobre 1863, portant règlement sur le service dans les places de guerre et les villes de garnison: — Art. 248. Pendant l'état de siége, le commandant supérieur fait occuper tous les terrains, ordonne toute démolition, prescrit toute mesure de défense jugée nécessaire pour assurer la conservation de la place. — Dans ce cas, toute occupation, toute privation de jouissance, toute démolition résultant d'un fait de guerre ou d'une mesure de défense, n'ouvre droit à aucune indemnité. — Art. 249. Aussitôt que l'état de siége est déclaré, les pouvoirs dont l'autorité civile était revêtue pour le maintien de l'ordre et de la police passent tout entiers à l'autorité militaire. — L'autorité civile continue néanmoins d'exercer ceux de ces pouvoirs dont l'autorité militaire ne l'a pas dessaisie. — Le commandant supérieur délègue en conséquence aux magistrats telle partie de ces pouvoirs qu'il juge convenable. Il exerce son autorité jusqu'aux limites du rayon d'investissement....... Tous les délits dont il ne juge pas à propos de laisser la connaissance aux tribunaux ordinaires seront jugés par les tribunaux militaires, quelle que soit la qualité des prévenus. — Metz, le 7 août 1870. — Le général de division commandant le génie de l'armée du Rhin, commandant supérieur de la place de Metz, Coffinières de Nordeck.

III.

7 AOUT. — ORDRE DU COMMANDANT SUPÉRIEUR. — ÉLECTIONS MUNICIPALES.

Ville de Metz. — Ajournement des élections municipales. — En raison des circonstances exceptionnelles dans lesquelles se trouve la ville de Metz, le général de division commandant supérieur à Metz ordonne que les élections municipales seront ajournées, que les bulletins déposés dans les urnes seront annulés, et que l'Administration et le Conseil municipal actuels sont maintenus en fonction jusqu'à nouvel ordre. — Le général de division commandant le génie de l'armée du Rhin, commandant supérieur de Metz, Coffinières.

IV.

7 AOUT. — ORDRE DU COMMANDANT SUPÉRIEUR. — GARDE NATIONALE.

Ville de Metz. — Garde nationale sédentaire. — Habitants de Metz, l'ennemi se présente en colonnes profondes, et notre héroïque cité doit se lever en masse pour repousser même une menace d'insulte: tous les citoyens doivent prendre les armes, et n'avoir qu'un drapeau, celui de l'honneur national. — Les bureaux électoraux de chacune des sections de la ville, institués pour les élections municipales, procéderont immédiatement à la formation du contrôle de chaque bataillon de la garde nationale, lequel sera composé de quatre compagnies. Dans chacune de ces sections aura lieu aujourd'hui même, à quatre heures du soir, et au bureau électoral, une réunion des citoyens appelés à faire partie de la garde nationale, soit comme volontaires, soit par application des dispositions du décret des 11-12 janvier 1852. Dans cette réunion, on arrêtera une liste de candidats officiers, jusqu'au grade de capitaine inclusivement, laquelle liste sera soumise à l'approbation du commandant supérieur de Metz. — Metz, le 7 août 1870. — Le général de division commandant le génie de l'armée du Rhin, commandant supérieur de Metz, Coffinières.

V.

7 AOUT. — ORDRE DU COMMANDANT SUPÉRIEUR. — ÉTRANGERS.

Ville de Metz. — Mesures concernant les étrangers. — Le général de division commandant le génie de l'armée, commandant supérieur de Metz, ordonne ce qui suit : — Art. 1. Tout étranger originaire de la Prusse, des pays de la confédération du Nord, de la Bavière, du Wurtemberg, du grand-duché de Hesse et du grand-duché de Bade, et résidant en ce moment à Metz ou dans les environs, devra, dans le délai de deux jours, c'est-à-dire lundi ou mardi prochain, se présenter au commissaire central de police, pour demander un permis de séjour. — Art. 2. Tout étranger originaire de l'un des pays ci-dessus indiqués, qui n'aura pas, dans le délai fixé, obtempéré à la disposition qui précède, sera mis en état d'arrestation. — Art. 3. Tout étranger qui n'obtiendra pas un permis de séjour, quittera le territoire français dans les vingt-quatre heures qui suivront la décision du commissaire central. — Metz, le 7 août 1870. — Le général de division commandant le génie de l'armée du Rhin, commandant supérieur de Metz, Coffinières de Nordeck.

VI.

8 AOUT. — ORDRE DU COMMANDANT SUPÉRIEUR. — GARDE NATIONALE.

Ville de Metz. — Garde nationale. — Organisation. — En vertu des pouvoirs qui lui sont conférés, le général de division commandant supérieur de la place de Metz, a décidé que la Garde nationale sédentaire de cette ville serait organisée en cinq bataillons, correspondant à chacune des sections de la ville. M. Laffite, colonel d'artillerie en retraite, est nommé commandant de ces cinq bataillons avec le grade de colonel. Il correspondra directement avec le commandant supérieur.— Le 1er bataillon sera commandé par M. Pardon ; le 2e, par M. Fayeux ; le 3e, par M. de Saulcy ; le 4e, par M. Antonioli ; le 5e, par M. Wagnair. — Sont nommés aux grades ci-après : premier bataillon ; capitaines : MM. Freschard, Maucourt, Pompey, Dinz, Bondon capitaine adjudant-major ; lieutenants : MM. Agnès, Jacob (J. B.), Adam, Sendret ; sous-lieutenants : MM. Voignier, Beauquesne, Godfrin, Parant. — Deuxième bataillon ; capitaines : MM. Jaunez, de Jobal, Dennery, Barthe ; lieutenants : MM. Morel, Loche, Weill, Alexandre ; sous-lieutenants : MM. Israël (Moïse), Voirgard, Cone, Abraham (Louis). — Troisième bataillon ; capitaines : MM. Réau (Ernest), Hazard, Priou, Réau ancien major ; lieutenants : MM. Gobert, Petit, Watrin, Gusse ; sous-lieutenants : MM. Desmé, Dubrot, Michel, Collin. — Quatrième bataillon ; capitaines : MM. Berque adjudant-major, Lejeune, Meyer, Laumer, Mallassez ; lieutenants : MM. Gevrey, Zenaker, Mathis, de Lardemelle ; sous-lieutenants : MM. Denis, Priolot, Blereau, Germain. — Cinquième bataillon ; capitaines : MM. Merling, Saintin, Adam, Cassin adjt-major ; lieutenants ; MM. Mangin, Vilgrain, Bremetz, Jacot ; sous-lieutenants : MM. Pacoret, Knoploch, Michel, Bettanier.— Les ss-officiers et caporaux seront nommés par le colonel commandant les cinq bataillons, sur les propositions qui lui seront adressées par les commandants de compagnies, après avoir été soumises aux chefs de bataillons qui feront connaître leur opinion en regard du nom de chaque candidat[1]. — Metz, le 8 août 1870.

---

[1] Les capitaines, lieutenants et sous-lieutenants furent d'abord seuls nommés sur la présentation de leurs concitoyens. Le général commandant supérieur s'étant réservé le choix du colonel et des chefs de bataillon, nomma ainsi les officiers supérieurs dont les noms figurent au tableau qu'on vient de lire ; mais, à l'exception du colonel et de M. le commandant Wagnair, ceux-ci n'acceptèrent point les grades qui leur étaient conférés. L'autorité militaire se vit donc obligée de laisser aux officiers de la garde nationale le droit de présenter les chefs de bataillon. C'est ainsi que furent nommés au 1er bataillon, M. Pardon, commandant du génie en retraite ; au 5e, M. Réau (Edmond), ancien major d'infanterie ; au 4e, M. Meyer, négociant à Metz ; et plus tard au commandement de l'escadron d'artillerie, M. Goussin. Le 2e ba-

— Le général de division commandant supérieur de la place de Metz, Coffinières de Nordeck.

VII.

8 AOUT. — AVIS DU CHEF DU GÉNIE. — MESURES PRESCRITES DANS LES ZONES DE DÉFENSE DE LA PLACE.

D'après les ordres du général de division commandant militaire de la place, et conformément aux lois et règlements qui régissent l'état de siége, tous les propriétaires des terrains compris dans la première et la seconde zone de la place et des forts devront, à partir du présent avis, s'occuper immédiatement de démolir les constructions qui leur appartiennent, enlever les matériaux et décombres, couper les arbres, haies et clôtures, enfin faire place nette et rétablir l'état primitif des lieux comme ils s'y sont engagés dans les soumissions qu'ils ont souscrites, ou suivant ce que prescrit la loi. — Dans le cas où ce travail ne serait pas effectué dans un délai de trois jours, il serait exécuté d'office, à leurs frais, par l'autorité militaire. — Le lieutenant-colonel commandant du génie, Salanson.

VIII.

9 AOUT. — ARRÊTÉ DU COMMANDANT SUPÉRIEUR. — SUSPENSION DES POURSUITES COMMERCIALES.

Arrêté. — Le général de division commandant supérieur de la place de Metz, — Vu l'état de siége de la place de Metz et l'interruption des communications avec les autres villes du département; — Vu l'impossibilité dans laquelle se trouve un grand nombre de négociants d'obtenir la rentrée des fonds sur lesquels ils comptaient pour acquitter les traites et billets

---

taillon fut commandé par un capitaine pendant toute la durée du blocus; cependant, huit jours avant la capitulation, M. Réau (Ernest), capitaine au 3e bataillon, accepta le commandement du 2e qui lui fut offert par les officiers de ce bataillon. Le corps d'officiers de la garde nationale fut complété par la nomination de ceux de l'escadron d'artillerie qu'on trouvera plus loin (Append. XIV), et par celle des officiers de l'état-major : M. Abel capitaine chef d'état-major, MM. de Chanteau et Simon-Maigret lieutenants, M. Didiot capitaine d'armes.

en circulation ; — Sur la demande de la Chambre de commerce de la ville de Metz ; — Arrête que tous les mandats, billets de commerce, traites et chèques ne seront passibles d'aucune poursuite ni protêts pendant l'espace de quinze jours à dater de ce jour, tous droits réservés[1]. — Metz, le 9 août 1870. — Le général de division commandant supérieur de la place de Metz, signé : Coffinières.

IX.

10 AOUT. — AVIS DU PRÉFET. — RÉFUGIÉS DANS LA PLACE.

Avis. — Par ordre du général de division commandant supérieur de la ville de Metz, le préfet de la Moselle informe les habitants des communes du département qui voudraient venir à Metz, qu'aucune personne ne sera admise à entrer en cette ville si elle n'apporte avec elle des vivres pour *quarante jours* au moins. — Metz, le 10 août 1870. — Le préfet de la Moselle, Paul Odent. — MM. les Maires sont priés de faire immédiatement publier et afficher le présent avis.

X.

10 AOUT. — AVIS DU MAIRE. — RÉFUGIÉS DANS LA PLACE.

Ville de Metz. — Habitants étrangers à la ville. — Pour l'exécution des ordres de M. le général de division commandant supérieur de la place, le maire fait connaître que les personnes résidant dans toute autre commune et qui se réfugient dans la ville de Metz, ne pourront y entrer pour y séjourner qu'autant qu'elles justifieront qu'elles apportent des vivres pour quarante jours au moins. — MM. les commissaires et agents de police, ainsi que les employés de l'administration de l'octroi sont chargés d'assurer, en ce qui les concerne, l'exécution rigoureuse de cette mesure. — Metz, le 10 août 1870. — Le maire, Félix Maréchal.

---

[1] Ces dispositions furent ultérieurement renouvelées à diverses reprises pendant toute la durée du blocus, et les délais prorogés successivement jusqu'au 30 novembre 1870, par des arrêtés des 9 et 28 septembre, 12 et 27 octobre.

XI.

12 AOUT. — ORDRE DU COMMANDANT SUPÉRIEUR. — CAMPAGNARDS.

Décision relative aux habitants des campagnes. — La ville de Metz étant encombrée d'habitants dont l'alimentation pourrait présenter des difficultés, le général de division commandant supérieur décide : — que les personnes émigrant des campagnes et des villages environnants ne seront plus reçues dans la ville. Elles devront rentrer dans leur domicile ou continuer leur route dans l'intérieur du pays. — Les autorités civiles et militaires sont chargées, chacun en ce qui les concerne, d'assurer l'exécution de la présente décision. — Metz, le 12 août 1870. — Le général de division commandant supérieur de la place de Metz, Coffinières.

XII.

17 AOUT. — AVIS DU COMMANDANT SUPÉRIEUR. — BLESSÉS.

Appel au dévouement des habitants de Metz. — La bataille de Gravelotte a été glorieuse pour nos armes : l'ennemi a été vigoureusement repoussé. — Mais le nombre des blessés est très-considérable ; nos casernes sont remplies ; il devient presqu'impossible de donner à ces braves soldats tous les soins qu'ils méritent. — Dans cette circonstance, le commandant supérieur de Metz vient, avec une entière confiance, faire appel au patriotisme des habitants. Il n'est pas dans la ville un seul citoyen qui ne regarde comme un devoir sacré de recevoir dans son domicile un certain nombre de blessés. — Les convois arrivent par la porte de France ; présentez-vous au Fort-Moselle, et recueillez chez vous les héros blessés de la bataille de Gravelotte ! — Metz, le 17 août 1870. — Le général de division commandant supérieur, Coffinières.

XIII.

22 AOUT. — AVIS DU COLONEL DE LA GARDE NATIONALE. — ARTILLERIE DE LA GARDE NATIONALE.

Garde nationale sédentaire. — Artillerie. — Le colonel commandant supérieur des gardes nationales de Metz informe les habitants que l'artillerie de la garde nationale sédentaire de Metz va être immédiatement réorganisée. — Deux cents gardes nationaux, anciens artilleurs, se sont déjà fait inscrire. On peut se présenter de même à l'hôtel de ville, au bureau de l'état-major de la garde nationale. Demain, à quatre heures, la liste d'inscription sera close et l'artillerie de la garde nationale sédentaire de Metz entrera de suite en fonctions sur les remparts. — Metz, 22 août 1870. — Le colonel, Laffite.

XIV.

29 AOUT. — ARRÊTÉ DU COMMANDANT SUPÉRIEUR. — ARTILLERIE DE LA GARDE NATIONALE.

Ville de Metz. — Garde nationale sédentaire. — Artillerie. — Organisation. — En vertu des pouvoirs qui lui sont conférés, le général de division, commandant supérieur de la place de Metz, a décidé que l'artillerie de la garde nationale de cette ville serait organisée en cinq batteries, correspondant à chacune des sections de la ville, sous le commandement supérieur du colonel Laffite, commandant la garde nationale de Metz. — Sont nommés aux grades ci-après : M. Goussin, chef d'escadron de ces cinq batteries ; M. Sabatier, capitaine adjudant-major. — Première batterie : Capitaine, M. Mursch ; lieutenant en 1er, M. Buchillot ; lieutenant en 2e, M. Francin. — Deuxième batterie : Capitaine, M. Millet ; lieutenant en 1er, M. Colas-Auburtin ; lieutenant en 2e, M. Pelissier. — Troisième batterie : Capitaine, M. Pistor ; lieutenant en 1er, M. Gendarme ; lieutenant en 2e, M. Brutillot. — Quatrième batterie : Capitaine, M. Dessus ; lieutenant en 1er, M. Fauveau ; lieutenant en 2e, M. Lorrain. — Cinquième batterie : Capitaine, M. Espagne ; lieutenant en 1er, M. Assemainne ; lieutenant en 2e, M. Saint-Jacques. — Les sous-officiers et brigadiers seront nommés par le colonel, sur les propositions qui lui seront adressées par les commandants de batterie, après avoir été soumises au chef d'escadron qui fera connaître son opinion, en regard du nom de chaque candidat. — Metz, le 29 août 1870. — Le général de division commandant supérieur de la place de Metz, F. Coffinières de Nordeck.

XV.

10 SEPTEMBRE. — AVIS DU COMMANDANT SUPÉRIEUR. — GRAINS ET FOURRAGES.

Avis. — Par ordre de Son Exc. M. le maréchal Bazaine, commandant en chef de l'armée, les habitants de Metz sont prévenus : — Qu'ils sont autorisés à conserver, *pour leurs besoins justifiés,* les quantités de denrées fourragères nécessaires pour trente jours et que tous ceux d'entre eux qui, *dans le délai de trois jours,* auront apporté aux magasins du Saulcy les quantités d'avoine, d'orge, de foin et de paille qui leur resteront disponibles après ce prélèvement, seront payés pour ces quantités à raison de 45 francs par quintal métrique d'orge ou d'avoine, 35 francs par quintal métrique de foin, 20 francs par quintal métrique de paille. — Ceux d'entre eux qui, en vue de l'avenir, préféreraient recevoir *en nature après la guerre,* des quantités égales à celles qu'ils auront livrées, recevront un reçu portant engagement de restitution. — Enfin les habitants qui ne se seront pas exécutés dans le délai ci-dessus indiqué, y seront contraints, passé ce délai, et il ne leur sera alors payé que les prix ayant cours avant les circonstances présentes, savoir : 30 francs par quintal pour l'orge et l'avoine, 12 francs par quintal pour le foin, 10 francs par quintal pour la paille. — *Dès à présent* toute transaction sur les denrées soumises à la présente réquisition est interdite dans l'intérieur de Metz. En outre la sortie de la ville des denrées fourragères est formellement interdite. — Le paiement des denrées sera fait soit au comptant soit par la délivrance d'un bon de restitution, suivant le désir du propriétaire, aux magasins du parc aux fourrages du Saulcy, de huit heures du matin à six heures du soir, dans les journées des 11, 12 et 13 septembre. — Metz, le 10 septembre 1870. — Le général de division commandant supérieur de la place de Metz, F. Coffinières.

XVI.

13 SEPTEMBRE. — PROCLAMATION DU COMMANDANT SUPÉRIEUR, DU PRÉFET ET DU MAIRE. — NOUVELLES DU DEHORS.

Proclamation. — Habitants de Metz, on a lu dans un journal allemand, *la Gazette de la Croix,* les nouvelles les plus tristes sur le sort d'une armée française écrasée par le nombre de ses adversaires, sous les murs de Sedan, après trois jours d'une lutte inégale. Ce journal annonce également l'établissement d'un nouveau gouvernement par les représentants du pays. Nous n'avons pas d'autres renseignements sur ces événements, mais nous ne pouvons non plus les démentir. — Dans des circonstances aussi graves, notre unique pensée doit être pour la France; notre devoir à tous, simples citoyens ou fonctionnaires, est de rester à notre poste, et de concourir ensemble à la défense de la ville de Metz. En ce moment solennel, la France, la patrie, ce nom qui résume tous nos sentiments, toutes nos affections, est à Metz, dans cette cité qui a tant de fois résisté aux efforts des ennemis du pays. — Votre patriotisme, ce dévouement dont vous donnez déjà tant de preuves par votre empressement à recueillir et à soigner les blessés de l'armée, ne peuvent faire défaut. Vous saurez vous faire honorer et respecter de nos ennemis par votre résistance ; vous avez d'ailleurs d'illustres souvenirs qui vous soutiendront dans cette lutte énergique. — L'armée qui est sous nos murs, et qui a déjà fait connaître sa valeur et son héroïsme dans les combats de Borny, de Gravelotte, de Servigny, ne nous quittera pas ; elle résistera avec nous aux ennemis qui nous entourent, et cette résistance donnera au gouvernement le temps de créer les moyens de sauver la France, de sauver notre patrie. — Metz, le 13 septembre 1870. — F. Coffinières, général de division, commandant supérieur de la place de Metz ; Paul Odent, préfet de la Moselle ; Félix Maréchal, maire de Metz.

XVII.

15 SEPTEMBRE. — ARRÊTÉ DU COMMANDANT SUPÉRIEUR. — RÉQUISITION DES BLÉS ET FARINES ; TAXES DU PAIN ET DE LA VIANDE.

Arrêté concernant les denrées alimentaires. — Le général de division, commandant supérieur de la place de Metz, en vertu des pouvoirs qui lui sont conférés et après avoir pris l'avis du Conseil municipal, arrête ce qui suit, en ce qui concerne les denrées alimentaires de première nécessité :
— Il sera fait immédiatement un recensement des blés et

farines qui existent dans la ville. Ces denrées sont mises en réquisition pour l'alimentation de la population et par les soins de l'Administration municipale. — Les blés seront payés à raison de 36 francs les 100 kilos pour les qualités loyales et marchandes. Les farines seront payées de 48 à 50 francs les 100 kilos selon la qualité. — Les détenteurs de blé qui, en vue de l'avenir, préféreraient recevoir en nature, après la levée du blocus, des quantités égales à celles qu'ils auront livrées, recevront un reçu portant engagement de restitution et mentionnant la qualité de ces blés. Cette restitution se fera dans le mois qui suivra la levée du blocus. — Les meuniers de la ville sont tenus de moudre les blés selon les besoins de la consommation et de vendre les farines en provenant à un prix qui ne pourra pas excéder 48 francs les 100 kilos. Ce prix comprend les frais d'enlèvement chez le vendeur, de transport chez le boulanger et d'avance de fonds. Il n'y aura qu'une seule qualité de farine dite première et seconde. — Le pain en provenant sera payé 48 centimes le kilogramme. — La viande de cheval sera payée aux prix ci-après : Parties basses, 60 centimes le kilogramme ; parties moyennes, 1 franc le kilogramme ; viande de choix (le filet excepté), 1 fr. 50 c. le kilogramme. — Metz, le 15 septembre 1870. — Le général de division commandant supérieur de la place de Metz, F. Coffinières.

XVIII.

23 SEPTEMBRE. — AVIS DU COMMANDANT SUPÉRIEUR. — CHEVAUX LIVRÉS A LA CONSOMMATION PUBLIQUE PAR L'ARMÉE ; TAXE DE LA VIANDE.

Avis concernant les denrées alimentaires. — Son Exc. M. le maréchal Bazaine, commandant en chef de l'armée, a bien voulu céder à la ville le nombre de chevaux nécessaire à l'alimentation publique. — Cette cession est faite dans de telles conditions que les tarifs fixés dans l'arrêté du 15 septembre seront abaissés comme il suit à partir du 25 courant : Viande de cheval : Parties basses, 10 centimes le kilogramme ; parties moyennes, 50 centimes le kilogramme ; viande de choix (le filet excepté), 1 franc le kilogramme. — Metz, le 23 septembre 1870. — Le général de division commandant supérieur de la place de Metz, Coffinières.

XIX.

24 SEPTEMBRE. — AVIS DU COMMANDANT SUPÉRIEUR. — SOURCE SALÉE DE BELLE-CROIX.

Avis. — Les habitants de Metz sont prévenus qu'ils peuvent aller chercher de l'eau salée à la source de Belle-Croix, à l'emplacement de l'usine Sendret, tous les jours, de cinq à six heures du matin ou de cinq à sept heures du soir. Les autres heures de la journée sont réservées aux différents corps de l'armée et de la garnison de Metz. — Metz, le 24 septembre 1870. — Le général de division, commandant supérieur de la place de Metz, F. Coffinières.

XX

24 SEPTEMBRE. — ARRÊTÉ DU COMMANDANT SUPÉRIEUR. — COMMERCE ILLICITE DU PAIN.

Arrêté concernant les denrées alimentaires. — Le général commandant supérieur de la place de Metz, pour empêcher le commerce illicite du pain, qui se fait dans la ville, arrête : — Tout individu qui sera pris en flagrant délit de revente de pain sera conduit devant le commissaire central et déposé à la police. — Le pain sera saisi et porté au Bureau de bienfaisance pour être distribué aux familles pauvres. — Metz, le 24 septembre 1870. — Le général de division commandant supérieur de la place de Metz, F. Coffinières.

XXI.

7 OCTOBRE. — ARRÊTÉ DU COMMANDANT SUPÉRIEUR. — RÉQUISITION DES BLÉS ET FARINES.

Arrêté[1]. — Il est enjoint à tous les détenteurs de blé ou de farine de faire la déclaration des quantités qu'ils possèdent à la mairie de Metz, avant le mardi 11 octobre courant. — A partir du lendemain 12, les blés et les farines qui n'auront

---

[1] Par un arrêté en date du 12 octobre, le préfet de la Moselle applique aux communes suburbaines l'arrêté de réquisition du général Coffinières.

pas été déclarés ne seront plus payés, savoir : les blés que 30 francs les 100 kilogrammes, les farines que 40 francs les 100 kilogrammes, au lieu de 36 francs et de 48 francs, prix fixés par l'arrêté du 15 septembre dernier. La différence sera versée à la caisse du Bureau de bienfaisance et employée pour les besoins de cette institution. Les retardataires perdront en outre la faculté de recevoir, en nature, après le blocus, les quantités de blé égales à celles qu'ils auront livrées. — A partir du même jour, 12 octobre, des visites seront faites à domicile, pour rechercher les blés et farines qui n'auraient pas été déclarés. Celles de ces denrées qui seront trouvées seront enlevées par les soins des agents de l'autorité publique. — Metz, le 7 octobre 1870. — Le général de division commandant supérieur de la place de Metz, F. Coffinières.

XXII.

10 OCTOBRE. — AVIS DU MAIRE. — SUBSISTANCES.

Avis. — Conformément à l'avis qu'il a reçu de M. le général commandant supérieur de la place, le maire fait connaître que M. le maréchal commandant en chef a décidé qu'il ne pourrait plus sortir de la place aucune quantité de blé, de farine ou de denrées fourragères. Il n'est fait exception que pour les voitures de l'administration ou autres qui vont s'approvisionner dans les magasins de la place et qui seront munies d'un laisser-passer signé par le maire ou par M. Antoine, sous-intendant militaire chargé du service des subsistances [1]. — Metz, le 10 octobre 1870. — Le maire, Félix Maréchal.

XXIII.

11 OCTOBRE. — AVIS DU MARÉCHAL COMMANDANT EN CHEF. — NOUVELLES DU DEHORS.

Communiqué. — Le maréchal commandant en chef de l'armée du Rhin n'ayant reçu aucune nouvelle affirmant les heureux faits de guerre qui se seraient passés à Paris, se

---

[1] Ces mesures sont renouvelées le 18 octobre, en même temps les portes sont ouvertes à sept heures du matin et fermées à quatre heures du soir.

borne à en souhaiter la réalisation et assure les habitants de Metz que rien ne leur est caché ; qu'ils aient donc confiance dans sa loyauté. — Du reste, jusqu'à ce jour, le maréchal a toujours communiqué à l'autorité militaire de Metz les journaux français ou allemands tombés entre nos mains. — Il profite de l'occasion pour assurer que, depuis le blocus, il n'a jamais reçu la moindre communication du gouvernement, malgré toutes les tentatives faites pour établir des relations. — Quoi qu'il advienne, une seule pensée doit, en ce moment, absorber tous les esprits, c'est la défense du pays ; un seul cri doit sortir de toutes les poitrines : Vive la France ! — Ban-Saint-Martin, le 11 octobre 1870.

XXIV.

14 OCTOBRE. — LETTRE DU COMMANDANT SUPÉRIEUR. — RÉPONSE A L'ADRESSE VOTÉE PAR LE CONSEIL MUNICIPAL [1].

Lettre de M. le général commandant supérieur au maire, à l'occasion de l'adresse du Conseil municipal. — Monsieur le Maire, le Conseil municipal de Metz m'a fait l'honneur de m'adresser une lettre, dans laquelle il exprime les sentiments les plus nobles et les plus patriotiques. — Je m'empresse de vous remercier de cette manifestation, qui est loin de me surprendre, car je n'ai jamais douté de l'ardent concours que la population de Metz donnera aux troupes chargées de la défense de notre forteresse. Vous pouvez compter également sur l'énergie avec laquelle nous accomplirons notre devoir. Tout ce qu'il sera humainement possible de faire nous le ferons sans aucune hésitation. Mais je vous prie de dire à vos administrés que, pour atteindre ce résultat désiré par tous, il faut surtout le calme qui caractérise les gens fermement résolus et qu'il importe de rester unis en évitant, avec soin, tout ce qui pourrait ressembler à l'indiscipline, à la sédition et aux vaines déclamations. Il importe surtout d'exclure la politique de nos préoccupations, parce que la politique est un dissolvant qui ne peut que troubler l'harmonie qui doit régner parmi nous. — Un gouvernement

---

[1] Cette adresse se trouve au procès-verbal de la séance du 13 octobre où elle a été votée (Append. XXXIX).

de fait existe en France. Il a pris le titre de *Gouvernement de la défense nationale ;* nous devons reconnaître ce gouvernement et attendre les décisions qui seront prises par l'Assemblée constituante élue par le pays. En attendant sa décision, nous devons nous rallier au cri que vous poussez vous-même : *Vive la France !* — Vous me dites que la population a été péniblement surprise d'apprendre que les ressources en subsistances étaient très-limitées. Il était cependant facile de se rendre compte que, lorsqu'une population civile et militaire de plus de 230 000 âmes, a tiré, pendant deux mois, tous ses vivres d'une place comme Metz, il ne doit plus rester que de faibles ressources. — Du reste, je n'ai jamais fait mystère de cette situation des subsistances. La réduction de la ration de l'armée, les recensements faits en ville, les mesures prises pour assurer le service de la boulangerie et les conversations que j'ai eues, soit avec M. le Maire, soit avec divers habitants de la ville, démontrent suffisamment l'épuisement progressif de nos vivres. — Il serait d'ailleurs inutile de récriminer sur le passé et de rejeter la responsabilité sur les uns ou sur les autres. — Envisageons courageusement la situation telle qu'elle est, et, comme vous le dites avec beaucoup de raison, subissons-en les conséquences avec énergie et avec la ferme résolution d'en tirer le meilleur parti possible. — Metz, 14 octobre 1870. — Le général commandant supérieur de la place de Metz, F. Coffinières.

XXV.

14 OCTOBRE. — ARRÊTÉ DU COMMANDANT SUPÉRIEUR. — FIXATION DE LA RATION DE PAIN.

Ville de Metz. — Arrêté concernant la confection et la vente du pain. — Le général de division commandant supérieur de la place, prenant en considération les difficultés de la situation et la nécessité de ménager les ressources en grains dont dispose la ville de Metz, à l'effet de prolonger la défense de cette place importante dans l'intérêt du pays, arrête : — A partir du samedi 15 octobre courant, il ne sera fabriqué qu'une seule sorte de pain, dit pain de boulange ; il sera confectionné avec une farine composée de toutes les parties du blé (farine et son). — Ce pain sera vendu à raison de 45 centimes le kilogramme. — Chaque boulanger recevra journellement la quantité de farine qui lui sera allouée proportionnellement à la population qu'il sera appelé à servir. — La ration journalière pour chaque habitant ou résidant temporaire est fixée, savoir : — A 400 grammes pour les adultes ; à 200 grammes pour les enfants de quatre à douze ans ; à 100 grammes pour les enfants de un à quatre ans. — Ces rations seront délivrées chez les boulangers, sur la présentation d'une carte portant le timbre de la mairie et indiquant, avec le nom du boulanger, le nom du rationnaire ainsi que la quantité de rations qui lui est attribuée. — Il est interdit à tous boulangers, autres que celui désigné sur la carte, de remettre du pain au porteur ; il leur est également interdit d'en délivrer une quantité supérieure à celle indiquée. — La carte, après livraison du pain, sera rendue à la personne qui l'aura présentée. — Le pain sera confectionné avec soin et dans des conditions satisfaisantes de cuisson. — Les contraventions aux dispositions précédemment arrêtées seront rigoureusement constatées et poursuivies. — Metz, le 14 octobre 1870. — Le général de division, commandant supérieur de la place de Metz, F. Coffinières.

En raison du temps que nécessite la remise des cartes à domicile, l'exécution des mesures spécifiées ci-dessus est ajournée au dimanche 16 octobre courant.

XXVI.

18 OCTOBRE. — ARRÊTÉ DU COMMANDANT SUPÉRIEUR. — ABAISSEMENT DE LA RATION DE PAIN.

Arrêté concernant les denrées alimentaires. — Le général de division, commandant supérieur à Metz, — vu la décroissance rapide de nos ressources en grains et farines ; — vu l'accroissement de la population résultant de l'entrée en ville des populations rurales refoulées par l'ennemi ; — vu l'urgence de prendre les mesures les plus énergiques pour prolonger la défense ; — attendu qu'il est équitable de donner la même ration aux habitants qu'aux troupes de la garnison de Metz ; arrête : — A partir de mercredi 19 octobre courant la ration de pain attribuée à chaque habitant sera fixée de la manière suivante : — la ration entière 300 grammes, la demi-ration 200 grammes, le quart de ration 100 grammes. — Les quantités de farine attribuées aux communes suburbaines leur seront délivrées en prenant pour base le poids de la ration tel qu'il est déterminé ci-dessus. — Metz, le 18 octobre 1870. — Le général de division commandant supérieur de la place de Metz, F. Coffinières.

XXVII.

23 OCTOBRE. — ARRÊTÉ DU COMMANDANT SUPÉRIEUR. — RÉQUISITION DES CHEVAUX POUR L'ALIMENTATION PUBLIQUE.

Ville de Metz. — Subsistances. — Le général de division, commandant supérieur de la place, considérant que l'armée ne peut plus fournir à la ville les chevaux nécessaires à l'alimentation des habitants; qu'il est dès lors indispensable et urgent d'y pourvoir; arrête : — Art. 1er. Les chevaux existant, tant dans l'intérieur de la ville que dans les communes suburbaines comprises dans le blocus, sont mis en réquisition pour être affectés à l'alimentation des habitants. — Art. 2. Une commission mixte, composée de deux conseillers municipaux, d'un vétérinaire, d'un sous-intendant militaire et de deux officiers, sera chargée de désigner les chevaux qui seront successivement abattus et d'en fixer l'estimation. Les vendeurs recevront, au moment de la livraison, un récépissé qui établira leurs droits. — Metz, le 23 octobre 1870. — Le général de division, commandant supérieur de la place de Metz, F. Coffinières.

XXVIII.

24 OCTOBRE. — ARRÊTÉ DU COMMANDANT SUPÉRIEUR. — RÉQUISITION DES CHEVAUX POUR L'ALIMENTATION PUBLIQUE ; TAXE DE LA VIANDE.

Place de Metz. — Arrêté concernant la vente des chevaux mis en réquisition. — Le général commandant supérieur décide que les dispositions réglementaires suivantes seront prises pour l'exécution de son arrêté du 23 octobre courant : — Art. 1er. Les chevaux nécessaires à l'alimentation des habitants et de la garnison de la place seront achetés, au nom du ministre de la guerre, par la commission mixte instituée par la décision précitée. — Art. 2. Le prix déterminé par la commission sera celui réel de l'animal au moment de la vente. — Art. 3. Un officier comptable, attaché à la commission, acquittera directement le montant des achats à l'aide d'avances qu'il recevra à cet effet de M. le trésorier-payeur général. — Art. 4. Les chevaux destinés à l'armée seront cédés à l'administration des vivres de la place. Ceux destinés à la ville seront remis à l'administration des domaines qui les vendra, séance tenante, aux enchères. — Art. 5. Les bouchers de la ville et ceux des communes suburbaines seront seuls admis à concourir aux achats. Ces derniers ne pourront acheter qu'un nombre de chevaux en rapport avec les besoins des communes ; ce nombre sera arrêté par la commission. — Art. 6. Quels que soient les prix d'achats, les bouchers ne pourront vendre la viande au-dessus de la taxe fixée par mon arrêté du 23 septembre dernier, savoir : Parties basses, 0 fr. 10 c. le kilogramme ; parties moyennes, 0 fr. 50 c. le kilogramme ; viande de choix (le filet excepté), 1 franc. — Art. 7. La Commission se réunira chaque jour sur la place de la Comédie, à deux heures de l'après-midi. — Elle procédera aux achats en commençant par les animaux qui lui seront amenés du consentement de leurs propriétaires. Elle procédera par voie de réquisition quand cette catégorie sera épuisée. — Les chevaux achetés auront l'oreille fendue. — Metz, le 24 octobre 1870. — Le général de division commandant supérieur de la place de Metz, F. Coffinières.

XXIX.

24 OCTOBRE. — ARRÊTÉ DU COMMANDANT SUPÉRIEUR. — ÉCLAIRAGE AU GAZ.

Place de Metz. — Éclairage public. — Le général de division, commandant supérieur de la place, considérant qu'il importe d'assurer le service de l'éclairage public dans l'intérêt de l'ordre et de la liberté de la circulation ; qu'il y a lieu d'affecter spécialement à cet important service le gaz que la rareté de la houille ne permet d'obtenir que dans des proportions restreintes ; arrête : — Art. 1er. A partir de demain, 25 octobre courant, le gaz ne sera employé à l'éclairage des maisons particulières et des établissements privés que jusqu'à sept heures du soir.— Art. 2. M. le Maire de Metz est chargé d'assurer l'exécution du présent arrêté. — Metz, le 24 octobre 1870. — Le général de division, commandant supérieur de la place de Metz, F. Coffinières.

XXX.

26 OCTOBRE. — ARRÊTÉ DU MAIRE DE METZ. — ÉCLAIRAGE AU GAZ.

Ville de Metz. — Éclairage par le gaz. — Le maire de la ville de Metz, officier de la Légion d'honneur, — Vu l'arrêté de M. le Général de division, commandant supérieur de la place, qui interdit, à partir de sept heures du soir, l'emploi du gaz pour l'éclairage des maisons particulières et des établissements privés ; — Considérant qu'aux termes de l'article 2 dudit arrêté, le maire de Metz est chargé d'en assurer l'exécution ; arrête : — Article 1er. Tous les propriétaires, négociants, cafetiers, limonadiers, débitants, dont les maisons, boutiques et établissements quelconques sont éclairés par le gaz et en un mot tous les consommateurs de gaz, sans distinction, seront tenus, sous leur responsabilité personnelle, de prendre les dispositions nécessaires pour faire cesser ce mode d'éclairage à partir de sept heures du soir. — Art. 2. Les contraventions seront constatées par des procès-verbaux et les contrevenants poursuivis conformément à la loi. — Metz, le 26 octobre 1870. — Le maire, Félix Maréchal.

XXXI.

27 OCTOBRE. — PROCLAMATION DU COMMANDANT SUPÉRIEUR. — REDDITION DE LA PLACE.

Proclamation. — Habitants de Metz, il est de mon devoir de vous faire connaître loyalement notre situation, bien persuadé que vos âmes viriles et courageuses seront à la hauteur de ces graves circonstances.— Autour de nous est une armée qui n'a jamais été vaincue et qui s'est montrée aussi ferme devant le feu de l'ennemi que devant les plus rudes épreuves. Cette armée, interposée entre la ville et l'assiégeant, nous a donné le temps de mettre nos forts en état de défense et de monter sur nos remparts plus de six cents pièces de canon ;

enfin, elle a tenu en échec plus de 200000 hommes. — Dans la place, nous avons une population pleine d'énergie et de patriotisme, bien décidée à se défendre jusqu'à la dernière extrémité. — Si nous avions du pain, cette situation serait parfaitement rassurante; malheureusement il n'en est point ainsi. — J'ai déjà fait connaître au Conseil municipal que, malgré la réduction des rations, malgré les perquisitions faites par les autorités civiles et militaires, nous n'avions de vivres assurés que jusqu'au 28 octobre. — De plus, notre brave armée, déjà si éprouvée par le feu de l'ennemi, puisque 42000 hommes en ont subi les atteintes, souffre horriblement de l'inclémence exceptionnelle de la saison et des privations de toute sorte. Le Conseil de guerre a constaté ces faits, et M. le Maréchal commandant en chef a donné l'ordre formel, comme il en a le droit, de verser une partie de nos ressources à l'armée. — Cependant, grâce à nos économies, nous pouvons résister encore jusqu'au 30 courant, et notre situation ne se trouve pas sensiblement modifiée. — Jamais, dans les fastes militaires, une place de guerre n'a résisté jusqu'à un épuisement aussi complet de ses ressources et n'a été aussi encombrée de blessés et de malades. — Nous sommes donc condamnés à succomber, mais ce sera avec honneur, et nous ne serons vaincus que par la faim. — L'ennemi, qui nous investit péniblement depuis plus de soixante-dix jours, sait qu'il est près d'atteindre le but de ses efforts; il demande la place et l'armée, et n'admet pas la séparation de ces deux intérêts. Quatre ou cinq jours de résistance désespérée n'auraient d'autre résultat que d'aggraver la situation des habitants. Tous peuvent d'ailleurs être bien convaincus que leurs intérêts privés seront défendus avec la plus vive sollicitude. — Sachons supporter stoïquement cette grande infortune et conservons le ferme espoir que Metz, cette grande et patriotique cité, restera à la France.— Metz, le 27 octobre 1870. — Le général commandant supérieur, F. Coffinières.

XXXII.

25 JUILLET. — SÉANCE DU CONSEIL MUNICIPAL. — EXTRAIT DU PROCÈS-VERBAL.

M. le Maire expose qu'il y a peu de jours, M. l'Intendant général de l'armée a proposé à l'administration civile des hospices de Metz, de prendre sous sa direction l'hôpital militaire et les services hospitaliers qu'il pourrait être nécessaire d'organiser pour assurer le traitement des blessés évacués sur Metz. La Commission administrative des hospices a déclaré que, malgré son vif désir de venir en aide à l'administration militaire, il lui était impossible de se charger d'une entreprise au-dessus de ses forces. Tout ce qu'elle pourrait faire, serait de rendre disponible le rez-de-chaussée de l'hôpital Bon-Secours, et de ménager ainsi 75 à 80 lits aux blessés militaires.

M. l'Intendant général, très-vivement contrarié de cette réponse, s'est adressé à l'Administration municipale; il demande à la ville de se charger de ce service.

Avant de provoquer à ce sujet une délibération du Conseil municipal, M. le Maire a jugé utile de consulter le Conseil central d'hygiène. Ce Conseil, auquel d'autres personnes compétentes avaient été adjointes, notamment MM. Isnard et Méry, anciens médecins en chef d'armées, s'est réuni le 22, sous la présidence de M. le Préfet. M. Géhin, secrétaire du Conseil d'hygiène, est prié de donner lecture du procès-verbal de la délibération de ce Conseil et des conclusions arrêtées par lui [1]....... etc.

Après la lecture de ce procès-verbal, M. le Maire ajoute que ce matin même, 23 juillet, M. le sous-intendant Perot a formulé avec précision la demande adressée à la ville. « Il s'agirait pour elle de se charger de l'organisation et de la gestion des hôpitaux temporaires nécessaires aux malades et blessés de l'armée, et de la gestion de l'hôpital militaire de Metz, dont le personnel actuel serait retiré. La ville choisirait les médecins, les sœurs (si elle désirait en avoir), le personnel, l'administration, les infirmiers; elle fournirait les locaux, les médicaments, les aliments; elle entrerait en jouissance de tout le matériel de l'hôpital militaire, et l'administration militaire lui procurerait, en totalité ou en partie, le matériel nécessaire à ces hôpitaux temporaires. Le but principal de cette mesure est de rendre disponible le personnel attaché à l'hôpital militaire de Metz, afin de le porter sur des points où l'appelle l'intérêt de l'armée. » M. le sous-intendant a terminé cette communication en exprimant le désir d'être

---

[1] **Un extrait de ce procès-verbal est donné plus loin (Append. LII).**

entendu par le Conseil municipal, si ses explications sont jugées utiles.

Le Conseil, de son côté, émet le vœu d'entrer en communication directe avec M. le sous-intendant militaire et d'écouter ses observations.

M. le sous-intendant Perot est introduit.

Il renouvelle la proposition contenue dans la lettre ci-dessus analysée, et ajoute que d'autres villes sont déjà entrées dans cette voie. Ainsi, la ville de Nancy offre de se charger de 1500 lits, et celle de Saint-Avold se chargerait de 500 et même au besoin de 650 lits.

M. le Maire fait observer que Nancy a une École préparatoire de médecine et peut disposer d'un personnel qui n'existe pas à Metz pour le service des malades.

M. le sous-intendant répond que, d'après une décision récemment affichée, les jeunes gens appelés à la garde nationale mobile qui ont des connaissances spéciales, et ceux qui voudront s'engager comme infirmiers, pourront être attachés au service des hôpitaux ; ce sera là une première ressource et, d'ailleurs, si un appel était fait par un comité, il ne doute pas que le dévouement des médecins n'y répondît des divers points de la France.

M. Blondin dit que le concours financier de la ville est acquis à l'administration militaire, que le dévouement des citoyens ne lui fera pas défaut, qu'elle trouvera chez tous des auxiliaires empressés ; mais il ne croit pas possible d'accepter la substitution de service proposée à la ville. Avant d'accepter un devoir, il faut savoir si l'on pourra le remplir, et quand l'accomplissement de ce devoir engage la vie d'un grand nombre d'hommes, ce n'est pas seulement une imprudence, c'est une vraie faute d'en assumer la responsabilité sans avoir la certitude de pouvoir le faire. Or, on propose à la ville de s'obliger, d'une façon indéfinie, sans qu'elle ait les ressources nécessaires, en dégageant l'intendance militaire d'un service pour l'exécution duquel elle a le matériel, le personnel, la compétence et l'autorité.

M. Gougeon exprime la même opinion et ajoute qu'elle a été partagée par les membres du Conseil central d'hygiène. Tous ont pensé que l'administration militaire devait conserver la direction du service administratif et médical.

M. de Bouteiller insiste sur la nécessité absolue de ne pas consentir à la transformation de ce service. Il a été constaté que les médecins civils, malgré leur dévouement, ne pourraient se détacher de leurs autres devoirs professionnels que pendant deux ou trois heures par jour pour les soins à donner aux blessés. Ce personnel suffirait à peine à la visite de 1 200 malades, en supposant qu'il n'y eût à faire aucune opération. Or, M. l'Intendant suppose un service organisé à Metz pour 4 à 5 000 malades et blessés. La ville ne saurait s'exposer à en laisser un certain nombre sans soins suffisants.

M. Worms dit, qu'en effet, c'est l'intérêt des malades qui domine toute considération; or, cet intérêt exige que l'intendance militaire reste à la tête du service avec son autorité, son droit de réquisition, ses ressources, sa connaissance des points d'où peut être appelé le personnel indispensable.

M. Geisler n'admet pas plus que les autres préopinants, la possibilité pour l'intendance militaire de s'effacer et de laisser à la ville un fardeau au-dessus de ses forces; tout ce qu'on pourrait faire, ce serait d'examiner les ressources de la ville et de voir si, limitant sa responsabilité, elle pourrait se charger d'un certain nombre de lits.

M. le sous-intendant dit que, dans cet ordre d'idées, la ville de Metz, à laquelle l'administration militaire propose d'abandonner le matériel de l'hôpital, ne ferait sans doute pas moins que Nancy, puisque, par suite de cet abandon, elle aurait une position meilleure.

M. Worms fait observer que la question se déplace. Le sous-intendant a déclaré que le but de l'administration militaire, en remettant à la ville le service des malades, était de rendre disponible le personnel militaire, c'est-à-dire de laisser l'administration civile à ses propres efforts; c'est là ce qu'il est impossible d'accepter.

M. le Maire dit qu'il honore profondément le dévouement et le zèle, mais qu'il est des devoirs pour lesquels il faut, outre ces qualités, une capacité spéciale. Metz est, par sa position, un centre destiné à recevoir en nombre important les malades de l'armée; il faut à une pareille situation des ressources correspondantes; or, les médecins civils sont au nombre de trente, dont dix sont chargés de services publics. Parmi les vingt autres, quelques-uns sont plus ou moins fatigués par l'âge, et les autres ont à remplir des devoirs professionnels. L'administration militaire peut compter qu'elle trouvera en eux d'utiles et dévoués auxiliaires ; mais, réduits aux seuls efforts de ce personnel restreint, l'administration civile serait plongée dans le plus cruel embarras. Il serait déplorable que l'on désorganisât l'hôpital militaire qui est un centre tout créé et que l'on affaiblit un service auquel il faut une direction et un général en chef.

M. Prost dit qu'il admet, de la part de la ville, de la part de chacun de ses habitants, le concours le plus large, mais nullement la substitution de responsabilité qui est proposée. Ceux à qui cette responsabilité incombe justement, à raison de leurs connaissances et de leur autorité, doivent la conserver.

M. le Maire résume la discussion et, en exprimant le regret que la ville se trouve dans l'impossibilité d'accéder aux propositions de l'administration militaire, il renouvelle l'assurance du concours que le Conseil municipal est disposé à lui prêter. Par exemple, la ville pourrait, conformément à l'avis émis par le Conseil central d'hygiène, faire construire, sauf compte ultérieur avec l'État, en dehors des murs de la place, un baraquement pour 2000 lits.

M. le sous-intendant dit qu'il n'est pas autorisé à discuter ce point particulier.

Aucune explication nouvelle ne paraissant plus nécessaire, M. le sous-intendant se retire.

Après son départ, diverses observations sont échangées au sein du Conseil. Tous les membres semblent d'accord sur l'impossibilité, pour la ville, de prendre à sa charge et sous sa responsabilité la direction de l'hôpital militaire et la création des hôpitaux temporaires, et sur l'opportunité d'une offre consistant à faire immédiatement construire à l'extérieur un baraquement pour 2000 lits.

MM. Geisler et Gougeon demandent qu'en outre on examine si la ville ne devrait pas offrir de se charger d'un certain nombre de malades.

Il est répondu qu'une commission pourrait être nommée pour rechercher d'urgence les divers moyens par lesquels la ville montrerait son désir de venir en aide à l'administration militaire.

Puis, le Conseil vote à l'unanimité les quatre propositions suivantes :

I. — La ville ne peut consentir à prendre la direction de l'hôpital militaire, à entreprendre la création et la gestion des hôpitaux temporaires, en un mot à se substituer, d'une manière absolue, à l'administration militaire, pour l'organisation du service administratif et médical de ces hôpitaux.

II. — Ne pouvant accepter cette substitution à raison de la responsabilité qui pèserait sur elle, sans avoir les ressources nécessaires pour y faire face, et dans l'intérêt même des malades, la ville offre d'ailleurs à l'administration militaire tout son concours.

III. — A cet effet, et préalablement à toute autre mesure, d'après l'avis exprimé par le chef du service médical militaire au sein du Conseil central d'hygiène, le Conseil municipal propose, au nom de la ville, de faire immédiatement construire, à l'extérieur, un baraquement pour 2000 lits, si ce système a l'approbation de l'autorité militaire, et sous la réserve du compte ultérieur à établir avec l'État pour cette avance dont l'évaluation approximative s'élève au chiffre de 160 000 francs. Pour la réalisation éventuelle de ce projet, le Conseil ouvre un crédit de 160 000 francs à inscrire au budget supplémentaire de l'exercice 1870.

IV. — Le Conseil municipal déclare qu'il y a lieu de nommer une commission qui devra, de concert avec l'Administration municipale, rechercher d'urgence les divers moyens de donner à l'administration militaire le concours le plus efficace.

Sont nommés membres de cette commission: MM. Géhin, Prost, de Bouteiller, Noblot, Émile Sturel et Worms.... etc.

M. le Maire fait connaître qu'un certain nombre de dames ont spontanément offert leur concours en faveur des blessés. Elles se proposent de se réunir en assemblée générale et de former des comités pour préparer la charpie, le linge et réunir les divers objets qui pourront être nécessaires ou utiles. Une salle de l'hôtel de ville est mise à leur disposition.

M. Prost demande s'il ne serait pas convenable de faire connaître et d'insérer au procès-verbal les noms des dames qui ont pris l'initiative de cet acte honorable.

M. le Maire répond que l'Administration a accepté avec empressement et gratitude le concours qui lui a été offert. Il ajoute que le Conseil voudra sans doute s'associer à l'expression de ses sentiments.

Le Conseil adopte cette proposition à l'unanimité..... etc.

M. Prost propose d'ouvrir à l'hôtel de ville une souscription destinée à fournir un fonds de secours pour les blessés et les malades de l'armée qui pourront être rassemblés à Metz.

Adoptant ces vues à l'unanimité, le Conseil municipal renvoie à la Commission qui vient d'être nommée l'adoption des mesures nécessaires pour les réaliser.

XXXIII.

17 AOUT. — SÉANCE DU CONSEIL MUNICIPAL. — EXTRAIT DU PROCÈS-VERBAL.

M. le Maire dit, en ouvrant la séance, qu'il a réuni le Conseil et les membres de la Commission de répartition des logements militaires, à l'effet de leur faire connaître la situation qui a nécessité l'affiche placée ce matin sur les murs de la ville par ordre du commandant supérieur de la place, affiche dont il donne lecture au Conseil[1].

M. le Maire ne doute pas que la population ne réponde à cet appel ; mais, suivant lui, et dans l'intérêt même du service médical des blessés, nos efforts doivent tendre, en ce moment, à éviter la dissémination des malades chez les particuliers ; c'est là une mesure à laquelle il ne faut arriver que quand tous les moyens de concentration seront épuisés. Il propose, en conséquence, au Conseil de répartir ses membres en cinq commissions à l'effet de rechercher dans les cinq sections de la ville tous les locaux où l'on pourrait organiser des ambulances temporaires par la réunion d'un certain nombre de blessés. Quand les locaux seront trouvés, on avisera à se procurer des lits, et, ensuite, à toute l'organisation qui deviendra nécessaire.

Après quelques observations échangées, cette proposition est accueillie par le Conseil ; les membres de chaque section se constituent en commission à l'effet d'opérer immédiate-

[1] Cette affiche est reproduite ci-dessus (Append. XII).

ment cette recherche, et la séance est suspendue pour être reprise à quatre heures après midi.

A quatre heures après midi le Conseil rentre en séance. MM. Rémond, Geisler, Bastien, Prost, Bezanson, Simon-Favier et Moisson, rendent compte, chacun pour ce qui concerne la section dont il fait partie, du résultat des recherches faites pendant la journée, et, après avoir entendu ces différents rapports, le Conseil décide que les cinq commissions resteront en permanence, à l'effet d'organiser et de surveiller les ambulances destinées à pourvoir aux besoins du moment.

L'organisation de la garde nationale nécessite des dépenses non prévues au budget. L'Administration demande, pour y faire face, ainsi qu'à toutes autres dépenses imposées par les circonstances dans lesquelles nous nous trouvons, un crédit supplémentaire de 20000 francs.

Ce crédit est accordé par le Conseil.

XXXIV.

25 AOUT. — SÉANCE DU CONSEIL MUNICIPAL. — EXTRAIT DU PROCÈS-VERBAL.

M. le Maire fait connaître que la réunion extraordinaire de ce jour a pour objet de donner connaissance au Conseil d'une triple proposition relative à l'organisation du service des ambulances.

D'abord, à la suite de la dernière réunion et sous la direction des commissions permanentes qui ont été organisées, il s'est formé un grand nombre d'ambulances privées et d'ambulances ayant un caractère mixte à la fois militaire et privé. Il serait bon que ces divers établissements fussent dorénavant surveillés par les commissions comme ils l'ont été jusqu'ici, et qu'en outre il s'organisât, à l'hôtel de ville même et dans les bureaux, une sorte de concentration de tous les renseignements relatifs à leur état, leur nature, leur mouvement, leurs besoins. On aurait ainsi le moyen d'assurer la bonne exécution du service et de diriger sur les points convenables les nouveaux blessés ou les malades qui se présenteraient. Si le Conseil accueillait cette proposition, M. le Maire fait connaître que M. le président Moisson s'est mis à la disposition de l'Administration, pour dépouiller et mettre en ordre les rapports quotidiens qui pourraient être envoyés par les membres des commissions permanentes.

En second lieu, M. le Maire s'est enquis de la situation de la caisse de secours aux blessés, composée des dons en argent offerts par nos concitoyens ; c'est dans cette caisse qu'une partie des sommes dépensées pour le linge a été prise jusqu'ici, suivant les besoins du Comité central de lingerie, composé de dames dont le dévouement et les sacrifices sont au-dessus de tous les éloges. Pour aider au bon fonctionnement de cette caisse, l'Administration a pensé qu'il serait utile de constituer une Commission permanente, consultative en quelque sorte et appelée à donner son avis sur la nature et l'étendue des besoins qui devront être desservis avec ses fonds.

Enfin, l'Administration a pensé que, dans les circonstances actuelles, il serait utile de constituer une commission chargée de s'occuper des substances alimentaires.

La discussion s'ouvre sur ces trois propositions.

Relativement au premier point, les observations suivantes sont produites :

M. Bastien fait observer qu'il n'existe pas de service organisé qui permette de faire évacuer immédiatement ceux des blessés qui seraient en état de sortir des ambulances ; il y a là une lacune qu'il serait utile de combler, par exemple, au moyen d'un bureau spécial établi à l'hôtel de ville.

M. le Maire répond qu'il est à sa connaissance que ce travail d'évacuation a été commencé, mais qu'il a été interrompu par l'indisposition de M. le Médecin en chef.

M. Simon-Favier fait connaître que de nouvelles recherches, dans la quatrième section, ont amené l'indication de certains locaux très-opportuns pour l'installation des ambulances, notamment l'ancienne fonderie, place Saint-Thiébault, et le magasin d'artillerie, rue des Prisons-Militaires.

Suivant M. de Bouteiller, il faudrait s'occuper non-seulement des locaux, mais encore des couchages et, à cet égard, on pourrait peut-être requérir l'ouverture des maisons dont les propriétaires ont quitté la ville.

M. le général Didion voudrait qu'on s'occupât des militaires blessés qui sont chez les particuliers ; il y en a un certain nombre qui s'y perpétuent sans nécessité.

M. Worms voudrait qu'un certain pouvoir de réquisition fût donné aux membres des commissions permanentes.

M. le Maire répond que toutes les réquisitions doivent être faites par l'autorité militaire, et que celle-ci, jusqu'à présent, n'a jamais rejeté les demandes qui lui sont parvenues.

M. Schneider voudrait savoir d'une façon plus précise quel sera le rôle des commissions.

On verra, dit M. le Maire, comment les choses marchent dans leurs détails et dans leur ensemble, et les observations transmises par les commissions et centralisées à l'hôtel de ville, pourront avoir pour effet des améliorations comme celle qui s'est produite dans l'organisation du service de la caserne du génie.

Enfin, M. le Maire, répondant à une demande de M. Blondin, fait connaître que tous les militaires en état de quitter les ambulances, doivent être adressés à la place qui en formera un bataillon, dit des isolés, destiné à la défense des forts.

Après ces observations et explications, la première proposition, mise aux voix, est adoptée par le Conseil.

Le Conseil décide également que les deux commissions dont a parlé M. le Maire, seront nommées et entreront immédiatement en fonctions.

La première, composée de MM. Schneider, Worms, Moisson et Boulangé, aura pour mission de surveiller le fonctionnement de la caisse de secours aux blessés, et d'examiner toutes les questions se rattachant à l'emploi de ses fonds.

La deuxième, composée de MM. Bouchotte, Salmon et Bultingaire, avec autorisation de s'adjoindre telles personnes qu'elle jugera convenable d'appeler dans son sein, s'occupera de la question des substances alimentaires.

XXXV.

30 AOUT. — SÉANCE DU CONSEIL MUNICIPAL. — EXTRAIT DU PROCÈS-VERBAL.

M. le Maire fait connaître au Conseil que, dans la journée du 29 août, un intendant militaire, agissant par ordre de M. le Général en chef, s'est présenté à la mairie avec l'ordre d'opérer le recensement de toutes les bêtes à cornes et vaches laitières qui sont logées en ville. — Ces animaux, que l'autorité militaire estimait être au nombre de 12 à 1500, étaient destinés à l'alimentation de l'armée, et devaient être livrés, à la première réquisition, par leurs propriétaires. M. le Maire ajoute qu'il s'est rendu chez M. le Général commandant supérieur pour lui communiquer les observations que lui suggérait cette mesure, et les inconvénients graves qu'elle lui paraissait devoir entraîner ; pour lui représenter, qu'au point de vue, surtout, de l'alimentation des malades et des enfants, il y a, dans l'existence en ville d'un certain nombre de vaches laitières, une ressource extrêmement précieuse et dont il serait très-regrettable que cette partie de la population fût privée. — M. le Maire donne lecture au Conseil de la réponse, en date du 29 août, qui lui a été faite par M. le Général commandant supérieur, et de laquelle il résulte que cette mesure a été prise en exécution des ordres formels de M. le Maréchal commandant en chef, et que le recensement doit être opéré sans retard.

Ensuite de ces faits, continue M. le Maire, et pendant les journées d'hier et d'aujourd'hui, l'Administration a fait procéder au recensement ordonné, et au lieu de 12 à 1500 bêtes à cornes annoncées par M. l'Intendant, on en a rencontré 244. — En présence de ce résultat, M. le Général a fait savoir que 100 de ces animaux allaient être désignés pour être livrés par leurs propriétaires.

Après cette communication de M. le Maire, plusieurs membres du Conseil prennent successivement la parole, et disent combien cette mesure leur paraît regrettable pour la population de Metz.

M. Bouchotte dit que les négociants de la ville, chargés de l'alimentation de la population civile, ont fait, pour l'armée, depuis un mois, tous les efforts possibles ; il pourrait, dit-il, citer une maison de Metz qui a dû fournir jusqu'à 15000 kilogrammes par jour à l'intendance.

M. Bastien pense que nous devons insister, de la façon la plus énergique, pour obtenir la modification de la mesure dont il s'agit ; il y a certainement des malades auxquels il faut, sous peine de les laisser mourir, conserver les ressources qu'on va détruire pour alimenter l'armée.

Suivant M. Blondin, cette mesure n'est pas seulement

malheureuse au point de vue du service des ambulances, elle l'est encore en ce qu'elle aurait, en quelque sorte, pour résultat, de tuer la poule aux œufs d'or. Le lait est, pour nous, une nécessité. On peut dire, sans exagération, que le moral de la population, non-seulement des femmes, mais des hommes, serait atteint par la suppression de cet aliment si fort entré dans les habitudes. Il faut donc que le Conseil fasse une démarche ou un effort, pour conserver ces vaches laitières, qui ne peuvent servir, d'ailleurs, qu'à alimenter, pendant un jour ou deux, une très-petite partie de l'armée, ce qui ne constituerait pas pour elle une ressource sérieuse.

M. de Bouteiller dit que ces vaches sont beaucoup pour la ville et ne sont véritablement rien pour l'armée.

M. le président Moisson, en s'associant aux réflexions qui viennent de se produire, propose la nomination d'une commission qui se rendrait immédiatement près de M. le Maréchal.

M. Worms appuie cette proposition.

M. Bouchotte dit que la nourriture par la viande de cheval doit être épuisée avant qu'on touche aux vaches laitières, et que le mouvement, dans ce sens, s'est déjà manifesté.

M. le général Didion a vu faire, aujourd'hui même, une distribution de viande de cheval au camp de cavalerie.

M. Worms demande qu'on revienne à la proposition d'une commission qui demanderait une audience immédiate au maréchal.

MM. Marly et Geisler appuient cette idée, en faisant observer que le temps manquerait pour faire une rédaction de procès-verbal ou de lettre à adresser à M. le Maréchal, et qu'il est préférable de présenter des observations de vive voix.

Le Conseil adopte cette idée et décide qu'immédiatement M. le Maire, et MM. Boulangé, de Bouteiller, général Didion, Moisson et Blondin, se rendront au quartier général et demanderont une audience à M. le maréchal Bazaine.

M. Geisler demande la parole pour faire connaître au Conseil la situation désastreuse de l'ambulance du Saulcy. On a mis là, dit-il, tous les malades dont la présence serait dangereuse dans les autres ambulances; on y évacue les dyssentériques, les fiévreux, les varioleux, les typhiques, etc. Or, toutes les émanations de cette agglomération malsaine sont, par le vent sud-ouest qui règne le plus souvent dans cette saison, jetées sur la ville. De plus, les matières fécales sont déversées dans la Moselle, en amont de l'endroit où la ville a installé le service de ses pompes. On a bien mis des factionnaires pour empêcher les malades de verser directement les matières dans la rivière; mais j'ai vu, de mes yeux, dit M. Geisler, que l'exécution de cette défense est impossible. Il serait bien à désirer qu'on pût trouver un lieu d'installation en aval de la ville.

M. le Maire dit que les observations de M. Geisler, déjà consignées dans un rapport de M. le président Moisson, seront soumises au Conseil d'hygiène publique qui se réunit demain [1]..... etc.

XXXVI.

15 SEPTEMBRE. — SÉANCE DU CONSEIL MUNICIPAL. — EXTRAIT DU PROCÈS-VERBAL.

M. Bouchotte rend compte au Conseil du résultat des recherches de la Commission qui a été chargée de s'occuper des subsistances.

Son attention s'est portée d'abord sur la question du sel. A cet égard, M. Bouchotte fait connaître l'avis de l'ingénieur des mines sur l'importance d'une source d'eau salée qui se trouve dans la propriété de M. Sendret, à Saint-Julien-lès-Metz; d'après ce rapport, il y aurait là une ressource sérieuse. Il est vrai que l'autorité militaire s'en est emparée [2]; mais, suivant M. Bouchotte, il y a lieu d'espérer que la ville sera admise à y prendre part.

On s'est occupé, en second lieu, de la viande de cheval. Le prix en est, à l'heure où nous sommes, beaucoup trop élevé; il y a là une hausse anormale, tenant en partie à ce que l'armée a fait jusqu'ici concurrence aux bouchers de la ville. Cet état de choses ne continuera pas.

En ce qui touche le pain, la Commission a été d'avis qu'il

---

[1] Voir plus loin le procès-verbal de cette séance du Conseil d'hygiène (Append. LIII).
[2] Cette source prend son origine dans les galeries de mine du fort Belle-Croix.

fallait faire entrer dans la consommation les céréales qui se trouvent sur les greniers des commerçants et des particuliers, et cela par le moyen d'une réquisition. Elle s'est arrêtée, après examen, aux prix de 36 francs les 100 kilogrammes pour le blé, de 48 francs les 100 kilogrammes de farine, et enfin de 46 centimes le kilogramme de pain.

M. le Maire, complétant les renseignements qui viennent d'être donnés par M. Bouchotte, dit, en ce qui concerne la source d'eau salée de Saint-Julien, ou de Belle-Croix, que, jusqu'ici, rien ne permet de penser que la population civile sera admise à y prendre part; que, seulement, l'ambulance du Polygone doit y puiser pour ses besoins. — Quant à la viande de cheval, son prix élevé tient en effet surtout à ce que, jusqu'ici, l'armée a fait concurrence aux bouchers de la ville. Sur notre réclamation, l'intendance a promis que, non-seulement il n'en serait plus ainsi, mais qu'en outre, un certain nombre de chevaux de l'armée seraient, chaque jour, conduits à l'abattoir. Suivant l'inspecteur des boucheries, la taxe ne serait guère praticable, à cause du grand nombre de qualités de viande, six ou sept environ, ce qui rendrait la fraude trop facile. — Enfin, au sujet du pain, qui fait l'objet principal de la délibération de ce jour, l'Administration a préparé un projet, dont il sera donné lecture, et qui tend à obtenir du commandant supérieur de la place une autorisation de requérir les blés qui sont, en ce moment, dans la ville.

Sur ces différentes communications du rapporteur de la Commission des subsistances et de l'Administration, les observations suivantes ont été produites :

M. Géhin s'est occupé de déterminer le prix de revient du sel qu'on pourrait obtenir en traitant le carbonate de soude par l'acide chlorhydrique; suivant lui, le prix de revient ne dépasserait pas 1 franc le kilogramme; la quantité de carbonate de soude qu'on pourrait trouver en ville est considérable, mais il n'en est pas de même de l'acide chlorhydrique, et, suivant M. Géhin, le maximum de ce qu'on pourrait fabriquer de sel serait d'environ 2 000 kilogrammes; il annonce qu'il est à la disposition de l'Administration, pour diriger cette fabrication en utilisant, dans ce but, un des bassins des lavoirs de la ville.

M. Salmon craint que si l'on emploie de cette façon le sel de soude, on vienne à en manquer pour les lessives.

M. Géhin répond que la question du sel dans les aliments est plus importante que celle du lavage ; que le sel est d'une nécessité aussi absolue que la viande et le pain.

M. le général Didion fait d'ailleurs remarquer que, d'après les renseignements fournis par M. Géhin, quand même on utiliserait tout l'acide chlorhydrique disponible, il resterait assez de carbonate de soude pour le lavage.

Après ces observations, le Conseil décide que la proposition de M. Géhin est accueillie. Il est prié, en conséquence, de s'entendre avec M. l'Architecte de la ville, pour disposer une des chaudières des lavoirs ; une autorisation de requérir l'acide chlorhydrique sera demandée en outre au commandant supérieur de la place.

M. le premier adjoint Gougeon donne alors lecture au Conseil du projet ci-dessus indiqué.

M. Marly est d'avis qu'il vaudrait mieux ne pas commencer par une réquisition, mais par une simple invitation faite aux détenteurs de blé ; il pense que cette invitation serait suffisante pour déterminer un grand nombre de personnes à vendre, et qu'ainsi aucune obligation ne serait prise par la ville en dehors de ses besoins.

M. Moisson dit que cette opinion, déjà émise par M. Marly au sein de la Commission, n'a pas prévalu, parce qu'on a pensé que ce moyen, un peut lent, serait, d'ailleurs, sans résultat.

M. Schneider ajoute que ce n'est pas seulement la Commission des subsistances, mais encore celle de la caisse de secours qui s'est rangée à l'avis d'une réquisition.

La proposition de M. Marly n'est pas accueillie par le Conseil.

M. Bastien ne voudrait pas que la ville prit l'engagement d'acquérir tous les blés qui sont en ville ; si le blocus était levé, dit-il, l'exécution de cette mesure pourrait entrainer pour la ville, à raison des engagements qu'elle aurait pris, des inconvénients graves. — Ne pourrait-on pas établir une sorte de maximum de ce que chacun peut garder, ou obliger les détenteurs à livrer une quantité proportionnée à ce qu'ils possèdent ?

L'objection faite par M. Bastien, dit M. Bouchotte, s'est produite à la Commission, et il a été reconnu que la réquisition devait être radicale et absolue ; qu'une distinction n'était ni juste ni praticable ; et que, d'ailleurs, quand même le blocus serait levé, il n'y aurait pas une baisse du blé qui compromît les intérêts de la ville.

M. Schneider dit que cette objection ne doit pas arrêter le Conseil ; qu'en admettant une revente à perte, il n'y aurait là, en tous cas, qu'un sacrifice de quelques mille francs, c'est-à-dire insignifiant.

M. Blondin ne voit pas l'utilité du droit d'option pour la restitution en nature qui est accordé, par le projet, aux détenteurs de blé. Il pourrait y avoir là un embarras sérieux pour la ville, qui se trouverait peut-être hors d'état de rendre du blé dans le délai fixé ?

M. de Bouteiller exprime l'avis contraire ; la semence sera une nécessité urgente pour les cultivateurs ; c'est là un des objets de leurs plus vives préoccupations ; il y a tout intérêt à leur promettre de les aider à cet égard.

M. Worms fait remarquer que cette clause se trouve dans la réquisition de l'autorité militaire relative aux fourrages, et qu'il ne convient pas de faire moins que l'autorité militaire.

M. Rémond croit également que cette clause est nécessaire pour faciliter l'exécution de la réquisition, et éviter les dissimulations tendant à conserver aux cultivateurs les grains nécessaires à l'ensemencement.

M. Salmon dit que la réquisition ne doit pas seulement atteindre les blés, mais encore les farines qui sont chez les particuliers.

Enfin, diverses observations sont présentées dans le but d'assurer à la population civile le bénéfice exclusif des réquisitions qui vont être faites et des approvisionnements qui lui sont destinés. A la suite de ces observations, M. le Maire est prié de faire une démarche près de l'autorité militaire, à l'effet d'obtenir une mesure qui assure et maintienne ce résultat.

La rédaction suivante est ensuite mise aux voix et adoptée par le Conseil :

« Le Conseil autorise le maire à demander à M. le Général

de division, commandant supérieur de la place de Metz, d'interdire la sortie de la ville des blés et des farines ; de requérir, pour l'alimentation de la population civile, les blés et les farines existant à Metz sur les greniers des particuliers et des commerçants, à l'exception de ceux qui se trouvent déjà chez les boulangers, pour la livraison en être faite au fur et à mesure des besoins.

» Les blés seront payés à raison de 36 francs par 100 kilogrammes pour ceux de qualité loyale et marchande.

» Les farines seront payées 48 ou 50 francs par 100 kilogrammes, selon la qualité.

» Les blés d'une qualité inférieure ou non suffisamment vannés pourront, à la demande des meuniers, être soumis à une expertise et ils subiront, en ce cas, un rabais fixé par les experts.

» Les détenteurs de blé qui, en vue de l'avenir, préféreraient recevoir en nature, après la levée du blocus, des quantités égales à celles qu'ils auront livrées, recevront un reçu portant engagement de restitution et mentionnant la qualité de ces blés. Cette restitution se fera dans le mois qui suivra la levée du blocus. Un recensement général sera fait immédiatement de tous les blés et farines existant en ville.

» Les meuniers de la ville seront tenus de moudre les blés selon les besoins de la consommation et de vendre les farines en provenant, à un prix qui ne pourra pas excéder 48 francs par 100 kilogrammes, ce prix comprenant les frais d'enlèvement chez le vendeur, de transport chez le boulanger et d'avance de fonds. Il n'y aura qu'une seule qualité de farine, dite première et deuxième.

» Le Conseil autorise également le maire à demander à M. le général Coffinières de fixer, en vertu des pouvoirs qu'il tient de la loi, le prix du pain à 46 centimes le kilogramme.

» Il autorise enfin le maire, pour le cas où, le blocus étant levé, il resterait des blés ou des farines non employés, à les payer aux prix ci-dessus fixés et à les revendre, entendant que la différence entre le prix d'achat et le prix de vente sera supportée par la caisse municipale.

» Pour l'exécution de ces différentes mesures, le Conseil ouvre au maire un crédit de 100 000 francs, en recettes et en dépenses. »

M. Worms appelle de nouveau l'attention de l'Administration sur la question de la viande. Il demande si la promesse faite par l'intendance, d'envoyer, chaque jour, à l'abattoir un certain nombre de chevaux, a été tenue ou retirée et quel usage sera fait de ces chevaux; s'ils seront livrés à un syndicat qui les débiterait à un prix convenu; en un mot, s'il y a quelque chose de définitif à cet égard.

M. le Maire répond qu'aucun renseignement n'est parvenu à l'Administration en dehors de ceux qui ont été connus de la Commission; qu'une lettre, envoyée à l'autorité militaire, pour obtenir des éclaircissements précis, est restée jusqu'ici sans réponse.

M. Worms insiste pour que l'Administration ne perde pas cette question de vue, et pour qu'elle fasse tous ses efforts dans le but d'obtenir un abaissement du prix de la viande.

M. le Maire exprime la pensée que la viande soit l'objet d'une taxation, malgré les inconvénients qu'il a déjà signalés; on pourrait la demander au commandant supérieur de la place.

Le Conseil accueille cette proposition, et il est entendu qu'une taxe de la viande sera demandée en même temps que la réquisition des blés et farines.

Enfin M. Bouchotte fait connaître qu'il y a, à la gare de Metz, un dépôt de marchandises que la Compagnie de l'Est n'a pu rendre à leur destination; la Compagnie est obligée d'en faire la vente aux enchères publiques, à moins qu'il ne se produise une réquisition. — Cette réquisition a été demandée, et la réponse n'est pas encore parvenue.

XXXVII.

21 SEPTEMBRE. — SÉANCE DU CONSEIL MUNICIPAL. — EXTRAIT DU PROCÈS-VERBAL.

M. Boulangé donne lecture au Conseil d'un projet d'adresse, rédigé par lui, d'accord avec MM. Moisson, Worms et Schneider, en réponse à la proclamation du 13 septembre, faite à la population de Metz, par M. le Commandant supérieur, M. le Préfet et M. le Maire de Metz.[1]

---

[1] Cette proclamation est donnée ci-dessus (Append. XVI).

Sur l'observation de MM. Prost, Noblot et de Bouteiller, il est ajouté au projet, dont M. Boulangé a donné lecture, la phrase suivante, proposée par M. Rémond :

« Pour seconder les efforts de ceux qui ont en mains les » intérêts de *la défense nationale* », et, après quelques autres observations, la rédaction suivante est adoptée :

« Messieurs, l'appel que vous faisiez par la proclamation du 13 de ce mois, dans de graves circonstances, au patriotisme des habitants, a trouvé parmi eux un écho unanime. Investis de leur mandat, il nous appartient de nous constituer les interprètes des sentiments qui les animent. Toutes nos mains se sont tendues spontanément vers ces glorieux blessés tombés autour de nous sur les champs de bataille ; nous vous remercions, Messieurs, d'avoir rappelé à la population cet élan dont nous sommes fiers pour elle : c'était une manifestation de sa reconnaissante admiration pour l'armée et de son dévouement à la patrie.

» L'état de blocus nous impose de lourds sacrifices : les habitants de Metz les subissent avec cette fermeté calme et cette patience résolue, qui sont les signes du vrai courage ; préparés à ces grands devoirs, par les vieux souvenirs de l'histoire messine et par ce sentiment qui domine tout, l'amour de la France et l'honneur de la patrie.

» L'armée qui campe sous nos murs nous a donné l'exemple d'une héroïque bravoure. Notre énergie, si la lutte s'engage, s'efforcera d'imiter son courage. Comme nous comptons sur elle et sur son vaillant chef, l'armée peut compter sur nous, pour seconder les efforts de ceux qui ont en mains les intérêts de *la défense nationale.* »

MM. Gougeon, adjoint, Boulangé, Moisson, Worms, Schneider et Rémond, sont délégués pour remettre cette adresse à sa destination.

M. le Maire donne lecture d'une lettre de M. le Commandant supérieur, en date du 16 de ce mois, par laquelle il est annoncé que l'administration militaire met à la disposition de la ville une quantité de quinze chevaux par jour. Ensuite de cette lettre, une convention a été préparée. L'Administration demande son approbation au Conseil. Cette approbation est accordée.

M. le Maire donne communication au Conseil d'une lettre

de M. le Commandant supérieur de la place, en date du 21 septembre, proposant l'ouverture d'une souscription pour secourir les misères causées par l'état de siége, et demandant son inscription pour une somme de 1000 francs [1]... etc.

M. le premier adjoint Gougeon fait au Conseil la communication suivante :

« M. Martiny, intendant du grand quartier général de
» l'armée, a fait connaître hier, à M. le général Coffinières,
» son intention de mettre en réquisition tout ou partie des
» moulins de la ville, pour satisfaire aux besoins de l'armée.

» Avant d'autoriser cette réquisition, M. le Commandant
» supérieur de la place a bien voulu faire appeler M. Proth,
» secrétaire de la ville, et un membre de l'Administration mu-
» nicipale, pour avoir son avis sur cette importante question.

» Présent à cette conférence, j'ai fait observer d'abord que
» tous les moulins de Metz, non compris le moulin de la
» Basse-Seille, qui appartient à l'intendance, ne produisaient
» au plus que 315 quintaux de farine; que cette quantité
» n'était pas même suffisante pour la nourriture des habi-
» tants, et que tous les moulins de la ville devaient être, par
» conséquent, réservés pour les besoins de la population
» civile. J'ai ajouté que les syndics de la boulangerie éva-
» luaient en moyenne à 5 quintaux de farine la consommation
» de chaque boulanger, et que comme il y avait à Metz
» quatre-vingt-quatre boulangers, cela élevait à 420 quintaux
» la quantité de farine nécessaire aux habitants de la ville et
» à ceux de la banlieue qui ont, pour la plupart, l'habitude
» de venir acheter à Metz le pain dont ils ont besoin.

» M. l'intendant Martiny a contesté l'exactitude de ces
» chiffres qu'il trouvait exagérés. Je lui ai fait observer qu'à
» la population ordinaire de la ville, qui était d'à peu près
» 48000 habitants, il fallait ajouter environ 20000 personnes
» qui s'étaient réfugiées à Metz depuis la guerre, de plus
» les habitants des communes suburbaines, et enfin les
» nombreux blessés qui se trouvent dans les ambulances
» privées et chez les particuliers; qu'ainsi il convenait d'éva-
» luer la population à desservir à au moins 70000 personnes,

---

[1] Cette souscription, à laquelle l'armée a pris une très-large part, a produit plus de 103000 francs (Append. LXVIII).

» déduction faite des enfants en bas âge; qu'il fallait remar-
» quer d'ailleurs que le pain, en quantité suffisante, était
» d'autant plus nécessaire à la population, qu'elle était privée
» de pommes de terre, qui sont à des prix excessifs et presque
» introuvables. J'ai engagé M. l'Intendant à faire moudre ses
» blés par les moulins qui se trouvent dans la vallée de Mou-
» lins-lès-Metz et dans un territoire occupé par nos troupes.

» M. Proth et moi nous avons fait valoir encore d'autres
» considérations pour obtenir de M. le Général commandant
» de la place, qu'il refusât à M. l'Intendant l'autorisation
» qu'il sollicitait; mais, guidé par le désir de concilier les
» besoins impérieux de l'armée et ceux des habitants, M. le
» Général a autorisé la réquisition des moulins de la Pré-
» fecture et de celui de la Haute-Seille, et décidé que
» M. Bouchotte livrerait à l'intendance, qui fournirait le blé,
» 40 sacs de farine par jour.

» Les moulins de M. Bouchotte ne produisant que 240 quin-
» taux au plus, il ne restera pour la population civile que
» 200 quintaux de farine, représentant 26 600 kilogrammes
» de pain, soit 53 200 rations de 500 grammes, quantité
» évidemment insuffisante, et qui impose des privations à
» un certain nombre de ménages.

» Nous prions donc le Conseil de se joindre à nous en
» émettant le vœu que des mesures soient prises pour tirer
» parti des moulins existant à l'extérieur, et permettre à
» ceux de la ville de fonctionner d'une manière plus large
» pour les habitants[1]. »

[1] En conséquence de ces observations, le génie militaire fut chargé d'installer de nouveaux moulins. Nous trouvons, sur cette question, dans le journal du chef de ce service, M. le lieutenant-colonel Salanson, quelques détails qu'il peut être intéressant de relater. — Le 23 septembre on constate l'état des trente et une paires de meules existant à Metz, savoir : dix-sept aux moulins Bouchotte (quinze par moteur hydraulique et deux par machine à vapeur), quatre au moulin Michel, quatre à la Basse-Seille, deux à la Haute-Seille, quatre à Moulins-lès-Metz. Il n'y a pas de contradiction entre ces indications et celles données sur le même sujet à la page 51 où il n'est pas tenu compte des quatre paires de meules de Moulins-lès-Metz. — Le 25 septembre ordre est donné de monter neuf paires de meules nouvelles, savoir: trois au Therme, deux à l'usine des Pucelles et quatre à Saint-Julien-lès-Metz avec une locomobile appartenant à l'entrepreneur du fort.

M. Bouchotte annonce qu'il a visité ce matin les usines qui entourent le village de Moulins-lès-Metz; qu'il y a là possibilité de moudre 80 à 85 sacs par jour, et qu'il s'est empressé de communiquer ce résultat à l'intendance. Il ajoute que le plus grand embarras, en ce qui concerne les farines, vient du trafic et du commerce interlope qui se pratiquent sur le pain aux portes et dans les camps. Certains individus achètent dans plusieurs boulangeries et vont revendre à des prix très-élevés.

M. de Bouteiller demande s'il ne serait pas possible de porter remède à cet abus, en remettant à chaque client des boulangers une carte, sur la présentation de laquelle il pourrait recevoir son pain, et sans laquelle il serait défendu aux boulangers d'en livrer.

M. Rémond pense que cette idée, émise en ville depuis plusieurs jours, mérite d'être étudiée, et il en demande le renvoi à la Commission des subsistances. Ce renvoi est ordonné par le Conseil.

Le Conseil, répondant ensuite à la communication de M. le premier adjoint Gougeon, déclare émettre un vœu conforme à cet avis.

XXXVIII.

24 SEPTEMBRE. — SÉANCE DU CONSEIL MUNICIPAL. — EXTRAIT DU PROCÈS-VERBAL.

M. Salmon, rapporteur de la Commission des subsistances, rend compte au Conseil de l'examen qui a été fait des me-

— Le 26 septembre il est décidé qu'on montera, à la Basse-Seille, deux paires de meules nouvelles et qu'on utilisera, à Woippy, un moulin à vapeur qui peut être livré à l'administration militaire. On installera de plus, au Therme, un moulin portatif anglais apporté de Vallières, et quatre moulins à bras fournis par l'arsenal du génie, dont chacun produit de 4 à 5 quintaux et qui seront mus par des courroies de transmission; des cylindres concasseurs y seront, en outre, organisés pour préparer les grains à la mouture, ce qui accélère le travail de celle-ci. — En moins de quinze jours, du 23 septembre au 6 octobre, le génie militaire parvint ainsi à organiser treize paires de meules nouvelles, quatre moulins à bras et un certain nombre de concasseurs.

sures proposées pour régulariser le service de la boulangerie. La Commission, dit-il, ne fait aucune proposition ; le système des cartes, sur chacune desquelles on inscrirait le nombre de rations revenant à chaque habitant, n'a pas semblé pratique, à cause des difficultés matérielles qu'il rencontrerait pour son organisation. Il en a été de même de la proposition d'engager les habitants à se faire inscrire chez les boulangers.

M. Simon-Favier ne croit pas que le système des cartes soit impossible à organiser ; il y a douze ou treize ans, dit-il, on a établi un système analogue pour les différences remboursées par la ville, sur le prix du pain, aux habitants nécessiteux ; le Conseil, alors, s'est partagé par sections et, en quelques jours, encore qu'il ait fallu aller chez tous les citoyens, le travail a été fini. On pourrait suivre la même voie, et ce serait le seul moyen d'éviter le gaspillage.

M. Worms, sans s'opposer au système des cartes, si le Conseil le croit praticable, propose une autre mesure. Il me semble, dit-il, que la question est celle-ci : Ne dépenser par jour qu'une quantité donnée de farine qu'on peut déterminer par les besoins approximatifs de la population. Ne pourrait-on pas répartir cette quantité entre les boulangers, au prorata de leur importance respective, en les chargeant de faire eux-mêmes la distribution ; puis, pour éviter les abus que nous connaissons, prohiber la sortie du pain ? Quant au pain qui doit sortir pour les besoins des campagnes suburbaines, il y aurait pour sa sortie un permis spécial, et le service de surveillance pour l'exécution de cette mesure serait confié aux employés de l'octroi.

M. Bouchotte trouve le système proposé par M. Worms très-simple et très-praticable, mais il n'éviterait nullement l'abus qui consiste, de la part de certaines personnes, à se procurer du pain dans plusieurs boulangeries ; cet abus ne peut être sérieusement réprimé que par le système des cartes.

M. Blondin appuie l'idée présentée par M. Worms, à condition que le syndicat des boulangers soit rétabli, et qu'il soit appelé à fixer la quantité de farine nécessaire à chaque boulanger.

M. Gougeon dit qu'encore que le syndicat n'existe plus depuis la liberté de la boulangerie, l'Administration a convoqué les anciens syndics et leur a demandé divers renseignements. Les boulangers se plaignent de ne pouvoir suffire aux besoins de leur clientèle avec la farine dont ils disposent ; ils ne peuvent avoir qu'environ 200 sacs, au lieu de 420 qui leur seraient nécessaires.

M. Bouchotte persiste à penser qu'un grand nombre de personnes allant prendre du pain dans plusieurs boulangeries, le seul système présentant des garanties sérieuses, serait celui des cartes.

M. Rémond se demande s'il ne serait pas possible d'obtenir des boulangers l'indication formelle de toutes les personnes auxquelles ils fournissent ; les boulangers connaissent leurs clients ; à l'aide de ce renseignement, la police pourrait découvrir quelles sont les personnes qui vont ainsi se fournir dans plusieurs boulangeries, et on arriverait ainsi à réprimer cet abus qui est un des plus graves au moment où nous sommes.

Suivant M. Geisler, la grande question serait de savoir ce qu'il faut de pain pour la population civile ; quand cette quantité serait déterminée, on réunirait les boulangers et on leur partagerait la farine disponible. Le jour où les boulangers n'auront plus rien que pour leur clientèle, ils ne fourniront plus qu'à elle ; ils y seront amenés par leur intérêt ; ils préféreront conserver leurs clients à fournir des personnes qui ne sont ici que momentanément.

M. Marly dit que l'Administration ne repousse pas le système des cartes, et ne voit même pas d'impossibilité absolue à son exécution, mais que cette exécution rencontrera de très-sérieuses difficultés et demandera beaucoup de temps. Il n'y a pas, en effet, à comparer ce qu'il faudra faire avec ce qui a été fait lors de la délivrance des bons de différence dont a parlé M. Simon-Favier ; on n'avait alors à s'occuper que d'un nombre très-restreint de familles, tandis qu'aujourd'hui l'opération devrait s'étendre à la population tout entière, c'est-à-dire à plus de quinze mille familles, en comprenant les étrangers. Or, nous savons, dit-il, ce qu'il faut de temps et de travail pour la distribution des cartes d'électeur ; ici, ce sera bien plus considérable : il faudra recevoir des déclarations détaillées de chaque citoyen sur les personnes qui composent sa famille, et consacrer à chacun un certain temps ; il faudrait pour cela de nombreux bureaux ;

ce serait donc fort difficile. D'un autre côté, quand la population aura été répartie chez tous les boulangers, le dernier mot ne sera pas dit. Il y a déjà des boulangers qui se plaignent et qui parlent de ne pas continuer leur industrie; si ce fait se produit, que deviendront les clients des boulangeries fermées? Je préférerais, dit M. Marly, le système indiqué par M. Geisler.

M. Worms: Dans tous les systèmes, il faut arriver à prohiber la sortie du pain; on ne peut, par conséquent, rejeter, pour cette raison, le système que j'ai proposé; et quant aux habitants des communes suburbaines, ils auraient des cartes autorisant la sortie. On ferait, en définitive, pour un très-petit nombre de personnes, ce qu'on a proposé pour la population tout entière.

M. le Maire fait observer qu'une mesure tendant à prohiber la sortie du pain ne rencontrerait peut-être pas l'approbation de l'autorité militaire. J'ai dû, dit-il, m'opposer à la sortie des petites quantités de farine demandées par plusieurs cultivateurs et par les maires de deux ou trois communes suburbaines; il y aurait eu de l'inconvénient à laisser opérer cette sortie qui aurait amené de l'inquiétude; mais, pour appuyer mon refus, j'ai dû répondre que les mésoyers et les cultivateurs du dehors pouvaient acheter, en ville, du pain dont la sortie ne présentait pas les mêmes inconvénients. Il serait peut-être difficile, dès lors, d'arrêter le pain aux portes.

M. Geisler ne voudrait aucune espèce de carte ni à l'intérieur ni à l'extérieur. Si les boulangers, dit-il, ont intérêt à vendre aux soldats, ils le feront; mais s'ils n'ont plus de pain que pour leurs clients, leur intérêt les amènera à ne plus fournir qu'à eux. Le système des cartes présenterait, d'ailleurs, des embarras énormes.

M. Blondin pense aussi que l'établissement des cartes demanderait trop de temps; chacun des boulangers connaît les pratiques qu'il dessert, et les besoins de chacun d'eux peuvent être contrôlés par un syndicat: il croit que le syndicat est une nécessité; qu'il faut le rétablir, l'organiser, et qu'avec sa surveillance, on obtiendra de bons résultats.

M. Gougeon propose d'adjoindre aux cinq personnes que les boulangers nommeraient pour syndics, cinq membres du Conseil.

M. Geisler: Je maintiens ma proposition; surveillez enmême temps les boulangers, faites-les contrôler par un syndicat, et vous arriverez ainsi à un système pratique. Je demande que, dès demain, les boulangers soient convoqués pour nommer cinq personnes qui se réuniront à cinq membres du Conseil et composeront un syndicat auquel on confiera, en quelque sorte, la police de la boulangerie.

Cette proposition est accueillie par le Conseil, qui désigne MM. Geisler, Bultingaire, Worms, Blondin et Salmon, pour s'unir aux cinq personnes que les boulangers réunis auront nommées syndics.

M. Worms demande à l'Administration de faire dès à présent noter, par les employés de l'octroi, les quantités de pain qui sortent de la ville ; un rapport sur cette question aurait une grande utilité.

XXXIX.

13 OCTOBRE. — SÉANCE DU CONSEIL MUNICIPAL. — EXTRAIT DU PROCÈS-VERBAL.

A l'ouverture de la séance, M. le Maire fait connaître au Conseil que, dans les circonstances graves que nous traversons, en présence des appréhensions, des impatiences qui se sont manifestées, des diverses démarches et observations qui se sont déjà produites, l'Administration a pensé qu'il était peut-être opportun que le Conseil exprimât, une fois de plus, les sentiments qui l'animent et les fît connaître à M. le Général commandant supérieur de la place. Pour le cas où le Conseil partagerait cet avis, l'Administration a préparé un projet d'adresse dont il va être donné lecture.

M. de Bouteiller demande qu'avant toute discussion, M. le Maire veuille bien faire connaître à tous les membres du Conseil les communications si graves qui sont venues aujourd'hui et hier de M. le général Coffinières.

M. Schneider appuie cette demande.

M. le Maire expose que, dans la journée d'hier[1], MM. les officiers de la garde nationale se sont adressés à lui pour le

---

[1] C'est *avant-hier* qu'il faut lire. — La visite des officiers de la garde nationale présentés par le maire chez le général Coffinières a eu lieu le 11 octobre. On trouvera plus loin un compte rendu de cette visite (Append. LVI.)

prier de les accompagner chez M. le général Coffinières; ils voulaient lui présenter différentes observations; notamment, ils désiraient avoir la garde des portes et le service d'une batterie. Je les ai, en effet, accompagnés, dit M. le Maire, et des explications très-nettes ont été données sur tous ces points, aussi bien que sur celui relatif au poste de l'hôtel de ville. Il m'a paru que le résultat de cet entretien était une satisfaction générale.

Aujourd'hui, dit M. le Maire, nous avons reçu une lettre de M. le général Coffinières dont M. Marly voudra bien donner lecture et qui est ainsi conçue :

« Metz le 13 octobre 1870.

» Monsieur le Maire, j'ai l'honneur de vous informer que les magasins militaires des vivres sont complétement vidés aujourdhui même.

» Il est inadmissible que l'armée du Rhin qui, jusqu'à ce jour, nous a protégés contre le bombardement, reste sans pain. Les lois sacrées de l'humanité suffiraient d'ailleurs pour obliger la ville de Metz à venir en aide à l'armée, à la garnison de la place et aux nombreux malades qu'elle renferme.

» D'autre part, il a été constaté que la ville de Metz possède, en ce moment, 3500 quintaux de blés ou farines.

» Or, la population civile consomme, en ce moment, environ 260 quintaux de farine, soit environ 300 sacs de blé; les rationnaires militaires consomment environ 160 000 rations de pain de trois cents grammes chacune, soit environ 480 sacs de blé. La consommation totale est donc de 780 sacs de blé.

» Si nous ajoutons, aux 3500 sacs que vous possédez, environ 1500 sacs que doivent produire les perquisitions qui s'opèrent en ce moment, nous arrivons à un total de ressources de 5000 sacs environ, et en divisant ce total par 780 qui est la consommation journalière, nous arrivons à trouver du pain pour six jours environ.

» Dans les circonstances critiques où nous nous trouvons, toutes nos ressources doivent être mises en commun, et je ne saurais penser qu'il fût nécessaire de recourir à la force pour établir cette égalité entre tous.

» En conséquence, je vous prie et je vous requiers, au besoin, de prendre les mesures nécessaires pour que la quantité de 480 quintaux de blé soit mise journellement à la disposition de l'administration de l'armée.

» La première livraison, c'est-à-dire celle qui doit s'opérer immédiatement, sera enlevée par les voitures militaires, dès que vous m'aurez fait connaître les locaux dans lesquels se trouvent les denrées.

» Veuillez agréer, Monsieur le Maire, l'expression de ma haute considération. F. COFFINIÈRES. »

Après cette lecture, M. le Maire ajoute que, dans la matinée d'hier, M. le général Coffinières a fait différentes communications verbales, à l'hôtel de ville, mais que, ayant été appelé par d'autres services pendant cette conférence, il n'a pas pu les entendre toutes et il prie M. de Bouteiller, présent à l'entretien tout entier, de vouloir bien le résumer au Conseil.

M. de Bouteiller annonce au Conseil que le langage de M. le général Coffinières a un tel caractère de gravité, qu'il croit pouvoir reproduire textuellement les paroles échangées : « Dans six jours, a dit M. le Général, nous n'aurons plus de vivres. » Et comme les personnes présentes exprimaient leur étonnement d'un pareil résultat si subitement annoncé, et s'inquiétaient du sort de l'armée qui nous entoure, M. le Général a dit : « Il est possible que l'armée s'en aille, d'ici à peu de jours, soit en combattant, soit ensuite d'un arrangement. Il y a une grave considération en ce qui concerne la ville : son sort sera-t-il solidaire ou indépendant de celui de l'armée? Je suis d'avis, a ajouté M. le Général, qu'ils doivent être séparés, et je m'efforcerai de faire prévaloir cette opinion. Mais alors, a continué M. le Général, il ne faut pas nous dissimuler que nous passerons par de terribles épreuves; après le départ de l'armée, nous aurons le sort de Strasbourg et de Toul, d'autant plus terrible qu'un bombardement, dans une ville dénuée de toutes ressources, sera quelque chose d'effroyable. »

MM. Boulangé, Noblot, Worms et Bultingaire confirment le récit de M. de Bouteiller.

M. le Maire complète ces renseignements en disant qu'aujourd'hui, à une heure, il est allé à une séance du Comité des subsistances, dans laquelle il a été annoncé par l'intendant, que les magasins militaires étaient vides; qu'il n'y avait plus qu'un peu de lard pour les hôpitaux et les ambulances, et 234 quintaux de biscuit. Une délégation de deux membres a été constituée pour opérer une perquisition dans ces magasins.

M. Prost demande la parole et dit : « Il semble résulter des communications qui viennent d'être faites, qu'on veut faire naître en nos esprits une terreur calculée et qu'on cherche à obtenir ainsi, grâce à nous, un prétexte que nous ne devons fournir à aucun prix. »

Après ces paroles, M. Marly donne lecture du projet d'adresse préparé par l'Administration.

M. de Bouteiller voudrait exprimer d'une façon plus chaude que ne le fait ce projet, notre volonté ferme et notre résolution tenace de faire tous nos efforts pour rester français, et manifester plus énergiquement notre parti pris de résistance.

M. Prost critique le sentiment de confiance exprimé par le projet dans les mesures prises pour la conservation de la place.

M. le Maire propose que trois membres se retirent pour modifier le projet de l'Administration.

M. Worms se demande s'il ne serait pas utile de s'adresser au maréchal Bazaine. Il pose la question sans la résoudre, mais il croit qu'il convient de la poser. Il rappelle que, lors de l'adresse portée par nous à M. le général Coffinières, il y a trois semaines environ, M. le Général s'est étonné que nous ne nous soyons pas adressés au maréchal, en disant qu'il n'était que son subordonné.

M. Moisson demande si on ne pourrait pas s'adresser tout à la fois à M. le général Coffinières et au maréchal Bazaine.

M. Bouchotte pense qu'il ne faut s'adresser qu'au général Coffinières, vu que, déjà, on s'est adressé au maréchal, et que ses réponses directes ne nous sont jamais parvenues ; que, d'ailleurs, M. le général Coffinières a toujours et complètement connu la quantité de grains entrée en ville.

M. Puyperoux demande l'ajournement de l'adresse.

M. Blondin repousse cet ajournement ; la population, dit-il, est réunie près de l'hôtel de ville, elle attend notre décision ; il est bon qu'elle la connaisse aujourd'hui même. Je crois donc que quelques-uns d'entre nous doivent se retirer immédiatement pour préparer cette rédaction, et j'ajoute qu'il serait bon d'introduire, dans cette adresse, les regrets de l'incertitude où la population a été laissée jusqu'ici, et de la tardive production des communications qui ont été faites ce matin.

Le Conseil, après ces observations, décide qu'il y a lieu de s'adresser, par voie d'adresse, à M. le général Coffinières, et MM. Boulangé, de Bouteiller, Prost et Worms sont priés de s'occuper immédiatement de la rédaction d'un projet.

La séance ayant alors été suspendue pendant une demi-heure environ, est ensuite reprise, et M. Prost donne lecture du projet suivant :

« Monsieur le Général,

» La démarche faite auprès de vous par les officiers de la garde nationale, a été inspirée par leur sérieuse résolution de s'associer énergiquement à la défense de la ville.

» La garnison, à qui appartient cette défense, peut compter sur l'ardent concours d'une population incapable de faiblesse, quoi qu'il arrive.

» Les communs efforts de l'une et de l'autre garderont, jusqu'aux dernières extrémités, à la France, sa principale forteresse, et aux Messins une nationalité à laquelle ils tiennent comme à leur bien le plus cher.

» Le Conseil municipal se fait l'interprète de la Cité tout entière Il ne peut se défendre d'exprimer son douloureux étonnement de la tardive connaissance qui lui est donnée, par votre lettre de ce jour seulement, des ressources en subsistances sur lesquelles le commandant supérieur peut compter pour assurer la défense de la place.

» La population en subira néanmoins les conséquences avec courage. Elle ne veut, sous aucune forme, assumer la responsabilité d'une situation qu'il ne lui a pas été donné de connaître ni de prévenir.

» Nous vous prions, Monsieur le Général, de faire connaître à M. le maréchal Bazaine, cette expression de nos sentiments. Ils se résument dans le cri de: VIVE LA FRANCE !

» Le Maire et tous les membres du Conseil présents à la séance [1]. »

Ce projet est complétement adopté, et le Conseil décide en

---

[1] MM. Félix Maréchal maire, Boulangé adjoint, Noblot adjoint, Géhin, de Bouteiller, Blondin, Bezanson, Gougeon adjoint, Bultingaire, Moisson, Simon-Favier, Marly adjoint, Em. Sturel, Geisler, Aug. Prost,

outre que la communication en sera faite immédiatement à la population ; M. le Maire est prié de vouloir bien se rendre lui-même aux portes de l'hôtel de ville pour en donner lecture.

A l'instant, M. le Maire, déférant à cette demande, se rend, accompagné des membres de l'Administration et du Conseil, sous le péristyle de l'hôtel de ville où il donne lecture à la population réunie du projet qui vient d'être voté.

Après cette lecture, que la population accueille avec reconnaissance et avec une très-vive sympathie, les membres du Conseil se rendent de nouveau dans la salle des séances, pour apposer leurs signatures sur l'expédition de l'adresse destinée à M. le général Coffinières.

La séance est levée à dix heures et demie.

XL.

17 OCTOBRE. — SÉANCE DU CONSEIL MUNICIPAL. — EXTRAIT DU PROCÈS-VERBAL.

M. le Maire expose au Conseil que M. le général Coffinières a proposé ce matin de réduire à 300 grammes la ration de pain de chaque habitant ; qu'il a parlé également d'une séparation à faire entre l'approvisionnement de l'armée et celui de la garnison et de la population civile. Au moment de ces communications, dit M. le Maire, M. Geisler, notre collègue, étant venu à l'hôtel de ville présenter certaines observations fort graves sur la question des subsistances, je l'ai engagé à m'accompagner, à une heure, à la réunion du Comité de surveillance des subsistances. M. Geisler est venu, il a été entendu ; un procès-verbal spécial, contenant ses observations, a été dressé pour être envoyé à M. le maréchal Bazaine. Je prie M. Geisler de vouloir bien les faire connaître lui-même au Conseil.

Ce matin, dit M. Geisler, M. le général Coffinières paraissait désireux de séparer les approvisionnements de la ville de ceux de l'armée. Il exprimait, en même temps, la pensée que les perquisitions à domicile produiraient encore environ 2000 sacs. J'ai cherché à lui montrer son erreur et, en même temps, je lui ai fait observer que certains intendants devaient

Justin Worms, Collignon, Rémond, Puyperoux, général Didion, Salmon, Em. Bouchotte, G. Schneider.

avoir des réserves ; que j'avais la certitude que l'intendant du 3e corps, M. Friant, avait fait offrir 45 francs du blé que nous payons 36 francs ; qu'il avait ainsi très-facilement constitué une réserve, et qu'il serait important de la connaître.
— M. le Général a répondu qu'on ne pouvait pas faire de visites dans les intendances des corps. Comment l'oserait-on, dit-il, comment seriez-vous reçu ? — J'ai insisté, et c'est là l'objet des observations que j'ai produites au Comité. Dans cette réunion, il a été dit que l'intendant du 3e corps proposait de renoncer à ses rations ; il devait même verser à la place 260 quintaux. C'était la reconnaissance de l'exactitude du renseignement que j'apportais, et en présence duquel il me paraît que nous ne devons pas accepter la séparation des approvisionnements, avant de connaître l'importance de ceux de l'armée.

M. de Bouteiller : Hier j'ai acquis personnellement la certitude que l'armée avait des réserves ; qu'il y en avait dans le 3e et dans le 6e corps ; j'ai communiqué mes observations à M. le Maire, en le priant de les transmettre à M. le général Coffinières ; puis, j'ai été entendu par le Comité de surveillance des subsistances, et, c'est ensuite de cela et d'une demande du bilan des approvisionnements de l'armée, qu'on nous propose la séparation. Je crois, dit M. de Bouteiller, que cette séparation est une chose heureuse, une amélioration notable, et qu'il faut se hâter de l'accepter.

M. Rémond dit que la lettre de M. le général Coffinières, qui a amené la livraison de 480 sacs par jour, reposant sur un renseignement inexact, il faut d'abord obtenir la restitution de ce qui a été livré.

M. Schneider s'exprime dans le même sens. Il s'étonne d'une erreur semblable à celle que M. le général Coffinières a commise, dans sa lettre du 13 octobre.

M. le Maire propose de prendre une délibération dont copie sera adressée à M. le général Coffinières.

M. Geisler ne se contenterait pas de la restitution ; il voudrait qu'on fît un bilan de ce que l'armée possède, et un partage de ce qu'elle a, si ses approvisionnements sont plus importants que ceux de la ville.

M. de Bouteiller se range à cet avis. Il faut faire la réclamation et la faire énergiquement, d'autant plus, dit-il, qu'il est bon de constater qu'aux termes d'une ordonnance de 1863, que j'ai déposée sur le bureau du Conseil, le devoir du commandant supérieur était de constituer le comité de surveillance des subsistances, dès la formation du blocus, et de faire un inventaire des approvisionnements. Ce comité de surveillance, on n'y a songé que le 13 octobre, le jour où les magasins étaient vides.

M. Worms fait remarquer que la municipalité s'est inquiétée plus tôt de cette grave question, puisque, depuis longtemps, elle a délégué une Commission des subsistances.

M. Bastien dit qu'à Mayence, en 1866, on a, dès le début de la guerre, obligé tous les habitants à s'approvisionner pour trois mois et fait des réquisitions à dix lieues à la ronde pour cet approvisionnement.

Après cet échange d'observations, le Conseil :

Considérant que, sur la représentation d'une lettre de M. le Général commandant supérieur, en date du 13 octobre dernier, annonçant « que les magasins militaires sont complétement vidés aujourd'hui même, » et demandant, en conséquence, à la ville de Metz « de venir en aide à l'armée par la fourniture quotidienne de 160 000 rations, soit environ 480 sacs de blé, » le Conseil a, conformément à cette réquisition, mis à la disposition de l'autorité militaire la quantité indiquée par M. le Général ;

Considérant qu'il parait résulter aujourd'hui, de renseignements nouveaux, que certains corps d'armée ont encore des approvisionnements importants ;

Considérant, dès lors, qu'il y a lieu, pour le Conseil, d'appeler sur ce fait l'attention de M. le Général commandant supérieur ;

Décide qu'il sera demandé à M. le Général de vouloir bien ordonner :

Que la sortie de la ville des grains et des farines soit absolument interdite, sous la réserve néanmoins des quantités nécessaires aux communes suburbaines, et que l'intégralité des approvisionnements soit réservée exclusivement aux besoins de la place et de la population, et de vouloir bien, en même temps, demander à M. le Maréchal commandant en chef qu'il soit établi un inventaire des ressources en subsistances des divers corps d'armée et de la place, pour arriver,

— 168 —

s'il y a lieu, à la restitution des approvisionnements qui ont été fournis par la ville et même, au besoin, au partage de ceux de l'armée, conformément au principe que l'autorité militaire a posé elle-même dans sa lettre du 13 octobre.

M. Worms demande quel est l'état des ressources actuelles.

M. Bouchotte répond qu'il donnera demain des renseignements exacts.

Sur la proposition de M. de Bouteiller, le Conseil décide qu'il se réunira tous les jours à l'hôtel de ville, à quatre heures après midi.

XLI.

18 OCTOBRE. — SÉANCE DU CONSEIL MUNICIPAL. — EXTRAIT DU PROCÈS-VERBAL.

M. le premier adjoint Gougeon donne lecture d'une lettre de M. Émilien Bouchotte, ainsi conçue :

« Monsieur le Maire,

» La production du pain va bientôt faire défaut, et les habitants de Metz en seront réduits à se nourrir presqu'exclusivement de viande et de bouillon de cheval.

» Il me semble que pour mettre ce système d'alimentation à la portée de la population, il y aurait lieu de songer à créer des établissements de bouillon dans le genre de ceux qui fonctionnent à Paris depuis plusieurs années. La création de ces établissements pourrait s'opérer rapidement, à la condition de se servir des nombreuses brasseries qui existent dans la ville ; on y trouverait les ustensiles nécessaires pour la cuisson en grand de la viande, ainsi que des locaux appropriés à une distribution facile des aliments.

» Les cartes de consommation, qui sont déjà entre les mains des habitants, serviraient à la distribution, de même que cela a lieu dans ce moment pour le pain. On pourrait, en outre, remettre une carte supplémentaire aux familles qui auraient droit à la gratuité des rations.

» J'ai l'honneur de vous demander de soumettre cette idée à l'étude de la commission d'alimentation.

» Je vous prie, Monsieur le Maire, d'agréer l'assurance de ma considération la plus distinguée.

» Em. BOUCHOTTE. »

M. Bouchotte développe la proposition contenue dans sa lettre ; il a pensé, dit-il, qu'on trouverait dans les brasseries un matériel et un personnel tout prêts à fonctionner pour la distribution du bouillon : chaudières, salles de débit, etc., et qu'il y avait là une ressource qu'il ne fallait pas négliger.

M. de Bouteiller fait observer qu'un bouillon ainsi préparé sera dans de bien mauvaises conditions, eu égard aux matières dont on disposera. Il ne s'oppose pas cependant à l'essai proposé. — Le Conseil renvoie l'examen de cette question à la Commission des subsistances, composée de MM. Bouchotte, Salmon et Bultingaire, et à laquelle sont adjoints MM. de Bouteiller et Géhin.

M. Bouchotte, répondant à la question posée par M. Worms à la séance d'hier, fait connaître que nous avons en magasin 800 quintaux de farine, de plus 400 quintaux de blé en mouture, en tout 1200 quintaux, et que, si l'on ajoute environ 100 quintaux qu'on pourra trouver encore, on arrive à une consommation qui pourra se continuer jusqu'à dimanche.

M. Gougeon annonce que les boulangers se plaignent de ce que la farine n'est pas uniforme ; la quantité de son n'est pas également répartie, et le pain obtenu a des qualités différentes.

M. Bouchotte répond que la différence de densité du son et de la farine a pour résultat nécessaire de détruire le mélange par le seul transport des sacs, et qu'il est nécessaire que le boulanger lui-même refasse ce mélange dans le pétrin ; que ceux d'entre eux qui prennent cette précaution obtiennent des pains parfaitement uniformes.

M. Marly demande si les boulangers ne pourraient pas obtenir une deuxième mouture, ainsi qu'ils en ont exprimé le désir par leurs syndics.

M. Bouchotte répond que, si l'on opérait ainsi, les paires de meules qui seraient affectées à ce service, diminueraient d'autant celles qui fournissent à l'alimentation quotidienne et qui deviendraient insuffisantes.

M. Bouchotte annonce, en outre, que les moyens de transport lui font défaut, pour les blés qui doivent être pris chez les particuliers.

M. Worms propose d'aider à ce transport, au moyen des

voitures mises à la disposition des commissions de réquisition.

M. Gougeon pense qu'il peut en être ainsi; car, dit-il, il a eu l'occasion d'entretenir de ce sujet M. l'intendant Antoine, et ce dernier lui aurait dit qu'il ne voyait aucun inconvénient à ce que les denrées fussent transportées directement chez M. Bouchotte, au lieu de l'être dans les magasins de l'État.

M. Geisler fait observer, à propos des calculs de M. Bouchotte, que ce dernier n'a pas compté la garnison de la place, et qu'en tenant compte de cet élément important, nos ressources ne s'étendront pas jusqu'à dimanche ; mais, ajoute-t-il, il faut tenir compte aussi de la réduction à 300 grammes qui est annoncée pour demain par M. le général Coffinières. M. Geisler ajoute qu'il y a une considération très-grave sur laquelle il faut appeler l'attention du commandant supérieur de la place : c'est celle des approvisionnements que l'armée pourra laisser derrière elle, en cas de départ, soit dans ses magasins, soit dans les fermes de son rayon d'action. Il propose de demander qu'il soit pris immédiatement des mesures pour que ces approvisionnements soient assurés à la ville, et leur transport effectué dans ses murs aussitôt après le départ de l'armée.

M. Worms fait remarquer que ce sont là des questions qui échappent absolument à la compétence du Conseil.

M. Schneider pense, au contraire, que le Conseil pourrait émettre un vœu à cet égard.

M. Worms propose que M. le Maire, qui fait partie du Comité de surveillance des subsistances, fasse part de cette idée à ce Comité.

Cette proposition, appuyée par M. de Bouteiller, et à laquelle se rallient MM. Geisler et Schneider, est accueillie par le Conseil.

XLII.

20 OCTOBRE. — SÉANCE DU CONSEIL MUNICIPAL. — EXTRAIT DU PROCÈS-VERBAL.

M. de Bouteiller rend compte des démarches de la Commission chargée d'organiser les distributions de bouillon et de viande cuite. Elle avait déjà très-sérieusement travaillé à réaliser cette idée, et un de ses membres avait même proposé de mettre à profit les fours des boulangers; mais, cet après-midi, la Commission a été prévenue qu'à partir de dimanche, l'armée ne pourrait plus livrer de chevaux, et ainsi l'opération projetée est devenue impossible.

M. Salmon demande s'il ne conviendrait pas de faire une démarche auprès de M. le général Coffinières pour l'inviter à procurer des aliments à la population.

M. Schneider serait disposé à appuyer cette proposition. Il est certain, dit-il, que le devoir de veiller à l'alimentation publique est une sorte d'obligation de police qui, à l'heure où nous sommes, incombe à l'autorité militaire.

M. l'adjoint Boulangé expose qu'en effet l'Administration a été avertie ce matin par M. le Préposé en chef de l'octroi, qui avait vu les intendants, qu'à partir de dimanche l'armée ne fournirait plus de chevaux; qu'elle s'est empressée, dès lors, de présenter au Comité de surveillance des approvisionnements qui se réunit à une heure au quartier général, le vœu que les chevaux des particuliers, qu'un recensement récent évalue à 1 400 environ, soient l'objet d'une réquisition immédiate; que ce vœu a été formulé au procès-verbal de la séance, et que M. le Commandant supérieur en a été touché.

M. Bastien pense qu'une démarche près de M. le général Coffinières serait absolument sans portée et sans résultat. Il aurait dû prévenir les habitants qu'ils aient à s'approvisionner; mais il ne l'a pas fait, et aujourd'hui, il est évidemment dans l'impuissance de nous procurer des ressources.

M. le Maire estime que le Conseil pourrait, avec utilité, s'associer, par une délibération spéciale, au vœu exprimé devant le Comité de surveillance des approvisionnements.

M. de Bouteiller propose d'aviser à échanger les chevaux de la ville contre ceux de l'armée, ou de faciliter ces échanges qui serviraient à la fois les besoins de transport dans l'armée et ceux de l'alimentation dans la ville.

M. Boulangé fait observer que cette idée a été émise au sein du Comité des approvisionnements; qu'il a été question d'un échange poids pour poids.

M. Geisler n'admet pas cette base d'arrangement; on nous donnerait, dit-il, des os pour de la viande. Il y a là une question d'appréciation fort difficile et qui demanderait à être examinée par une commission spéciale. Nous avons en ville des chevaux de prix, nous avons aussi des chevaux de camion et une grande variété dans les différentes catégories qui auraient besoin d'être appréciées sommairement avant tout échange.

Après ces observations et après en avoir délibéré, le Conseil :

Considérant que l'Administration a été prévenue aujourd'hui même que l'armée ne serait bientôt plus en situation de fournir des chevaux à l'alimentation de la ville ;

Considérant qu'il y a encore en ville une quantité considérable de chevaux appartenant à des particuliers ;

Qu'il y a même, dans les communes suburbaines, des chevaux de culture ayant moins de valeur et pouvant mieux convenir à l'alimentation ;

Qu'il est urgent de prendre les mesures nécessaires pour que ces ressources soient assurées à l'alimentation de la place ;

Considérant enfin qu'une démarche a été faite aujourd'hui, par M. le Maire, auprès du Comité de surveillance des approvisionnements, à l'effet d'obtenir la réquisition de ces chevaux ;

S'associant à la demande formulée par M. le Maire, émet le vœu que M. le Général commandant supérieur veuille bien prendre un arrêté requérant les chevaux des particuliers pour être mis, soit directement, soit par échange d'équivalents, à la disposition des besoins de l'alimentation de la ville.

XLIII.

21 OCTOBRE. — SÉANCE DU CONSEIL MUNICIPAL. — EXTRAIT DU PROCÈS-VERBAL.

M. de Bouteiller demande que les procès-verbaux des séances du Conseil soient publiés sans retard, aussitôt que cette publication sera possible.

A cette occasion, M. Worms annonce au Conseil que son intention est de demander qu'une publication soit faite, renfermant en un volume compacte, tous les procès-verbaux des séances du Conseil depuis le commencement de la guerre, ainsi que ceux des séances des commissions et les documents qui se rattachent à leurs travaux. M. Worms ne fait pas aujourd'hui cette proposition qu'il ne croit pas encore opportune; mais il annonce l'intention de la formuler, quand le temps sera venu [1].

M. Schneider, dans le même ordre d'idées, exprime le désir de voir publier quotidiennement une sorte de compte rendu analytique des séances du Conseil; il est bon que la population soit tenue, jour par jour, au courant de ce qui se passe dans son sein.

Diverses observations sont échangées sur ce double sujet. M. le Maire les résume en proposant de prendre en considération, pour être plus tard l'objet d'un travail spécial d'une commission, l'idée émise par M. Worms. Quant à la proposition de M. Schneider, M. le Maire pense que le secrétaire du Conseil pourrait, chaque jour, rédiger un sommaire des questions qui ont été traitées et le communiquer aux cinq journaux de la ville.

C'est en ce sens que le Conseil se prononce sur la proposition.

M. l'adjoint Gougeon annonce que le travail de perquisition des blés et farines est à peu près terminé; qu'on a préparé, pour chaque section, le tableau des déclarations faites à la mairie; que des agents iront ensuite dans les maisons où les blés ne sont pas enlevés, et vérifieront aussi les enlèvements déjà effectués.

Pour obéir au désir de M. Bouchotte, les farines seront désormais dirigées sur l'hospice Saint-Nicolas; mais M. Gougeon se demande comment, dans ce local, s'effectuera le payement.

M. Bouchotte dit qu'il n'était pas rationnel que le meunier fût le distributeur de la farine; que cette distribution doit être une œuvre exclusivement municipale; et que, pour le payement, rien n'est plus facile que de s'entendre avec l'économe des hospices en lui mettant en mains une provision.

M. Bouchotte communique en même temps au Conseil les chiffres suivants sur la situation des approvisionnements : en

[1] De cette proposition, modifiée, est sortie celle qui a été prise en considération dans la séance du 3 novembre et en vertu de laquelle est faite la présente publication.

magasin 1200 sacs de farine, en mouture 230 sacs, en blé 400 sacs, formant un total de 1830 quintaux, lesquels, à raison de 250 quintaux par jour, consommation correspondant à des rations de 300 grammes, nous conduiraient jusqu'au 29 ; mais la garnison de la place n'ayant d'approvisionnements que jusqu'au 27, c'est au 28 que s'arrêtera la limite de nos ressources.

XLIV.

22 OCTOBRE. — SÉANCE DU CONSEIL MUNICIPAL. — EXTRAIT DU PROCÈS-VERBAL.

Au moment où s'ouvre la séance, on annonce au Conseil M. le général Coffinières qui se présente, accompagné de plusieurs officiers faisant partie du Comité de surveillance des approvisionnements.

M. le Général ayant accepté la présidence de l'assemblée, prend place au bureau, ainsi que MM. les officiers qui l'accompagnent.

M. le Général expose, en quelques mots, l'objet de sa visite : il a voulu, dit-il, faire connaître exactement au Conseil la situation de la ville, au point de vue des approvisionnements ; le pain pourra être distribué à la garnison jusqu'au 27 inclusivement, à la population civile jusqu'au 29 ; et comme la population civile devra partager avec la garnison, quand l'approvisionnement de celle-ci sera épuisé, on arrivera ainsi à une distribution dernière, à la population et à la garnison réunies, le 28 de ce mois.

Quant aux chevaux dont nous nous sommes nourris depuis un certain temps, l'approvisionnement va faire défaut, par suite de l'impossibilité où se trouve l'armée de continuer les livraisons qu'elle nous a faites jusqu'ici. Il faudra aviser à d'autres moyens, essayer d'en acheter d'abord ; et pour cela M. le Général annonce incidemment que, les fonds étant également devenus très-rares, il doit chercher par une combinaison financière dont il s'occupera demain, à se procurer l'argent nécessaire. On essaiera donc, continue M. le Général, d'acheter des chevaux, mais on rencontrera alors de grandes difficultés à cause du prix élevé de ceux qui restent encore en ville, prix qui mettra la viande à une valeur inaccessible pour le citoyen peu aisé. A la dernière extrémité, la garnison mangera les chevaux de la petite escorte qui reste en ville, et ceux des officiers de l'École d'application, mais la population civile devra recourir aux chevaux des particuliers..... etc.

Après diverses observations, M. le Général revient une seconde fois à l'idée qui l'a amené dans le sein du Conseil, et à son désir d'exposer nettement, aux mandataires des citoyens, la position précise où nous sommes. Il y a eu, dit-il, des bruits de toute nature, et je serais même heureux que le Conseil voulût bien me dire ce qu'il pense d'un de ces bruits qui m'a été plusieurs fois exprimé, à savoir : qu'il y aurait en ville des approvisionnements cachés pour plus de trois mois.

Les membres du Conseil protestent contre une pareille assertion, et il est répondu à M. le général Coffinières que les perquisitions faites ont établi, jusqu'à l'évidence, que ce bruit est sans le moindre fondement ; qu'il reste seulement dans les maisons aisées un peu de farine et quelques provisions de ménage insignifiantes.

M. le Général est complétement de cet avis. Les auteurs de pareils bruits, dit-il, ne se rendent pas compte de ce qu'est l'alimentation des 50 000 hommes de la place et des forts, et des 70 000 personnes de la population civile, en tout 120 000 bouches.

A cette occasion, M. de Bouteiller dit à M. le Général que les bruits dont il a parlé ont leur contre-partie ; qu'on dit aussi que l'autorité militaire cache des approvisionnements ; qu'il y en a, notamment, dans la cave de la caserne du génie.

M. le Général répond que le Comité de surveillance des approvisionnements, dont plusieurs membres l'accompagnent à la présente séance et dont M. le Maire fait partie, a dressé un bilan très-exact et très-complet des approvisionnements militaires ; que c'est d'après ces renseignements qu'il a parlé ; mais, qu'au surplus, si quelque citoyen voulait se faire, par lui-même, une conviction, les magasins lui seraient immédiatement ouverts.

M. Prost demande à M. le Général si nous pouvons espérer, suivant lui, une armée de secours.

M. le Général répond que le commandant d'une place

assiégée ne doit pas se préoccuper de cette éventualité et qu'il doit, en dehors de tout espoir de ce genre, résister tant que cela est possible ; mais que, si on lui demande son opinion personnelle, il ne croit pas que l'état du pays et le grand nombre de ses envahisseurs puissent permettre d'espérer une armée de secours [1].

M. le Général, après avoir demandé si certains membres désiraient être renseignés par lui sur d'autres questions,

---

[1] Cette déclaration qui, après celle du prochain épuisement des vivres, aurait pu ébranler quelques courages, parut à celui qui l'avait provoquée rendre opportune la lettre suivante publiée par le *Courrier de la Moselle* dans son numéro du 25 octobre : « Metz, le 24
» octobre 1870. — Monsieur le rédacteur, permettez-moi de vous
» communiquer quelques réflexions que me suggère la situation où
» nous sommes, pour les porter, ce que je crois utile, par votre in-
» termédiaire, à la connaissance de nos concitoyens. M. le général
» Coffinières, commandant supérieur de la place, a jugé qu'il était
» à propos d'annoncer à la population tout entière où nous en étions
» de nos ressources en subsistances. C'est dans cette intention, il l'a
» déclaré, qu'il est venu apporter cette notification au sein du Conseil
» municipal, où rien ne se dit qui ne doive être connu de tous. Il a
» donc parlé publiquement et il a bien fait ; parce que, à l'heure des
» résolutions viriles et des sacrifices, il est bon que chacun puisse,
» en connaissance de cause, prendre lui-même son parti. — Quand
» on en est là que doit-on faire dans une ville assiégée ? On doit,
» M. le Général nous l'a dit, tenir jusqu'à la dernière extrémité. Nous
» le voudrons certainement, et je ne crois pas qu'on puisse dire de
» cette résolution que c'est une témérité inutile. C'est l'accomplisse-
» ment d'un devoir ; c'est aussi une chose éminemment utile. Nous
» ignorons, en effet, ce qui se passe maintenant dans le reste du
» pays. L'ennemi laisse bien arriver jusqu'à nous quelques vagues
» paroles, mais il ne laisse passer aucun document. On peut, je le
» veux bien, traiter d'illusion l'attente, à Metz, d'une *armée de se-*
» *cours*, mais ce qui n'est pas une illusion, c'est la confiance qu'on
» ouvrira un jour ou l'autre des négociations pour la paix. Ce jour-là,
» il sera d'un immense intérêt pour la France qu'une place de l'im-
» portance de Metz n'ait pas été arrachée de ses mains. La saine et
» froide raison et non pas seulement un généreux entraînement, c'est
» là surtout ce que je voulais dire, nous commande donc de la lui
» garder à tout prix. C'est notre devoir de le faire ; chacun se le dira
» et agira en conséquence. — Veuillez agréer, etc. Aug. PROST, mem-
» bre du Conseil municipal. »

prend congé du Conseil. Il exprime encore, en se retirant, la pensée que la population doit savoir où nous en sommes. Après le 28, dit-il, nous n'aurons plus rien à manger ; nous aurons à voir ce qu'il conviendra de faire. Encore que nous n'ayons pas subi un siége régulier, grâce à la présence de l'armée sous nos murs, notre situation, au point de vue des approvisionnements, est celle que la résistance à un siége nous aurait faite. Notre population, la garnison, les édifices, les maisons ont été protégés ; l'armée seule a perdu des hommes ; mais elle a vécu de nos ressources et nous sommes épuisés comme nous le serions à la fin d'un siége.

Après le départ de M. le Général, M. le Maire reprend la présidence, et M. Rémond donne lecture du procès-verbal de la séance d'hier dont la rédaction est adoptée.

M. le Maire ayant fait connaître le désir qu'a exprimé M. le Général, en prenant congé de lui, d'avoir communication du procès-verbal de la séance de ce jour, M. Rémond propose de donner lecture au Conseil d'un compte rendu sommaire qu'il vient de rédiger et qui devra être transmis aux journaux, conformément à la décision prise récemment à ce sujet par le Conseil.

Cette lecture est, en effet, donnée et, après l'échange de plusieurs observations, M. Rémond est prié de communiquer ce projet à M. le général Coffinières, et d'appeler en même temps son attention sur le point de savoir s'il est prudent de donner, dans ce compte rendu qui va être livré à une publicité immédiate, une indication trop précise du jour où nos ressources seront entièrement consommées ; s'il n'y a pas, dans l'indication si nette de cette date, des inconvénients, au point de vue de la population de la ville et de l'armée assiégeante, qui pourra connaître ce compte rendu.

Après ces observations, la séance est levée.

XLV.

25 OCTOBRE. — SÉANCE DU CONSEIL MUNICIPAL. — EXTRAIT DU PROCÈS-VERBAL.

A la demande de M. Worms, M. Rémond rend compte au Conseil de la démarche qu'il a faite auprès de M. le général Coffinières, suivant le désir exprimé, à cet égard, dans la séance d'hier. Il a fait connaître à M. le Commandant supérieur le projet de compte rendu sommaire qui devait être livré à une publicité immédiate et lui a transmis les observations qui ont été insérées au dernier procès-verbal. M. le général Coffinières a répondu à ces observations, qu'il tenait à ce que la population fût avertie, d'une façon précise, de la situation alimentaire de la ville. Il a néanmoins consenti à ce que la date du 28 octobre indiquée par lui, comme étant celle de l'épuisement complet de nos ressources, fût remplacée, dans le compte rendu, par une indication un peu plus vague, mais suffisante, cependant, pour avertir de la très-prochaine échéance du reliquat des approvisionnements.

M. l'adjoint Boulangé expose au Conseil que, depuis hier, il a été constitué, par les soins de M. le Général commandant supérieur, une Commission mixte chargée de s'occuper de l'achat des chevaux dont la réquisition est faite; cette Commission se compose de MM. de Bouteiller et Geisler, conseillers municipaux; Samson, vétérinaire; Antoine, sous-intendant militaire; Eckendorff, capitaine du génie, et Charlochay, capitaine d'artillerie. Elle a pour mission de s'occuper du choix et de l'estimation des chevaux qui entreront dans l'alimentation.

La première question à examiner était celle de savoir par qui ces chevaux seraient payés. Il a été entendu, avec le commandant supérieur, qu'on livrerait aux bouchers les chevaux achetés, contre une somme d'argent comptant, représentant la valeur en viande de ces chevaux, et que la différence entre cette valeur et la valeur réelle, serait payée par l'État; il a été admis que c'était là une dépense qui rentrait dans les éléments de la défense nationale et qui ne pouvait pas être à la charge de la ville. M. le Général a accepté cette décision.

Comment cette différence sera-t-elle payée? Sera-ce au moyen de bons, ou au moyen d'argent comptant? C'est une question qui sera résolue demain, après l'avis d'une Commission spéciale chargée de l'examiner.

Enfin, il a été décidé que la Commission entrerait en fonctions demain, à neuf heures du matin.

M. de Bouteiller ajoute que la Commission est décidée à pratiquer, autant que cela sera possible, le système des ventes amiables, et à ne recourir à la réquisition qu'autant que cela sera absolument nécessaire. M. le vétérinaire Samson, qui connaît presque tous les détenteurs de chevaux, s'occupe, dès maintenant, d'en provoquer la mise en vente. Il est bien entendu que si les bouchers peuvent faire leur service eux-mêmes, et sans le secours de la Commission, celle-ci n'interviendra pas. M. de Bouteiller ajoute que le succès de cette opération est, d'ailleurs, lié à celui de la combinaison financière en projet, et qu'il croit savoir que cette dernière a réussi..... etc.

Les renseignements donnés au Conseil sont encore complétés par MM. de Bouteiller et Geisler, rendant compte d'une vente amiable qui s'est faite aujourd'hui, et des résultats de laquelle on peut induire que les bouchers pourront, dans une certaine mesure, satisfaire aux besoins de la ville, en faisant eux-mêmes leurs acquisitions; si les prix actuels sont maintenus, la différence entre la valeur réelle des chevaux et leur valeur en viande ne paraît pas devoir dépasser pour chacun en moyenne un chiffre de 150 à 200 francs.

M. Prost expose que des communications diverses ont été faites aux différents corps de l'armée du maréchal Bazaine; qu'elles ont porté, tout à la fois, sur l'état actuel de la France et sur des négociations engagées; qu'elles se sont ensuite répandues dans la population, et que leurs versions ne paraissent pas tout à fait concorder; qu'en tous cas, il serait très-intéressant pour nous d'obtenir des renseignements de la même nature. M. Prost propose, en conséquence, au Conseil d'exprimer le vœu qu'une démarche soit faite auprès de M. le général Coffinières pour avoir, par son intermédiaire sur la situation actuelle du pays et sur les négociations pendantes, des informations analogues à celles qui ont été données à l'armée.

Cette proposition, appuyée par plusieurs membres, est accueillie par le Conseil.

XLVI.

24 OCTOBRE. — SÉANCE DU CONSEIL MUNICIPAL. — EXTRAIT DU PROCÈS-VERBAL.

M. Geisler rend compte au Conseil des opérations de la Commission nommée pour la réquisition des chevaux; les affiches portant à la connaissance du public les résolutions prises, n'ont pu encore être apposées sur les murs de la ville, et il n'a pas été fait d'acquisitions. Demain, la Commission se réunira à deux heures et avisera à compléter les insuffisances laissées par les acquisitions amiables. Nous avons constaté chez plusieurs bouchers, ajoute M. Geisler, la pensée qu'ils pouvaient vendre en dehors du tarif ; il est nécessaire de faire cesser cette erreur.

Il y a déjà plusieurs jours, dit M. de Bouteiller, que certains bouchers font bon marché de la taxe ; ils avaient l'intention de ne plus en tenir compte, s'ils faisaient leurs acquisitions eux-mêmes ; nous les avons avertis qu'ils étaient, dans tous les cas, obligés de s'y conformer ; et, à cette occasion, plusieurs bouchers nous ont dit que la taxe n'était pas assez détaillée ; l'un deux doit apporter des observations en ce sens à l'Administration.

M. Geisler voudrait que le tarif fût affiché dans les boutiques des bouchers, en même temps qu'ils seraient tous avertis de nouveau que, sous aucun prétexte, ils ne pouvaient se dispenser d'y obéir.... etc.

M. Moisson demande s'il ne serait pas possible de réserver le gaz, dont on peut encore disposer, pour l'éclairage des rues de la ville, en supprimant ou au moins en diminuant, dans une proportion notable, la consommation des maisons particulières.

M. l'adjoint Boulangé répond que le directeur du gaz ayant demandé la réquisition d'une certaine quantité de houille qui se trouve en dépôt au palais de justice, M. le premier Président a fait observer que cette réquisition pouvait, sans contredit, avoir lieu dans l'intérêt public ; mais qu'elle ne lui paraissait pas fondée, en tant qu'il s'agirait de fournir à l'éclairage des particuliers, des cafés et des cercles ; que cette observation ayant été transmise à M. le général Coffinières, celui-ci a pris, immédiatement, un arrêté décidant qu'à partir de demain, 25 octobre, le gaz cessera d'être fourni aux maisons particulières, cercles et cafés, dès sept heures du soir [1].

---

[1] Voir ci-dessus (Append. XXIX et XXX).

XLVII.

25 OCTOBRE. — SÉANCE DU CONSEIL MUNICIPAL. — EXTRAIT DU PROCÈS-VERBAL.

M. le Maire donne communication d'une dépêche de M. le général Coffinières, en réponse au vœu exprimé par le Conseil, dans sa séance du 23 courant; cette dépêche est ainsi conçue :

« Metz, le 25 octobre 1870.

» Monsieur le Maire, le Conseil municipal de Metz, dans sa séance du 23 courant, a exprimé le vœu qu'une démarche fût faite auprès de moi pour avoir, sur la situation actuelle du pays et sur les négociations pendantes, des informations analogues à celles qui ont été données à l'armée.

» Malgré mon désir de satisfaire le Conseil municipal, il m'est impossible de répondre à ces questions, et vous comprendrez sans peine la réserve qui m'est imposée.

» Ce n'est pas à moi que le Conseil doit adresser sa demande, mais bien à M. le Maréchal commandant en chef de l'armée.

» Veuillez agréer, Monsieur le Maire, l'assurance de ma haute considération.

» Le général commandant supérieur à Metz, COFFINIÈRES. »

Après cette lecture, M. Prost propose de porter le vœu du Conseil directement à M. le maréchal Bazaine, d'autant plus, dit-il, que par sa communication du 11 octobre aux habitants de Metz, M. le Maréchal s'est montré disposé à ne rien leur cacher, et que, d'ailleurs, il doit avoir des renseignements, puisqu'il a parlé à l'armée.

Le Conseil tout entier s'associe à cette pensée.... etc.

M. Géhin fait remarquer qu'il sera nécessaire de donner connaissance au maréchal de la démarche déjà faite auprès du général Coffinières et de la réponse reçue de ce dernier.

C'est à cette résolution que le Conseil s'arrête.

XLVIII.

26 OCTOBRE. — SÉANCE DU CONSEIL MUNICIPAL. — EXTRAIT DU PROCÈS-VERBAL.

La séance est présidée par M. le Général commandant supérieur de la place.

M. le Préfet de la Moselle, présent à la séance, est invité, par M. le Maire, à prendre place au bureau.

M. le Maire fait connaître qu'en réponse à la demande de renseignements adressée à M. le maréchal Bazaine, suivant le vœu formulé par le Conseil, dans sa délibération d'hier, il vient de recevoir une dépêche dont il donne lecture. Cette dépêche est ainsi conçue :

« Ban-Saint-Martin, le 26 octobre 1870.

» Monsieur le Maire, je m'empresse de répondre à votre lettre du 26 octobre, et de vous dire que M. le général Coffinières, commandant supérieur de la place de Metz, ayant assisté à tous les conseils de guerre qui ont été tenus au grand quartier général, était en mesure d'exposer au Conseil municipal la situation actuelle du pays et la marche des négociations pendantes, dans lesquelles nous avons toujours cherché à mettre la ville de Metz en dehors, afin de lui laisser sa liberté d'action.

» A l'issue de la séance de ce matin, il a été unanimement convenu, par suite des exigences de l'ennemi et de la pénurie actuelle des vivres, que cette place et l'armée devaient subir le même sort.

» En conséquence, M. le général Coffinières a été invité à donner au Conseil municipal les explications nécessaires pour que la ville soit au courant des négociations qui ont toujours eu pour but d'améliorer la grave situation dans laquelle se trouve le pays, but que, malheureusement, nous n'avons pu atteindre.

» Recevez, Monsieur le Maire, l'expression des sentiments de haute considération de votre dévoué serviteur.

» Le maréchal de France commandant en chef l'armée sous Metz [1]. BAZAINE. »

Après cette communication, M. le général Coffinières prend la parole.

« Ce matin, dit-il, les chefs des différents corps de l'armée du maréchal ont été réunis ; ils ont exposé la déplorable situation dans laquelle se trouvent nos pauvres soldats. Il y a là un spectacle déchirant : des hommes supportant depuis

---

[1] C'était la première fois qu'on voyait le maréchal Bazaine substituer au titre d'*armée du Rhin* celui d'*armée sous Metz*.

plusieurs jours les privations les plus pénibles, sans vivres, presque sans abri, au milieu des terrains fangeux où ils sont obligés de camper. Le maréchal a déclaré que cette situation ne pouvait pas durer et qu'il fallait que la ville partageât ses ressources avec l'armée. Je m'y suis opposé. On m'a représenté que nous n'avions de vivres que jusqu'au 28, peut-être jusqu'au 30, grâce aux économies que nous avions faites; qu'en prolongeant de trois ou quatre jours après l'armée notre résistance, nous ne pouvions arriver à aucun résultat, que nous avions plutôt chance de voir imposer à la ville des conditions plus mauvaises; que cette prolongation de quatre jours serait acquise, d'une part, au prix de souffrances pour la population pauvre de la ville, d'autre part, aux prix de l'extinction, par la famine, de tous les français qui composent l'armée; l'ennemi ayant formellement déclaré qu'il n'accepterait aucun traité qui ne comprît pas à la fois la ville et l'armée. Je me sentis ébranlé, dit M. le général Coffinières, mais je déclarai néanmoins que je ne céderais que sur l'ordre formel du maréchal. J'ai reçu cet ordre et il est, en conséquence, irrévocablement décidé que l'armée et la place partageront le même sort. L'armée, d'ailleurs, nous a rendu de grands services. Au commencement de la campagne, les forts n'étaient pas prêts, l'artillerie n'était pas placée sur les remparts; c'est grâce à elle que nous avons pu organiser la défense et éviter le bombardement. C'est, en un mot, à cette armée que nous devons la quiétude dont nous avons joui jusqu'à ce jour. — Quant aux conditions, dit M. le Général, elles ne sont pas encore arrêtées; elles sont, en ce moment, l'objet de négociations. »

M. Moisson demande si la ville devra être occupée, ou s'il ne serait pas possible d'obtenir que l'ennemi ne prît possession que des forts.

M. le Général répond que notre situation est telle que nous ne pouvons que demander et non imposer; qu'une note détaillée a été rédigée par lui pour indiquer les demandes qui seront transmises par les parlementaires.

M. Prost rappelle à M. le Général que la demande d'informations adressée au maréchal Bazaine ne porte pas seulement sur les négociations pendantes, mais aussi sur l'état de la France; que des communications à ce sujet ont été faites à l'armée. Il prie M. le Général de vouloir bien les faire connaître au Conseil.

M. le Général répond qu'il avait toujours considéré que le secret lui était imposé au sujet des renseignements fournis devant le Conseil de guerre, mais que le maréchal lui permettant de parler, par la lettre qu'il a adressée au maire, voici ce qu'on a su par le général Boyer : Les Prussiens auraient enveloppé complétement Paris dans le but de l'affamer ; ils auraient eu des succès énormes : Soissons, Schlestadt seraient entre leurs mains. A la tête de 1 200 000 hommes en France, le roi serait décidé à envahir même le Midi, pour obtenir les conditions qu'il veut avoir. On a ajouté que le gouvernement de la défense nationale se serait scindé ; que des troubles auraient eu lieu dans certaines villes ; que Rouen, envahi par des bandes, aurait demandé une garnison allemande. Dans une telle situation et acculés par la famine, avec quatre jours de vivres, que pouvions-nous faire ? Je ne connais pas, dit M. le Général, de place qui ait été si près de l'épuisement complet de ses ressources. A Dantzig, continue-t-il, quand le général Rapp se vit réduit à quarante jours de vivres, il fit, le 24 novembre, un traité pour le 1er janvier, et, quatre jours avant l'échéance, le 26 décembre, il rendit la place.

M. Marly prie M. le Général de compléter sa communication, en faisant connaître ce qu'il sait des négociations entamées, il y a plusieurs jours déjà, par le maréchal.

M. le Général répond que le général Boyer a été envoyé près de M. de Bismarck pour essayer de traiter ; qu'il lui a été répondu que le roi de Prusse ne savait avec qui traiter ; qu'il n'y avait plus, en France, de gouvernement ; que M. Jules Favre n'avait fait que des propositions inacceptables ; et qu'ainsi, le général Boyer n'a pu aboutir à rien. Quant au général Changarnier, il lui a été dit : que notre situation était parfaitement connue ; que nous étions sans vivres, et que nous ne pouvions que nous rendre prisonniers ; qu'enfin, on ne ferait de traité qu'en y comprenant la ville et l'armée.

M. de Bouteiller demande qui doit être, dans les négociations aujourd'hui entamées, le défenseur des intérêts de la ville.

M. le Général répond que ce soin lui appartient, mais qu'il recevra volontiers les observations du Conseil.

Jusqu'à présent, dit M. le Maire, le Conseil avait pensé que la ville et l'armée étaient séparées ; nous venons, à l'instant, d'apprendre le contraire. Nous ne connaissons pas les stipulations militaires du genre de celle qui va s'accomplir. M. le Général, tout en se préoccupant des intérêts de la place, a, sans doute, songé à ceux de la population civile ; la note dont il a parlé et qui est envoyée par lui au quartier général, contient, sans doute, des propositions de nature à rassurer et à protéger les habitants. Devons-nous, à côté de cette note, faire aussi des observations? C'est ce que le Conseil se réserve d'examiner.

M. le Général ayant exprimé la pensée que la publicité du procès-verbal de la séance du Conseil fournissait un moyen tout naturel de répandre, dans la population, la communication qu'il vient de faire, M. Rémond fait observer que cette voie serait insuffisante pour avertir les habitants de la ville. Il pense que le général Coffinières devrait s'adresser lui-même à la population et reproduire pour elle ce qu'il vient d'annoncer.

Le Conseil s'associe à ce sentiment, et le général déclare que, dès demain, une proclamation sera faite par lui aux habitants.

M. le Général se retire. Après son départ, M. le Préfet est prié d'accepter la présidence et la séance continue.

La question est posée de savoir si le Conseil fera remettre à M. le général Coffinières une note contenant des propositions à transmettre aux négociateurs pour protéger la population civile.

M. Blondin ne croit pas que le Conseil doive entrer dans cette voie ; nous sommes, dit-il, dans une situation qui s'impose ; nous subissons la capitulation, nous ne la discutons pas. Restons donc complètement à l'écart, et laissons à M. le Général, auquel la loi confie cette mission, le soin de protéger les intérêts civils..... etc.

M. Worms prévoit, de la part de la population, une émotion très-profonde, quand les tristes nouvelles que vient d'annoncer le général lui seront connues. Il craint qu'en voyant le Conseil s'occuper des conditions, on ne l'accuse de s'être résigné bien vite à la capitulation et d'en être, en quelque sorte, le complice.

Si nous faisons une note, dit M. de Bouteiller, cette note restera, et qui sait si un jour elle ne sera pas présentée comme un projet de capitulation émanant du Conseil.

MM. Prost et Rémond appuient les observations de MM. Worms et de Bouteiller..... etc.

M. le Maire dit qu'il croit également qu'une note, n'ayant même d'autre but que de réparer les omissions qu'a pu commettre M. le général Coffinières, serait présentée comme ayant un caractère officiel; qu'elle nous ferait sortir de la seule attitude qui nous convienne ; qu'elle n'aurait, d'ailleurs, en fait, aucune portée ; qu'enfin, nous n'avons aucun mandat pour prendre part à des négociations de cette nature.

M. Prost propose d'informer par écrit M. le général Coffinières que le Conseil entend ne s'associer sous aucune forme à la capitulation, laquelle doit conserver son caractère tout militaire.

Le Conseil n'adopte pas cette proposition, par la seule raison qu'il ne veut nullement intervenir, pas même par une simple missive, dans le fait qui s'accomplit.

Après ces observations, le Conseil décide, à l'unanimité, qu'il ne sera fait aucune note sur les propositions à transmettre par le général commandant supérieur de la place, et M. le Maire est prié de vouloir bien lui porter cette déclaration.

Enfin, le Conseil décide unanimement que le procès-verbal sommaire de la séance de ce jour, dont les termes sont arrêtés, ne sera communiqué aux journaux par le secrétaire, qu'après la publication par affiche de la proclamation annoncée pour demain par M. le général Coffinières..... etc.

XLIX

27 OCTOBRE. — SÉANCE DU CONSEIL MUNICIPAL. — EXTRAIT DU PROCÈS-VERBAL.

Des officiers délégués de la garde nationale font exprimer à M. le Maire le désir d'être entendus par le Conseil. Il est déféré avec empressement à cette demande, et MM. le chef d'état-major et les chefs de bataillons, délégués par le corps d'officiers de la garde nationale, sont introduits.

M. le chef d'état-major Abel dépose sur le bureau du Conseil une pétition revêtue de la signature d'un grand nombre de gardes nationaux et ainsi conçue :

« A Monsieur le Maire, à Messieurs les Membres du Conseil municipal.

» Des bruits de la capitulation de Metz circulent dans notre ville ; la garde nationale se déclare péniblement affectée par ces bruits qu'elle aime à croire mal fondés. La garde nationale espère que cette capitulation n'a pas été signée, surtout sans conditions, comme on l'annonce, et elle offre toujours son concours à l'armée pour continuer une défense même désespérée.

» Si la capitulation a été signée, la garde nationale de Metz tient à déclarer qu'elle est restée étrangère même à des pourparlers. Elle se confie dans le patriotisme du Conseil municipal de Metz, pour obtenir et déterminer la réglementation de l'entrée des étrangers dans la Cité. Elle émet le vœu qu'il soit paré au plus tôt aux nécessités de l'hébergement momentané des Prussiens dans nos murs.

(Suivent les signatures.)

» Metz, ce 27 octobre 1870. »

M. Abel expose ensuite qu'en présence des bruits sinistres qui circulent dans la ville et sur lesquels aucune information précise n'est encore donnée, la garde nationale s'est émue et s'est réunie. Elle a formulé plusieurs propositions qu'elle a voulu faire connaître au Conseil municipal, en lui demandant de lui prêter son concours. D'abord, si la résistance est encore possible, la garde nationale reste absolument à la disposition de la défense de la place. S'il en est autrement, et si la défense est désormais impossible, la garde nationale voudrait au moins remettre ses armes avant l'entrée de l'ennemi dans nos murs.

Le Conseil est vivement ému par cette proposition, et tous ses membres expriment leur sympathie pour le sentiment élevé qui l'a dictée.

M. Abel, continuant son exposé, dit qu'une question très-grave est l'objet des préoccupations de la population, celle de l'hébergement de l'armée ennemie. Il est à craindre que si des locaux ne sont pas préparés pour la recevoir, les habitants de la ville ne soient contraints de l'héberger dans leurs demeures, et il pourrait résulter de cette mesure d'incalculables dangers. Or, les casernes et les bâtiments militaires sont occupés aujourd'hui par les blessés et les malades ; la garde nationale a exprimé le vœu qu'il soit demandé une évacuation immédiate de ces blessés, afin de laisser les bâtiments qui les renferment à la disposition de l'armée ennemie.

M. le Maire, répondant à cette communication, dit que le Conseil est reconnaissant à la garde nationale de la démarche qui a été faite auprès de lui. La première proposition formulée par M. Abel, et qui a rencontré l'unanime approbation de nos collègues, montre la dignité des sentiments dont les gardes nationaux sont animés et le Conseil s'y associe. Quant aux questions graves qu'a soulevées, en second lieu, M. Abel, elles ont été déjà l'objet de notre attention, et, à cet égard, M. le Maire, pour mettre MM. les Délégués parfaitement au courant des renseignements soumis au Conseil et des idées émises dans son sein, prie le secrétaire de donner lecture du procès-verbal de la dernière séance.

M. Rémond donne cette lecture..... etc.

M. Rémond dit que la résolution, prise hier par le Conseil, de ne donner aucune note se rattachant à la capitulation, doit être maintenue ; mais que rien ne s'oppose à ce qu'une communication verbale soit faite à M. le Commandant supérieur ; que cette communication pourrait être portée par une délégation du Conseil et de la garde nationale, et comprendre, dans son objet, les deux points dont le Conseil vient d'être touché.

M. Prost appuie cette proposition..... etc.

M. Worms est frappé de la concordance des sentiments qui ont dicté la pétition de la garde nationale et la résolution prise hier par le Conseil. Personne de nous ne peut être taxé d'avoir trempé dans la capitulation. Nous savons tous, d'ailleurs, que nous n'avons pas de droits, ni même de semblants de droits à faire valoir ; nous ne pouvons que présenter des demandes. M. Worms appuie, d'ailleurs, la proposition de démarche collective faite par M. Rémond.

M. Boulangé dit qu'il y a, en effet, quelque chose à faire, non pas au point de vue de la capitulation elle-même, mais au point de vue de son exécution. Il n'est pas indifférent que la remise de la place ait lieu de telle ou telle façon, la nuit ou le jour, avec ou sans précautions. Il faut appeler sur ces points l'attention du général, non par une note écrite, mais par une démarche et une communication verbale.

M. le Maire propose au Conseil de décider que cette démarche sera faite, et, comme les moments sont précieux, qu'elle sera faite immédiatement.

Cette résolution est prise par le Conseil qui délègue, pour accompagner MM. les Officiers présents à la séance, les membres de l'Administration, le secrétaire et MM. de Bouteiller, général Didion et Prost.

La séance est alors suspendue et reprise au retour de la visite faite à M. le général Coffinières.

M. le Maire rend compte de cette démarche. Le général, dit-il, a fait bon accueil à nos propositions; il s'est longuement entretenu avec nous des détails qu'elles comportent et des observations qu'elles soulèvent. Sur le premier point, il s'est entendu avec M. le chef d'état-major de la garde nationale pour réaliser dès demain la remise des armes dans les arsenaux de la place, et il a annoncé qu'au moment de l'exécution de la capitulation, lorsque son intervention deviendra nécessaire pour la livraison de la place, il veillera avec dévouement à nos intérêts et saura s'inspirer des observations qui lui ont été présentées par nous.

L.

28 OCTOBRE. — SÉANCE DU CONSEIL MUNICIPAL. — EXTRAIT DU PROCÈS-VERBAL.

Pendant cette séance, une certaine agitation s'étant produite autour de l'hôtel de ville, le Conseil juge à propos d'inviter M. le Maire à descendre auprès des groupes qui se sont formés sur la place. M. le Maire, accompagné des conseillers municipaux, se rend en effet auprès des citoyens réunis, pour leur recommander le calme que nécessitent les circonstances douloureuses que nous traversons.

Le Conseil décide, en outre, sur la proposition de M. Geisler, appuyée par M. Blondin, qu'une proclamation sera adressée aux habitants par le Maire et le Conseil municipal.

MM. Prost, Rémond, de Bouteiller, Moisson et Worms sont priés de la rédiger.

Ces Messieurs, s'étant retirés, proposent à leur retour au Conseil la proclamation suivante, dont les termes sont adoptés :

« Le maire et les membres du Conseil municipal à leurs concitoyens.

» Chers Concitoyens, le véritable courage consiste à supporter un malheur sans les agitations qui ne peuvent que l'aggraver.

» Celui dont nous sommes tous frappés aujourd'hui nous atteint sans qu'aucun de nous puisse se reprocher d'avoir un seul jour failli à son devoir.

» Ne donnons pas le désolant spectacle de troubles intérieurs, et ne fournissons aucun prétexte à des violences ou à des malheurs nouveaux et plus complets encore.

» La pensée que cette épreuve ne sera que passagère et que nous, Messins, n'avons assumé dans les faits accomplis aucune part de responsabilité devant le pays et devant l'histoire, doit être, en ce moment, notre consolation.

» Nous confions la sécurité commune à la sagesse de la population.

» F. Maréchal, *maire ;* Boulangé, Bastien, Noblot, Géhin, de Bouteiller, Blondin, Bezanson, Gougeon, Bultingaire, Moisson, Simon-Favier, Marly, Sturel, Geisler, Prost, Worms, Collignon, Rémond, Puyperoux, Gal Didion, Salmon, Bouchotte, Schneider. »

Le Conseil décide que cette proclamation sera immédiatement imprimée et affichée sur les murs de la ville.

LI.

29 OCTOBRE. — SÉANCE DU CONSEIL MUNICIPAL. — EXTRAIT DU PROCÈS-VERBAL.

A l'occasion des subsistances, M. Worms rappelle au Conseil les services qui ont été rendus par M. Bouchotte. Nous savons tous, dit-il, que notre collègue, en raison de ces services, a été honoré d'une distinction qu'il a cru devoir refuser. Il n'en reste pas moins acquis qu'il en avait été jugé digne ; le Conseil trouvera peut-être opportun de s'associer à cette appréciation.

M. Prost dit que la pensée de M. Bouchotte, en refusant la distinction qui lui était offerte, a été de ne pas tenir une décoration de la main qui a signé la capitulation de Metz. Il demande que cette pensée soit relatée au procès-verbal et que M. Bouchotte en soit félicité.

La double proposition est accueillie à l'unanimité. Le Conseil constate les services qui méritaient à M. Bouchotte la distinction qu'on lui a offerte, et le félicite, en s'y associant, des sentiments qui ont dicté son refus. Un extrait du procès-verbal sera transmis à M. Bouchotte.

LII.

22 JUILLET. — SÉANCE DU CONSEIL CENTRAL D'HYGIÈNE DU DÉPARTEMENT DE LA MOSELLE. — EXTRAIT DU PROCÈS-VERBAL.

Présents : MM. le Préfet de la Moselle, président; Maréchal, maire de Metz, vice-président; Monnard, Scoutetten, Defer, Degott, Berveiller, Dieu, Grellois, Parizot, Duporq et Samson, membres du Conseil; de Bouteiller, député de la Moselle; Ehrmann, médecin en chef de l'hôpital militaire; Perot, sous-intendant militaire; Isnard et Méry, médecins en chef d'armées; Géhin, secrétaire du Conseil.

M. le Préfet annonce que le but de la réunion est d'examiner les propositions faites par l'intendance militaire pour l'organisation d'ambulances et d'infirmeries où seraient reçus les malades de l'armée du Rhin.

M. le Maire fait l'exposé des négociations qui ont eu lieu entre l'intendance et la Commission administrative des hôpitaux civils de Metz. Il termine en disant : « J'ai eu l'honneur
» de conférer de ce sujet avec M. l'Intendant général de
» l'armée et de chercher à lui démontrer l'impossibilité, pour
» les administrations civiles, de prendre à forfait une semblable entreprise. Il n'en reste pas moins acquis que toutes
» feront de leur mieux et que, dans les limites du possible,
» leur concours est accordé avec le plus patriotique empressement. J'ai rappelé enfin à M. l'Intendant général qu'en
» 1814 il y a eu, à Metz, neuf mille décès militaires et quinze
» cents décès civils occasionnés, en partie, par l'encombrement des malades. Il faut donc profiter des expériences
» si chèrement acquises à Metz, en Crimée, en Italie, et

» chercher à utiliser ce qui a si admirablement profité en
» Amérique lors de la guerre de sécession... etc. »

M. le Maire donne ensuite quelques détails sur ce qui pourra être fait, à Metz, pour l'installation des ambulances.

M. Grellois dit qu'il y a de très-graves inconvénients à accepter l'offre faite par l'Administration des hospices de Metz de disposer, pour les blessés, 75 à 80 lits dans le rez-de-chaussée de l'hôpital Bon-Secours. Cette proposition doit être repoussée, d'abord à cause du peu de ressources que le local peut présenter, ensuite par la considération de l'encombrement qui devra en résulter pour l'hospice Saint-Nicolas et, enfin, en raison du voisinage des malades de Bon-Secours. Aux bâtiments dont a parlé aussi M. le Maire, pour l'organisation des ambulances, on pourrait ajouter, peut-être, l'École d'application, qui permettrait d'installer environ 140 lits pour des officiers. La seule solution pratique et efficace consiste dans la construction de baraques isolées pouvant contenir de 40 à 50 lits et placées soit au Ban-Saint-Martin, soit en Chambière. Il ne faut pas songer à des tentes [1], à moins, toutefois, qu'on ne fasse usage des tentes doubles, mais celles-ci sont trop encombrantes et surtout d'une installation trop dispendieuse.

Comme médecin en chef de l'hôpital militaire, M. Ehrmann a eu l'occasion d'étudier la question sous toutes ses faces, de visiter les locaux et les terrains, et il en est arrivé aux appréciations suivantes: L'hôpital militaire peut recevoir 850 malades, dont 4 à 500 nouveaux; le bâtiment des tabacs pourrait en loger 450, le séminaire de Montigny 120, Saint-Clément 120, la caserne du génie 450, mais tout cela réuni ne forme que 2000 lits, et il en faut de 4 à 5000. M. Ehrmann repousse le lycée à cause des conséquences ultérieures; le séminaire comme manquant d'air et de lumière; le marché couvert comme trop au centre de la ville et plusieurs autres établissements proposés, pour le même motif, ou pour insuffisance ou mauvaise installation. Il faut donc avoir recours à une installation provisoire et sans hésiter il faut en arriver à faire ce que l'expérience a mis hors de conteste, ce qui a

---

[1] Plus tard cependant, en raison des nécessités de la situation, M. Grellois dut faire installer les tentes de l'Esplanade et du Saulcy.

si bien réussi dans la guerre d'Amérique, et déjà même dans la guerre d'Italie; c'est la construction de baraques pouvant contenir de 40 à 50 lits, disposées parallèlement ou autour d'un centre commun où se trouvent les bureaux, les cuisines, la pharmacie, etc., tandis qu'aux extrémités se trouvent les services gênants pour la salubrité. Des baraques construites suivant un modèle que M. Ehrmann fait passer sous les yeux du Conseil (brochure publiée en 1870 par le Dr Stromayer, de Berlin), offriraient toutes les conditions d'aération, de destruction facile en cas d'invasion du typhus, d'accroissement successif à mesure des besoins, etc., etc. L'emplacement le plus convenable serait la plaine du Ban-Saint-Martin, où 6000 hommes viennent de camper très à l'aise pendant quelques jours. Voilà pour l'installation matérielle à laquelle il convient de songer immédiatement. Quant au service, il faut absolument qu'il reste concentré dans des mains fermes et actives. Il faut, de toute nécessité, une unité de vue pour l'organisation générale. Si le concours moral des sœurs de charité, celui des femmes en général peuvent être pris en très-grande considération, il ne faut pas trop y compter pour un service chargé et continu.

M. Perot ne voudrait pas voir la question se déplacer, ce qu'il était d'abord chargé de demander, c'est si la ville de Metz pouvait, comme vient de le faire la ville de Nancy pour 1500 lits, se charger du service absolu d'un nombre déterminé de malades, dans le cas où elle ne voudrait pas le faire pour les 4 ou 5000 qui sont prévus, de manière à laisser l'intendance militaire entièrement libre de porter toutes ses ressources dans la direction de l'armée. On a parlé de la caserne du génie, mais il ne sait pas si l'administration militaire y consentirait; car, en cas de siège, cette caserne étant voûtée serait le seul refuge où des hommes fatigués par le service pourraient trouver un repos nécessaire. — Dans le cas où le système de baraquement proposé serait adopté, il faudrait d'abord savoir si le Ban-Saint-Martin peut être mis à la disposition du service d'ambulance, et si, à son défaut, les terrains de Chambière, sur lesquels se trouvait la pyrotechnie, pourraient être utilisés de cette façon, ainsi que les bâtiments abandonnés qui s'y trouvent et qui pourraient rapidement être appropriés. Mais, dit encore M. Perot, ce ne sont pas là les dispositions qui nous conviendraient le mieux ; ce que nous cherchons, c'est notre plus grande liberté d'action, laquelle n'existe plus si nous devons conserver à Metz un personnel médical et administratif suffisant pour la bonne direction des services. Il ne faut pas non plus se préoccuper de ce qui arriverait si Metz était assiégé, car alors on évacuerait les malades du dehors et il n'y resterait plus que ceux de la place, lesquels trouveraient facilement à se loger dans les bâtiments visités par M. Ehrmann et dont il vient d'apprécier la valeur. Il est bon de dire, enfin, qu'il est arrêté qu'au fur et à mesure que les malades pourront voyager, ils seront dirigés par chemin de fer, dans l'intérieur de la France, et que ceux qui seront entrés en convalescence et qui pourront se passer de soins médicaux réguliers, seront évacués dans les campagnes environnantes.

M. Scoutetten insiste pour que le marché couvert soit affecté au service des malades. Le froid n'y est pas à redouter, car ce n'est pas là ce qu'il y a de plus nuisible aux blessés. Si, comme on vient de le dire, le nombre des bâtiments dont on peut disposer est insuffisant, notre honorable collègue n'hésite pas à proposer la construction de tentes en toile pour y loger les malades. Il a expérimenté ce système sur une large échelle en Crimée, et cette installation lui a paru préférable à celle des baraques qui paraissent cependant avoir la préférence des honorables préopinants.

M. Maréchal repousse, comme MM. Ehrmann et Grellois, l'appropriation du marché couvert, et cela par les raisons qui ont déjà été données, et aussi parce qu'il est tout à fait inopportun, en raison des habitudes qui tiennent à l'alimentation de la ville. Prendre le marché couvert pour un service quelconque, c'est d'abord s'imposer de nombreuses indemnités envers les locataires dépossédés, c'est ensuite changer leurs habitudes et nuire ainsi à l'approvisionnement de la ville, alors que celui-ci devient à la fois plus difficile et plus nécessaire ; c'est enfin obliger la ville à installer les marchés dans des lieux qui recevront peut-être d'autres destinations. Ainsi que le propose M. le Médecin en chef de l'hôpital militaire, le baraquement convenablement installé et muni d'un système suffisant de ventilation, lui paraît pouvoir répondre à tous les besoins... etc. Nous pouvons et nous devons nous mettre immédiatement à l'œuvre, mais il faut que toutes ces questions d'emplacement et d'aménagement soient préalablement résolues par l'autorité militaire. Le Conseil municipal va en délibérer demain et, aussitôt après, le Comité d'hygiène pourra être réuni et arrêter la marche à suivre pour créer les services réclamés par l'intendance militaire.

M. Méry se prononce carrément pour la construction de baraques au Ban-Saint-Martin. L'expérience n'est plus à faire. En Crimée, les Anglais avaient des baraques, petites, légères et très-nombreuses, et c'est à peine s'ils ont eu 30 ou 40 typhoïques; les Français avaient des tentes de toutes sortes, et c'est par milliers que leurs malades mouraient du typhus. C'est donc, aujourd'hui, une affaire jugée; autant que possible il ne faut pas d'agglomération dans des bâtiments, prohibition absolue des tentes et construction de baraques suivant le système américain proposé par M. Ehrmann.

M. Grellois dit que nous avons encore trois mois de belle saison, les premières baraques peuvent être construites légèrement, sauf à leur donner plus tard le complément qui sera jugé nécessaire. Comme M. Ehrmann, il est d'avis qu'il faut un service bien organisé et une main ferme pour en diriger toutes les parties. Il ne faut compter que pour mémoire le dévouement des personnes étrangères aux services des hôpitaux; leur zèle dure peu et leur empressement crée, bien souvent, des embarras¹. Dans les premiers moments on aura peut-être un peu de difficulté, mais au bout d'un mois on trouvera facilement, dans l'armée, des hommes n'ayant que des blessures légères ou déjà en pleine convalescence et qui ne demanderont pas mieux que de faire le service d'infirmiers. Il faut donc que l'intendance organise entièrement ces services, sauf à recevoir de l'Administration civile le complément le plus étendu, afin de lui laisser, autant qu'il se pourra, son personnel disponible pour les autres ambulances.

¹ Cette opinion, déjà exprimée plus haut par M. le docteur Ehrmann, a été réfutée par les faits ultérieurs de la manière la plus honorable pour la population en général et particulièrement pour les femmes de Metz.

M. Isnard a été chargé, lors de la campagne d'Italie, du service général des hôpitaux de Brescia, ville qui, moins importante que Metz, a néanmoins beaucoup d'analogie avec notre cité. Là il a acquis une expérience dont il est bon de citer quelques exemples très-utiles à mettre à profit. Brescia avait un hôpital central et quatre ou cinq petits hôpitaux; tous les services avaient été disposés pour recevoir douze cents malades et, dès la première affaire, il en est arrivé cinq mille; en quelques jours il y en avait douze mille. On a été débordé de toute façon; toutes les prévisions étant mises en défaut on a couru au plus pressé et une grande partie des malades a été placée dans les églises, dans les casernes, chez les habitants, etc., partout enfin où l'on a pu. La mortalité a été considérable, dans les églises elle était effrayante et il a fallu les évacuer aussitôt; c'est pour ces motifs qu'il repousse entièrement les églises comme devant servir à faire des ambulances. La population de Brescia a été admirable de dévouement : en une nuit elle a procuré 1200 lits, mais les femmes qui s'étaient proposées pour faire un service d'infirmerie n'ont causé que des embarras et il a fallu les expulser des salles de blessés. Dans ces sortes d'affaires il n'y a que des hommes qui puissent être utilisés convenablement. Au bout de quelques jours il a fallu descendre les malades dans les cours pour leur faire respirer un air non infecté. On s'est mis à construire des baraques, on a évacué tous les convalescents, et c'est à partir de ce moment que la mortalité a cessé et que l'état sanitaire s'est amélioré au point qu'il n'y a pas eu de typhus, car il est bon d'insister sur ce point qu'on n'a pas le typhus quand on sait éviter l'encombrement. Les baraques contenaient de 40 à 50 malades, et elles ont rendu un immense service aux blessés dirigés sur Brescia. — Une autre observation importante concerne la direction à donner, à leur arrivée, aux malades. A Metz, ceux-ci vont entrer par une ou par plusieurs portes, il faut de toute nécessité qu'il y ait à chacune d'elles un médecin chargé d'examiner les arrivants, et de les diriger vers l'hôpital ou vers la baraque qui sera affectée à la maladie dont ils seront reconnus atteints. Sans cette précaution préliminaire, il y aura de l'encombrement et une confusion préjudiciable aux malades et aux services généraux. — Enfin, dit

M. Isnard, il faut aussi profiter des expériences faites en Crimée et en Italie, lesquelles sont relatives à la nationalité des blessés recueillis dans les hôpitaux. Au premier aperçu, il semble naturel de chercher à séparer les Français et les Prussiens, afin d'éviter des rixes ou des querelles préjudiciables à l'ordre, à la discipline et aux malades eux-mêmes. C'est cependant tout le contraire qu'il faudra faire, car dans nos hôpitaux, nos Français sont admirables de résignation, de dévouement, d'entrain et de gaîté, et, bien des fois, c'est à ces précieuses qualités que l'on a dû de sauver des malades et de conserver le moral et le courage des blessés russes, italiens ou autrichiens. Autant que possible, cependant, les officiers devront être séparés, mais c'est là toute la distinction qu'il importe de faire. En résumé, dit M. Isnard en terminant, unité de direction, le moins d'agglomération possible, séparation dès le début des diverses affections, baraquement suivant le système américain et évacuation sur la plus large échelle des malades, pouvant supporter le voyage, et des convalescents ne réclamant plus que des soins hygiéniques.

M. Defer: On parle de l'unité dans le service et d'une direction donnée aux soins médicaux, mais il ne faut pas oublier qu'il y a des médecins civils ayant des services réguliers, et il ne paraît pas possible de leur faire accepter la position qu'on semble leur préparer... etc.

M. Parizot juge encore nécessaire que l'on se préoccupe de deux services également indispensables, celui des inhumations et celui de la concentration des secours de toute nature qui pourront être adressés de tous les points de l'Empire ou organisés à Metz..... etc.

M. le Préfet croit que tous les côtés de la question ont été examinés et que tout le monde paraît d'accord sur les points suivants :

1º Utiliser d'abord les bâtiments reconnus convenables par M. le Médecin en chef de l'hôpital militaire, à savoir : l'hôpital militaire pour 4 à 500 malades nouveaux ; le bâtiment des tabacs, à demander à l'administration des finances, pour 450 malades ; le petit séminaire de Montigny pour 120 lits ; peut-être encore l'École d'application, le grand séminaire, la caserne du génie, etc.;

2º Laisser à l'intendance militaire le soin d'organiser les services généraux, sauf à recevoir de la municipalité le concours le plus étendu en médecins, en infirmiers, en ouvriers pour le baraquement, la literie, la centralisation et la répartition des secours, etc. ;

3º Négocier au plus tôt avec l'administration militaire pour savoir quels sont les terrains qu'elle met à la disposition du Comité pour la construction des baraques ;

4º Prier M. le Maire de convoquer immédiatement le Conseil municipal pour lui demander les crédits nécessaires pour faire, à l'administration de la guerre, les avances indispensables pour l'organisation des services qui vont lui être confiés ;

5º Enfin se mettre à l'œuvre aussitôt ces questions résolues, car les moments sont comptés et d'un jour à l'autre nous pouvons être pris au dépourvu.

Ces conclusions sont adoptées et la séance est levée.

LIII.

31 AOUT. — SÉANCE DU CONSEIL CENTRAL D'HYGIÈNE DU DÉPARTEMENT DE LA MOSELLE. — EXTRAIT DU PROCÈS-VERBAL.

Présents : MM. le Préfet de la Moselle, président ; Maréchal, Monnard, Scoutetten, Defer, Berveiller, Grellois, Dieu, Parizot, Duporq, Samson, membres du Conseil ; Perot, sous-intendant militaire ; Isnard et Méry, médecins principaux ; Géhin, secrétaire du Conseil.

M. le Préfet donne lecture du rapport adressé à M. le Maire de Metz par M. Geisler, conseiller municipal, chargé de la surveillance de l'ambulance du Saulcy. Dans ce rapport sont signalés les graves inconvénients qui se sont révélés dans l'installation et le régime actuel de cette ambulance[1]. C'est, ajoute M. le Préfet, pour répondre au vœu exprimé par M. le Maire de Metz qu'il a convoqué extraordinairement à cette occasion le Conseil central d'hygiène..... etc.

Comme membre du Conseil central et surtout comme inspecteur des hôpitaux de Metz, M. Grellois demande à répondre

---

[1] Voir le procès-verbal de la séance du 30 août du Conseil municipal Append. XXXV).

à diverses assertions contenues dans la lettre dont il vient d'être donné lecture..... etc. En remontant à l'origine de l'ambulance du Saulcy il faut se reporter au 17 août, c'est-à-dire au lendemain de la bataille de Gravelotte; en ce moment la ville de Metz renfermait déjà 6 000 blessés et 4 000 nouveaux étaient annoncés pour le soir; il a donc fallu faire vite. Après avoir examiné, sur les lieux mêmes, tous les emplacements propres à établir, hors de l'enceinte de la ville, une ambulance nouvelle, M. le Général commandant le génie de la place a décidé que l'île du Saulcy était le seul emplacement dont on pût disposer encore sans nuire aux nécessités de la défense. — Dans l'intérieur de la ville on a proposé d'utiliser les magasins d'artillerie de la place Saint-Thiébault et ceux de la rue des Prisons-Militaires; mais ces locaux ayant été visités, ont été trouvés obscurs, mal aérés, encombrés de matériel et peu propres à recevoir des malades..... etc. On a donc placé environ 3 000 blessés, plus ou moins gravement atteints, sous des tentes dressées dans l'île du Saulcy. Quant aux autres malades, fiévreux, typhoïques ou varioleux, il n'y a pas eu de choix de fait; mais comme les arrivants n'avaient pas reçu de soins depuis deux, trois, quatre et même cinq jours, il s'en est trouvé un plus grand nombre proportionnellement atteints de ces affections contagieuses. D'ailleurs, continue M. Grellois, depuis quelques jours tous les varioleux ont été concentrés dans l'un des bâtiments de la manufacture des tabacs et il est tout à fait inexact de dire qu'on ait envoyé au Saulcy les plus infectieux des malades des autres ambulances. Une installation aussi rapide et si peu prévue, a certainement laissé quelque chose à désirer dès le début; mais, en ce moment, le service médical est assuré et le matériel est aussi complet que partout ailleurs. On a aussi parlé de malades baignés dans l'eau, lors de l'averse du 20 août; mais là encore il y a une grande exagération, car une enquête a eu lieu dès le 21 au matin et les malades ont reconnu qu'ils n'avaient pas été ni aussi complétement, ni aussi généralement mouillés qu'on l'avait dit..... etc. Enfin, dit M. Grellois en terminant, on a parlé de déjections dyssentériques versées dans la Moselle. Que des faits de cette nature se soient accidentellement produits, dans les premiers jours, c'est possible; mais alors on ne puisait pas l'eau dans la Moselle pour alimenter la ville de Metz et depuis, une consigne sévère a interdit les approches de la rivière..... etc.

M. le sous-intendant confirme les renseignements fournis par M. Grellois. Il ne croit plus à la possibilité de transporter les malades de l'ambulance du Saulcy dans les locaux de la ville dont il a été question, ni au Polygone de Chambière, dans de nouvelles baraques à construire, ni dans le fort Miollis, M. le commandant supérieur du génie ayant formellement refusé tout autre emplacement que celui qui a été adopté le 17 août..... etc.

M. Géhin croit aussi qu'il y a de l'exagération dans quelques parties de la lettre qui est soumise à l'examen du Conseil. Il a visité très-attentivement les lieux et les tentes de l'ambulance du Saulcy, et voici ce qu'il a constaté aujourd'hui même. Et d'abord il est loin de partager la satisfaction de M. le Médecin inspecteur et celle de M. le sous-intendant. Certainement il y a plus de 200 mètres entre le point où se vident les déjections dans la Moselle et celui où, près de la place des Roches, fonctionnent les pompes de la ville depuis la coupure de l'aqueduc de Gorze; sans doute aussi les vents régnants à Metz sont ceux du sud-ouest et du nord-ouest, surtout en cette saison, et ni les uns ni les autres ne portent sur la ville les émanations du Saulcy; mais il n'en est pas moins vrai que toute cette ambulance laisse considérablement à désirer. Ainsi, à part l'emplacement du manége de l'École d'application, qui ne semble pas trop mauvais, tous les terrains environnants sont fangeux, peu perméables, composés en grande partie de décombres rapportés de la ville. On a placé sur ces terrains les tentes sans ordre ni discernement; les malades y sont très-mal installés et ne témoignent nullement la satisfaction dont on a parlé. A côté du terrain si malencontreusement choisi, se trouvent des jardins dont le sol naturel, perméable, en pente, bien exposé, convenait on ne peut mieux pour y établir des tentes; pourquoi a-t-on réservé ces terrains? Rien ne semble l'indiquer. On a aussi parlé d'une consigne sévère pour empêcher les hommes d'aller sur les bords de la Moselle; cette consigne n'est pas exécutée, je l'ai vu violer en plein midi, et à trente pas du seul factionnaire chargé de la faire respecter, par deux malades non dyssentériques..... etc. Quant au service médical: il est vrai que dans la journée du 30, ce service a été fait dans l'après-midi par des chirurgiens appartenant à l'armée qui campe devant Metz ; mais depuis il n'a plus été fait que par les médecins attachés à l'ambulance du Saulcy ; or, de ces *trois* médecins, deux sont malades et l'autre a fait seul le service pendant le jour et pendant la nuit ! Avec la meilleure volonté du monde, on ne saurait considérer comme suffisant un pareil service quand il s'agit de 900 à 950 malades. — Abandonnant l'ambulance du Saulcy, M. Géhin constate que les vents régnants à Metz, en cette saison, sont ceux du sud-ouest ; or la ville de Metz se trouve précisément sous ce vent après qu'il a passé sur l'Esplanade, le palais de justice, l'École d'application, la caserne du génie, l'évêché, la maîtrise, etc., bâtiments qui sont tous encombrés de malades ; il y a donc là une situation fâcheuse, et il proteste contre le projet de placer de nouveaux malades dans les wagons disposés sur la place Royale.... etc. Si, enfin, on prend en considération le nombre des ambulances qui existent à Metz, on est frappé de n'en trouver, en dehors de l'hôpital militaire, que six établies dans les bâtiments de l'administration de la guerre, tandis qu'il y en a dix-neuf dans les maisons religieuses, quatorze dans celles des administrations civiles et sept dans des maisons particulières [1].

M. Grellois reconnaît qu'il y a quelque chose de fondé dans les observations qui précèdent, mais, pour lui, il ne saurait en prendre la responsabilité. L'administration supérieure a décidé ; et si les locaux et le personnel ne sont pas suffisants, il faut faire la part de l'imprévu, de la nécessité, des besoins de la défense et de ceux des services généraux..... etc.

M. Isnard veut bien reconnaître qu'en général les ambulances sont installées dans d'aussi bonnes conditions que possible, mais au Saulcy il est loin d'en être ainsi. Il y a là un mélange peu rationnel de typhoïques, de dyssentériques, de blessés et de fiévreux qu'il serait facile de modifier en mettant au Polygone les malades auxquels les tentes conviennent moins qu'aux blessés..... etc.

M. Maréchal regrette que les nécessités de la défense aient amené successivement, pour le service des ambulances,

---

[1] Voir la note consignée plus loin (Append. LXVI).

l'exclusion des locaux environnant la ville, et qu'il en soit ainsi résulté un encombrement général et l'absorption successive de presque tous les bâtiments départementaux et municipaux, tandis que l'administration de la guerre en possède encore qui, suivant l'avis d'hommes compétents, pourraient être utilisés pour cet objet. Comme M. Isnard, il regrette aussi qu'on n'ait pas continué la construction des baraques en Chambière ; car, d'après les résultats obtenus jusqu'ici, il est permis de penser que les malades seraient mieux là que partout ailleurs, ce qui éviterait pour l'intérieur de la ville le fâcheux état de choses qui existe aujourd'hui... etc.

LIV.

26 SEPTEMBRE. — ADRESSE A M. LE MAIRE DE METZ. — SITUATION DE LA VILLE ET DE L'ARMÉE.

Monsieur le Maire, nous avons accueilli avec gratitude l'expression de la patriotique confiance que vous mettez en nous. C'est pour y répondre que nous oserons aujourd'hui appeler votre attention sur la situation de notre ville. Il vous sera permis, à vous le représentant naturel et respecté d'une vieille cité qui veut rester française, de faire, à cette occasion, telle démarche que vous jugerez nécessaire, et de parler avec la franchise et la simplicité que commandent les circonstances.

Il ne nous appartient pas de rappeler tout ce qu'a fait notre ville depuis le début de la guerre ; ce n'est point d'ailleurs pour marchander son concours que nous le rappellerions ici. Nous avons la confiance que son patriotisme croîtra en raison même des épreuves qui peuvent nous attendre encore. Mais il est des difficultés qu'il est bon de prévoir puisque le temps ne fait que les accuser davantage, et que, dans une certaine mesure, nous pensons qu'on peut y pourvoir.

Nous croyons que l'armée rassemblée sous nos murs est capable de grandes choses, mais nous croyons aussi qu'il est temps qu'elle les fasse. Chaque jour qui s'écoule amènera pour elle et pour nous des difficultés nouvelles. Faute de nourriture, ses chevaux réduits à l'impuissance, paralyseront peu à peu ses mouvements et disparaîtront bientôt. Le froid, la pluie peuvent encore entraver toute opération et amener un cortège de maladies plus redoutables peut-être que les blessures. Avec le temps aussi, et malgré la plus sage réglementation de nos vivres, la faim, mauvaise conseillère, peut égarer les esprits peu éclairés, dans la ville et dans les camps, et occasionner des conflits terribles que le patriotisme lui-même sera peut-être impuissant à conjurer.

Nous croyons qu'il est temps d'agir, parce que l'insuccès lui-même vaut mieux que l'inaction, parce que tous les moments sont comptés, parce que, sans pouvoir discuter ni même indiquer des opérations militaires, le simple bon sens nous montre clairement que des entreprises énergiquement et rapidement conduites, avec l'ensemble de forces dont on dispose, peuvent amener des résultats considérables, peut-être même décisifs.

Laisserons-nous venir le jour où, après avoir fermé les yeux, il faudra reconnaître que les retards nous ont été funestes et ont eu des conséquences irréparables? Certes, toute tentative est périlleuse, mais, avec le temps, le péril sera-t-il moindre? Quel secours attendons-nous d'ailleurs? Est-ce la question politique qui se mêle à tort à la question militaire et qui commande ces lenteurs? Dira-t-on que c'est à Paris que notre sort doit se décider? Vous ne le penserez pas, Monsieur le Maire, et, avec toute l'énergie que vous donne une autorité que vous tenez de tous, vous direz comme nous que c'est à Metz, avec les ressources existant à Metz, et sous Metz, que doivent se régler les destinées de notre ville. Pour celles de la France, il ne nous appartient pas, il n'appartient à personne, ni à un parti, ni à un homme, de les régler dans le secret! C'est au grand jour et pacifiquement que le scrutin auquel nous avons été conviés pourra seul en décider. D'ici là, quelle plus noble ambition que de sauver notre pays, de prêter la main aux luttes grandioses que soutient notre capitale, et d'imiter l'héroïsme de Strasbourg.

Nous avons la confiance que toute démarche tentée par vous répondra à des conseils déjà formés dans le silence, et que, s'inspirant de la grandeur d'une situation peut-être unique dans l'histoire, le commandement aura cette autorité et cette décision qui s'imposent et qui produisent les victoires.

Qu'on pardonne donc, s'il en est besoin, à la franchise de notre langage: il n'y a dans notre pensée ni désir déplacé d'ingérence, ni récrimination; il n'y a pas surtout le dessein de froisser des sentiments qui méritent le respect. Mais nous devons tous nous rapprocher aujourd'hui; c'est parce que nous voulons que l'armée et la population soient intimement unies, c'est parce que nous croyons que cette union peut amener de grandes choses, que nous vous adressons cet appel.

Il nous a semblé que nous avions le devoir d'élever notre voix, parce qu'elle vous apporte dans sa sincérité le reflet des légitimes passions qui agitent notre population, parce qu'elle dégage notre responsabilité et satisfait un patriotisme résolu à tous les sacrifices. Si dures que soient les exigences de la situation, vous savez bien, Monsieur le Maire, que notre ville les supportera, et vous avez le droit de le dire, puisqu'elle ne veut pas être la rançon de la paix, et qu'après le long passé d'honneur qu'elle trouve dans ses annales, elle ne veut pas déchoir.

Veuillez recevoir, Monsieur le Maire, l'expression de notre respectueux et entier dévouement. (Suivent les signatures [1].)

LV.

30 SEPTEMBRE. — ENTRETIEN DE M. LE MARÉCHAL BAZAINE AVEC M. LE MAIRE DE METZ. — NOTE DE M. F. MARÉCHAL, MAIRE DE METZ.

Le vendredi, 30 septembre 1870, à une heure après midi, je me rendis au quartier général du Ban-Saint-Martin, pour communiquer au commandant en chef de l'armée du Rhin, une adresse [2] portant environ 750 à 800 signatures de gardes nationaux et habitants de la ville et dont la remise m'avait été faite dans la matinée du même jour, par MM. Emile Sturel, conseiller municipal, et Émile Michel, membre de l'Académie, en me laissant toute liberté de faire de ce document l'usage qui me paraîtrait convenable.

En arrivant, je rencontrai le général Coffinières de Nordeck qui attendait, dans l'allée du jardin conduisant au vestibule de cette résidence, le départ du maréchal Le Bœuf

---

[1] Pour faire parvenir sans retard cette adresse à sa destination et dans l'impossibilité de la publier d'avance par la voie des journaux, on dut se borner à se la passer de main en main. En moins de deux jours elle reçut ainsi l'adhésion de près de 800 signatures d'habitants de Metz, appartenant aux opinions politiques et aux conditions sociales les plus diverses. Le peu de temps qui a suffi pour les réunir, leur nombre et leur rapprochement dispensent de tout commentaire.

[2] C'est le document donné ci-dessus (Append. LIV).

en conférence, en ce moment, avec le commandant en chef de l'armée.

Si vous avez l'intention, M. le Maire, me dit le général, en venant faire visite au maréchal Bazaine, de lui parler de l'adresse qui, depuis deux ou trois jours, circule et récolte des signatures en ville, il faut user de ménagement, en raison de l'immense responsabilité qui pèse sur lui et des anxieuses préoccupations dont il est accablé.

On comprend facilement, répondis-je au général, les perplexités de la situation, et, bien qu'à mon sens un maréchal de France, commandant en chef une armée, soit, par le fait même de cette position élevée, le plus juste appréciateur des devoirs et des déterminations qui lui incombent, on peut, dans une conversation, et tout en ménageant une susceptibilité fort respectable, ne pas laisser ignorer à celui qui a le plus d'intérêt à les bien connaître, les manifestations de l'opinion publique.

A ce moment l'officier de service nous avertit que le maréchal était libre et prêt à recevoir le commandant supérieur et le maire de Metz.

Le maréchal vint courtoisement au-devant de nous, et reprenant la place qu'il occupe habituellement dans un des angles du salon, à une petite table de travail, il me fit asseoir à sa droite. Dès que j'eus exposé l'objet de ma démarche, fixant son regard sur le cahier assez volumineux formé de l'adresse et des feuilles de signatures dont j'étais porteur, il avança lentement la main, comme pour en arrêter l'exhibition ou la lecture, et le dialogue suivant s'engagea entre Son Excellence et moi, sans que M. le général Coffinières y prît aucune part :

Le Maréchal. — Je connais, M. le Maire, cette adresse ; on m'y fait un reproche de mon inaction sous les murs de Metz, et on exprime le désir de voir l'armée rompre, par un effort vigoureux, le cercle de fer qui enserre le camp et la ville. Soyez persuadé que le campement actuel n'est pas de mon choix ; on me l'a assigné, en me déclarant que l'on considérait son abandon comme compromettant pour la dynastie. J'eusse préféré, et M. le Général ici présent le sait parfaitement, l'établir sur les plateaux de Haye[1], dans

---

[1] On comprend l'importance de ce témoignage fourni par le maréchal Bazaine lui-même, sur les considérations qui ont décidé de la désastreuse immobilisation de l'armée sous les murs de Metz. La fidélité

le triangle formé par les deux routes d'Allemagne, d'où l'on peut si facilement porter des corps de troupe sur les rives droite et gauche de la Moselle.

Journellement je reçois des lettres anonymes ou pseudonymes dans le sens de l'adresse en question, et insistant plus ou moins énergiquement sur la nécessité d'une trouée. Comme si nous n'avions pas eu déjà, dans le but de s'y préparer et de la tenter, plusieurs affaires importantes et des combats fort meurtriers, récemment encore à Ladonchamps, où tout le résultat obtenu, on le sait, s'est borné à la possibilité d'amener au camp quelques voitures de denrées fourragères et autres.

Connaissant la bravoure des corps placés sous mon commandement, et bien que leur effectif actuel dût être ramené, approximativement, de 100 à 75, en raison des maladies et des combats antérieurs, j'arriverais cependant, je n'en doute pas, à faire cette trouée, à la condition toutefois d'y sacrifier beaucoup de monde et, comme première conséquence inévitable, d'envoyer dans vos ambulances et hôpitaux de Metz, 5 à 6 000 blessés en plus des 18 à 20 000 qui s'y trouvent en ce moment. Le nombre de nos chevaux, bien que réduit considérablement par les besoins journaliers de l'alimentation de l'armée et de la ville, pourrait, je pense, suffire au service de la cavalerie et à celui de l'artillerie, mais on ne saurait compter sur eux pour le transport du matériel, des vivres et, en un mot, de tout ce qui est indispensable à une armée arrivant dans une contrée ravagée et ruinée par l'ennemi. On doit aussi s'attendre à voir le cercle de fer, bien que rompu sur un point, se reformer de manière à serrer la place de plus près ; enfin ne faut-il pas, préalablement, être bien fixé sur la direction que devra

---

avec laquelle ces indications ont été rendues par l'honorable et regretté maire de Metz, est suffisamment garantie par le caractère de l'homme qui nous les a transmises. Il n'est cependant pas sans intérêt de montrer leur accord avec les paroles suivantes prononcées à l'Assemblée nationale de Versailles, par le général Changarnier, dans la séance du 29 mai 1871 : « Un grand dessein avait été conçu : 200 000 hommes
» devaient être concentrés au plateau des Haies (sic), entre Nancy et
» Toul ; il eût été difficile de les expulser de là ; les déborder en leur
» prêtant le flanc eût été très-périlleux. *Pour des raisons dont je ne*
» *veux pas ici discuter la puissance,* ce projet ayant été abandonné...
» etc..... » *(Note de la seconde édition.)*

suivre l'armée, afin de pouvoir aider efficacement à la défense du pays, ce que rien n'indique en ce moment.

Deux lettres, anonymes il est vrai, me sont parvenues ce matin même, l'une dont je vous fais grâce, parce qu'elle ne contient que des invectives, — on m'y traite de lâche, etc., etc.; — l'autre, écrite en fort bons termes et de la main d'un homme qui, évidemment, n'est pas sans quelques connaissances de l'art militaire. Voici les deux propositions dans lesquelles elle se résume : 1° *Marcher droit à l'ennemi, l'attaquer vigoureusement à l'arme blanche et à la baïonnette;* 2° *Conduire l'armée du Rhin vers les hauteurs de Saverne, afin de la mettre en situation de secourir l'Alsace et notamment Strasbourg.* La partie serait trop belle, M. le Maire, s'il était possible de s'aborder ainsi, de se prendre corps à corps et s'il ne fallait pas, avant d'en venir à la baïonnette, traverser les lignes de feu d'une formidable artillerie, rendant illusoires, aujourd'hui, bien des manœuvres de guerre usitées autrefois. Quant à la direction stratégique proposée par l'auteur de la lettre, il n'y a plus à s'y arrêter, ni à la discuter; évidemment, il ignorait et probablement il ignore encore qu'une brèche aux remparts de la citadelle ayant obligé Strasbourg à capituler, les troupes allemandes sont entrées dans la ville, mercredi dernier, et en ont pris possession.

Le Maire. — Je n'ai, certes, pas eu la prétention, M. le Maréchal, en vous demandant de me faire l'honneur de me recevoir, de discuter des opérations militaires sur le mérite desquelles je dois, consciencieusement, m'empresser de déclarer mon incompétence; mais, en venant communiquer l'adresse au commandant en chef de l'armée, j'ai pensé qu'il était de mon devoir de lui donner l'assurance que les nombreuses et honorables signatures dont elle est couverte, émanent de la partie virile de la population et principalement de cette garde nationale, si remarquable par son organisation spontanée et sa rapide instruction, sous la seule impulsion du civisme qui l'anime. Puisque la teneur de cette manifestation, provoquée par les circonstances critiques et périlleuses du moment, vous est connue, Votre Excellence peut être assurée également qu'elle est l'expression fidèle de l'énergique patriotisme de mes concitoyens et de leur ardent amour pour la mère-patrie.

Le Maréchal. — Croyez bien, M. le Maire, que je n'ai jamais douté du courage des Messins et de leur dévouement à la nationalité française ; ils en ont donné la preuve dans de bien mémorables circonstances, et lorsque je considère avec quel louable empressement toutes les classes de la population rivalisent de zèle pour porter dans les ambulances et les hôpitaux, des secours et des consolations aux malheureux blessés et malades qui les encombrent, ainsi qu'à tous ceux recueillis dans un grand nombre de maisons particulières, je suis profondément pénétré d'admiration et de reconnaissance pour vos administrés.

Le Maire. — Avant de rentrer en ville et d'y reporter la douloureuse impression que je viens d'éprouver à la nouvelle du désastre de Strasbourg, encore ignoré, permettez-moi d'exprimer un regret, généralement partagé par mes concitoyens, c'est le mutisme gardé à leur égard par le quartier général de l'armée : à part le bulletin publié, par ordre de M. le Commandant supérieur de la place, après la bataille de Gravelotte, aucun n'a rendu compte des combats de Saint-Privat, de Borny, de Servigny-lès-Sainte-Barbe et de Ladonchamps, glorieux également pour les corps qui y furent engagés. Ces communications officielles, en soutenant le moral de la population, eussent efficacement contribué à mettre un terme à d'absurdes commentaires, ou aux murmures de la foule et parfois même à prévenir le tumulte de la rue.

Le Maréchal. — Je vais répéter, M. le Maire, ce qu'en réponse à la même observation je disais, hier, à M. Paul Odent, votre préfet : chaque fois que des journaux ou même des fragments de journaux cachés dans des bottes et des doublures de pantalon, soit de déserteurs, soit de prisonniers, me sont parvenus, je me suis empressé de les transmettre à M. le Commandant supérieur, en lui laissant le soin d'apprécier ce qui pouvait être communiqué à la presse locale ; mon avis d'ailleurs ayant toujours été qu'il y a généralement avantage à faire connaître au public la vérité, et toute la vérité. Quant au fait particulier que vous me signalez, et à d'autres du même genre, j'ai pensé qu'il ne m'appartenait pas d'intervenir dans la discussion ou l'exécution d'actes étrangers à mon autorité personnelle, parce qu'aux termes du règlement sur les villes en état de siège, ils font partie des attributions du gouverneur de la place.

L'entretien étant terminé, je pris congé, et dès le lendemain, j'en fis part verbalement à MM. Sturel et Michel, mandataires des signataires de l'adresse. Metz, le 1er octobre 1870. Le maire de Metz, Félix MARÉCHAL.

LVI.

11 OCTOBRE. — VISITE DES OFFICIERS DE LA GARDE NATIONALE AU GÉNÉRAL COFFINIÈRES. — NOTE DE M. E. RÉAU, RÉDACTEUR EN CHEF DU COURRIER DE LA MOSELLE, CAPITAINE DE LA GARDE NATIONALE.

Vers la fin du mois de septembre et dans les premiers jours d'octobre, la privation de toutes nouvelles, le silence de glace gardé par le commandement en chef, l'inaction inexplicable de l'armée sous Metz, firent naître dans quelques esprits une sombre inquiétude, chez d'autres une surexcitation très-vive qui se fit jour dans un certain nombre de réunions privées et même dans des rassemblements populaires. On parlait dans quelques groupes de marcher sur l'hôtel de ville et d'y proclamer la République. Une résolution plus prudente prévalut. Imposant silence à leurs aspirations les plus chères, des républicains éprouvés furent d'avis qu'une manifestation de cette nature, dans Metz, ne servirait qu'à diviser en deux camps la population et l'armée, celle-ci, comme on pouvait en juger par l'attitude et le langage de ses chefs, n'étant rien moins que républicaine. Rester sur le terrain de la défense nationale, telle était la seule attitude à prendre, s'efforcer de sauver Metz, l'unique idée à laquelle il fallait se rallier. Ces principes prévalurent dans les rangs de la garde nationale.

Celle-ci n'était point commandée par un chef élu; le colonel avait été nommé d'office par le général commandant supérieur, et l'initiative des résolutions, en dehors du service ordinaire, était prise habituellement par les chefs de bataillon qui provoquèrent, pour le 11 octobre, à l'hôtel de ville, une réunion du corps d'officiers.

L'assemblée était nombreuse et en proie à une agitation très-vive; une émotion mal contenue se lisait sur tous les visages; à la pensée de voir leur ville natale tomber au pouvoir de l'ennemi, quelques officiers pleuraient.

Tous votèrent par acclamation et séance tenante une série de propositions ayant pour but :

1º De mettre l'autorité militaire en demeure de fournir des explications : et au point de vue politique, relativement à son attitude vis-à-vis du gouvernement de la défense nationale; et au point de vue militaire, eu égard au salut de la place de Metz;

2º D'inviter le général commandant supérieur de la place

à s'affranchir de toute dépendance vis-à-vis du commandement en chef de l'armée ;

3° Enfin, de proposer au commandant supérieur l'adoption de certaines mesures ayant trait au service, au commandement et à l'armement particuliers de la garde nationale.

Ces propositions adoptées, une députation d'officiers fut chargée de les présenter au maire de Metz qui, après en avoir pris connaissance, déclara les approuver sans réserve et offrit de se rendre, avec la députation et à sa tête, chez le général commandant supérieur.

A ce moment, la population amassée sur la place réclamait à grands cris la suppression de l'aigle surmontant le drapeau placé à l'une des fenêtres de l'hôtel de ville, satisfaction qu'un des officiers présents lui donna immédiatement.

Le maire ayant présenté la députation au général Coffinières, le commandant Pardon, du premier bataillon, prit la parole en ces termes :

« Mon général, au nom de la garde nationale de Metz
» nous croyons devoir vous informer que la population est
» aigrie par l'absence de toutes nouvelles, qu'elle soupçonne
» le commandement d'en avoir et de les tenir cachées. Il
» serait à désirer en outre que le commandant en chef fît
» acte d'adhésion au gouvernement de la défense nationale,
» car on a remarqué le silence qu'il a gardé à ce sujet vis-
» à-vis de la population, et l'opinion publique l'accuse de
» préparer une capitulation dans l'intérêt d'une restauration
» bonapartiste. »

Le général Coffinières répondit immédiatement que, pour lui, il avait toujours communiqué à la presse locale tous les journaux qu'il avait eus en son pouvoir ; que l'absence de nouvelles était sans doute un fait regrettable, mais qu'il n'en fallait pas accuser le commandement en chef, attendu que celui-ci, à sa connaissance, s'était trouvé dans l'impossibilité complète de communiquer soit avec l'intérieur de la France, soit avec le gouvernement de la défense nationale ; que, quant à lui, il se ralliait complétement à ce gouvernement, son opinion étant qu'un militaire se doit avant tout à la défense de son pays ; qu'il ne pouvait sur ce point répondre à l'avance des intentions du maréchal Bazaine, mais qu'il se chargerait volontiers de lui transmettre les observations des officiers de la garde nationale. Quant à l'idée d'une restauration bonapartiste, le général déclara en propres termes qu'après l'affaire de Sedan, une idée semblable était une idée absurde qui ne pourrait germer dans l'esprit de personne. Enfin, il s'éleva avec chaleur contre la pensée d'une capitulation, disant que, sans doute, il fallait se préoccuper du moment où nos ressources viendraient à manquer, mais que ce moment-là n'était pas arrivé, et que si jamais l'armée de Metz se trouvait réduite à cette extrémité, cette armée, alors, irait droit à l'ennemi, lui disant: « *Entre nous c'est un duel à mort,* » afin de tâcher du moins de sauver l'honneur.

Le commandant Pardon ayant ensuite demandé au général Coffinières si, pour assurer la conservation des approvisionnements de la place, il ne lui serait pas possible d'opérer une séparation entre les intérêts de Metz et ceux de l'armée campée sous ses murs, le général se retrancha derrière les prescriptions de l'ordonnance sur le service des places, qui confèrent aux généraux en chef l'autorité directe sur les commandants des places comprises dans le rayon de leurs opérations.

Le reste de l'entrevue s'écoula en entretiens devenus sans intérêt aujourd'hui, sur les propositions relatives au service de la garde nationale. Mentionnons toutefois une observation très-importante faite par le commandant de l'artillerie. Il déclara au général Coffinières que si l'armée devait tenter un effort, la ville était en état de lui fournir à la première réquisition deux mille chevaux valides et bien portants. Le général en prit note et termina en adjurant les officiers présents de rétablir la confiance dans la population; il fit appel à l'esprit de concorde, au patriotisme de tous, en disant que l'ennemi seul avait intérêt à nous désunir, et que c'était sans doute à ses manœuvres qu'il fallait faire remonter toutes les rumeurs malveillantes qui venaient de jeter le trouble et la défiance dans les esprits.

En présence de ces déclarations rassurantes, le maire de Metz, au nom de la garde nationale, remercia le général des explications qu'il avait bien voulu donner, et la députation en effet se retira satisfaite de ce qu'elle venait d'entendre.

Le lendemain, le général Coffinières déclarait, en présence des conseillers municipaux, membres des Commissions de réquisition, qu'il admirait fort le patriotisme de la population messine, mais que le terme fatal approchant, il importait de « *la préparer* [1]. »

---

[1] Le maréchal Bazaine, de son côté, ne paraît pas avoir attendu le mois

Cette déclaration, si différente de la première, dissipa les dernières illusions. Un coup de désespoir pouvait peut-être nous sauver. L'armée, qui absorbait la plus grande partie des ressources de Metz, pouvait encore prolonger la résistance de la place en se sacrifiant. Ce sacrifice, un grand nombre d'officiers de l'armée l'avait résolûment accepté. Ils conçurent le plan d'une conspiration qui avait pour but d'enlever le commandement au maréchal Bazaine. Plusieurs officiers de la garde nationale avertis promirent le concours de leurs concitoyens et toutes les dispositions furent prises pour s'emparer au premier signal des portes de la ville. Mais, au moment décisif, aucun général ne voulut prendre la direction du mouvement et ce dernier espoir s'en alla comme les autres. Sans entrer dans des détails circonstanciés, nous avons cru devoir noter ce dernier trait de l'histoire du blocus; il prouve qu'à la veille de la catastrophe, unies dans une même pensée, la population et l'armée, pour sauver Metz, étaient décidées à tout, même à tenter un coup d'État.

Du reste, en dehors des déclarations rassurantes qu'il se croyait obligé de faire lorsqu'il était mis en demeure de parler en public, le général Coffinières semblait prendre à tâche de décourager l'esprit de résistance qui, en mainte circonstance, s'était manifesté dans la population.

C'est surtout dans ses rapports avec la presse locale que les intentions du commandant supérieur se montrent sous leur véritable jour.

Le 11 octobre, le jour même de son entretien avec les officiers de la garde nationale, la censure du général Coffi-

---

d'octobre pour « préparer » l'armée. Le fait suivant tend à le prouver. Le 12 septembre j'eus occasion de causer longuement avec un officier supérieur et quelques officiers de son bataillon. Le commandant m'apprit que la veille étant de grand'garde à Saint-Ladre il avait reçu la visite du maréchal Bazaine, lequel lui avait annoncé la nouvelle de la capitulation de Strasbourg, arrivée, suivant lui, le 9. (On sait que Strasbourg n'a capitulé que le 28 septembre.) Le maréchal avait ajouté que l'artillerie prussienne ayant servi au siége de Strasbourg était formidable, qu'elle était en marche sur Metz; que cette ville, déjà encombrée de blessés, allait devenir une nécropole, que ce que l'on pouvait espérer de mieux pour l'armée de Metz, la dernière qui restât à la France, c'était une capitulation honorable qui la laissât libre d'agir pour le maintien de l'ordre à l'intérieur.

nières supprimait un article adressé au *Courrier de la Moselle* par le bibliothécaire de l'École d'application, M. Humbert, colonel du génie en retraite. Dans cet article remarquablement écrit, l'auteur exprimait l'avis que la France ne restait pas inactive, que de grands efforts étaient faits sans doute dans le pays pour repousser l'envahisseur. Il établissait, par de nombreux exemples empruntés à l'histoire et en s'appuyant de l'autorité du général Paixhans, que des armées improvisées, mais combattant pour l'indépendance de leur pays, avaient maintes fois triomphé d'armées valeureuses et disciplinées. Il concluait en disant que rien n'était désespéré et que Metz devait redoubler d'efforts et de patience pour donner le temps aux forces militaires de la France de se réorganiser.

La censure inscrivit en marge la note suivante :

« *Cet article est à supprimer en entier, il n'a d'autre in-*
» *convénient que de soulever des questions trop brûlantes par*
» *le temps qui court.* »

Dans le même numéro du journal, la censure supprima également une lettre demandant que les communes suburbaines fussent armées de fusils, et le début d'un article où il était dit que les défenseurs de Metz n'avaient pas encore matériellement souffert du siége. Le journal fut obligé de paraître avec plusieurs colonnes en blanc.

Pour achever de donner une idée de l'esprit qui dirigeait les opérations de la censure, notons encore les quelques traits suivants :

La censure du général Coffinières interdit aux journaux de Metz d'annoncer au public la nomination, comme commandant en chef de la garde, du général Desvaux qui remplaça le général Bourbaki. Cette nomination pourtant avait été officiellement notifiée à l'armée par un ordre général. Le rédacteur en chef du *Courrier de la Moselle* s'étant étonné de cette interdiction, il lui fut répondu qu'il était inutile de *faire connaître à l'ennemi le départ du général Bourbaki !*

Après l'affaire de Ladonchamps, du 7 octobre, l'*Indépendant* ayant donné une évaluation insuffisante du chiffre de nos pertes, reçut le communiqué suivant :

« On lit dans le numéro du 11 octobre de l'*Indépendant*
» *de la Moselle* que : *le 7 octobre 512 projectiles envoyés par*
» *les batteries ennemies n'ont tué que deux Français.* — Comme
» il importe que la vérité des faits soit connue de tout le

» monde, le journal l'*Indépendant de la Moselle* est in-
» vité à faire savoir à ses lecteurs que dans la journée du 7,
» nos pertes ont été les suivantes : officiers tués 11, blessés
» 53; troupe tués 90, blessés 981. »

Enfin, lorsque le général Boyer, à son retour de Versailles, eut répandu dans l'armée le bruit que *l'anarchie la plus complète régnait en France, que Rouen et le Havre avaient appelé des garnisons prussiennes pour maintenir l'ordre, que les Prussiens ne voulaient traiter qu'avec l'impératrice régente*, etc., le *Courrier* ayant publié un article où l'on s'attachait à démontrer l'invraisemblance de ces bruits, reçut l'ordre de faire disparaître cet article sous prétexte qu'il faisait double emploi avec une lettre publiée dans le même numéro sur le même sujet. Il est vrai que toutes ces fausses nouvelles avaient été officiellement communiquées aux officiers des différents corps d'armée par leurs généraux.

LVII.

15 OCTOBRE. — ENTRETIEN DE M. LE MARÉCHAL BAZAINE AVEC LES COMMANDANTS DE LA GARDE NATIONALE. — NOTE DE M. LE COMMANDANT PARDON.

Le 15 octobre, le maréchal Bazaine manda au Ban-Saint-Martin, sa résidence habituelle, les chefs de bataillon de la garde nationale. Les premiers mots qu'il leur adressa furent que si l'on trouvait mauvaise sa manière de commander, on n'avait qu'à confier à un autre chef le commandement de l'armée et qu'il obéirait à ce nouveau chef. Mais il ne désigna personne.

Survint presque aussitôt le général Ladmirault, qui dit au maréchal Bazaine que son respect pour le commandant en chef et pour la discipline ne lui permettrait jamais de s'écarter de son devoir. Le général, en même temps, tendit la main au maréchal qui la lui serra avec empressement. Cette scène inattendue surprit beaucoup les chefs de bataillon de la garde nationale qui se regardèrent comme pour se communiquer leurs impressions. Le général Ladmirault passait dans l'armée et dans la population pour un homme d'une très-grande fermeté et on le jugeait capable de prendre au besoin le commandement de l'armée. Sa démarche dans cette circonstance produisit sur les commandants de la garde nationale l'effet d'une déception.

Après cette singulière manifestation du général Ladmirault, le maréchal Bazaine invita le plus ancien des chefs de bataillon, le commandant Pardon, à exposer les griefs que l'on pouvait avoir contre lui à Metz.

Il lui fut répondu ouvertement, franchement, à cœur ouvert, qu'on lui supposait l'intention de restaurer le régime impérial, soit avec la régence de l'impératrice, soit avec le prince impérial, auquel cas lui, maréchal Bazaine, serait régent; que l'on se plaignait fortement de l'inaction de l'armée qui absorbait d'une manière inquiétante les ressources de la ville; qu'on soupçonnait le maréchal de traiter avec le prince Charles pour la reddition de l'armée et de la place; mais que l'intention de la garde nationale et de la population était de tout souffrir pour conserver à la France son principal boulevard; que, d'un autre côté, sa position de général en chef lui permettait d'avoir des nouvelles du gouvernement de la défense nationale et de la France, et que cependant on ne faisait rien connaître aux habitants.

Il fut ajouté que, la situation dans laquelle on se trouvait amenant des privations de toutes sortes, il était choquant pour les habitants de voir les officiers et les soldats quitter leurs camps pour venir en ville vider les boutiques des marchands, chez lesquels on ne trouvait plus de provisions qu'à des prix excessifs.

Un autre chef de bataillon, M. Meyer, proposa au maréchal de réunir la garde nationale et de la passer en revue, afin de dissiper les impressions fâcheuses qu'elle avait conçues à son égard; le maréchal eut l'air de consentir à cette proposition, mais pour la forme seulement, car il se garda bien d'en rien faire.

Répondant alors aux assertions précédentes, le maréchal exposa que le commandement en chef de l'armée lui avait été confié dans un moment de retraite; qu'une pareille condition était toujours pleine de difficultés et qu'elle lui avait fait une situation déplorable; qu'il ne pensait pas à servir le pouvoir impérial tombé par sa propre faute, mais à servir la France; que dans les conseils de généraux il n'avait jamais été question d'entrer en arrangement pour la reddition de l'armée; que les relations avec le prince Charles consistaient dans l'échange des prisonniers lorsque le cas se présentait, et rien de plus.

Quant aux nouvelles à faire connaître à la population de

Metz, le maréchal assura qu'il ne savait rien du gouvernement de Paris, malgré les émissaires qu'il lui avait adressés, et qu'aussitôt que des prisonniers tombaient en notre pouvoir avec des journaux, ceux-ci étaient envoyés au général Cofinières, chargé de faire connaître tout ce qui pouvait intéresser la population, avec laquelle, du reste, il désirait rester étroitement uni. Le maréchal promit qu'à l'avenir un bulletin serait rédigé pour faire connaître les opérations de l'armée et qu'il ne fallait pas ajouter foi aux mauvaises nouvelles répandues à dessein par l'ennemi.

La question du ravitaillement fut posée en dernier lieu comme la plus importante, la pénurie des vivres commençant déjà à se faire sentir. C'était aussi là le point faible; le maréchal le comprit; aussi s'empressa-t-il de dire qu'il ne disposait que de 60 à 65 000 hommes, en tenant compte des non-valeurs, et qu'avec si peu de monde il ne pouvait rien entreprendre contre 200 000 hommes formant le blocus. A l'appui de son dire, il cita l'affaire de Ladonchamps, du 7 octobre, dans laquelle on avait perdu 1 000 hommes pour obtenir un mince résultat, celui de se procurer quelques voitures de grains et de paille.

L'entretien se borna là, et les chefs de bataillon se retirèrent emportant la triste conviction que le maréchal persistait plus que jamais dans son système d'inaction.

LVIII.

16 OCTOBRE. — VISITE DES OFFICIERS DÉLÉGUÉS DE LA GARDE NATIONALE AU GÉNÉRAL CHANGARNIER. — PROCÈS-VERBAL DE CETTE VISITE.

Le 15 octobre 1870, alors que dans l'armée et dans la population beaucoup de gens commençaient à pressentir le dénoûment du triste drame qui se jouait depuis deux mois autour de Metz, quelques citoyens eurent l'idée d'offrir au général Changarnier, dépourvu de tout commandement, le titre et les fonctions de général de la garde nationale. Ils comptaient sur la bravoure éprouvée du général, sur son énergie que semblait n'avoir pu dompter son grand âge, et sur son nom connu de tous et bien fait pour entraîner à sa suite, à un moment donné, ceux qui, dans la ville et dans l'armée, rongeaient impatiemment leur frein et s'indignaient de l'inaction relative à laquelle ils avaient été condamnés jusque-là.

C'est dans ces circonstances, qu'après une première réunion privée chez M. Racine, architecte, et une seconde réunion plus nombreuse le lendemain à l'hôtel de ville, quatre délégués furent chargés, séance tenante, de se rendre auprès du général à Saint-Julien. Ils le trouvèrent au milieu d'un groupe d'officiers d'état-major. M. Limbourg, un des délégués, qui était connu du général, prit à part ce dernier pour lui indiquer en quelques mots le but de la visite qui lui était faite et le prier de le recevoir en particulier lui et les autres membres de la députation. Le général exprima le désir de recevoir les délégués en présence des officiers qui se trouvaient avec lui. Le procès-verbal de ce qui fut dit alors, rédigé immédiatement après la visite par M. Limbourg et certifié par les autres membres de la députation, est ainsi conçu :

« Le général, après m'avoir dit qu'il était extrêmement flatté de la démarche que je lui annonçais, ces messieurs introduits, le leur a répété et a ajouté que, soldat avant tout, il considérait l'obéissance au commandant de l'armée comme son premier devoir ; que, pour cette raison, il ne voulait pas répondre à notre demande avant de l'avoir soumise au maréchal Bazaine et d'avoir son assentiment ; qu'il était convaincu qu'il ne pouvait entrer dans le cœur d'un soldat français, comme le maréchal, rien que de noble et de loyal, et que, dans cette persuasion, il le suivrait là où celui-ci conduirait l'armée ; que, le rôle de la garde nationale étant surtout de veiller à la sécurité de la ville et des remparts, lui, général Changarnier, préférerait, s'il ne consultait que ses sympathies, un poste plus actif ; mais que si le maréchal Bazaine lui donnait la tâche de nous commander, malgré certaines considérations personnelles il la remplirait, et que son premier soin serait alors de nous conduire à Ladonchamps, pour y relever le bataillon de ligne placé aux avant-postes ; qu'il ne pouvait donc pas répondre immédiatement à notre demande et qu'il y réfléchirait. Le général a ajouté qu'on avait vu avec peine, dans l'armée, certaines demandes qui avaient été faites pour le service des pièces d'artillerie dans les forts et des portes de la ville, ainsi que les manifestations bruyantes qui s'étaient produites pendant ces derniers jours, au sujet d'un chef d'armée dont, jusqu'à preuve contraire, il n'est permis à personne de suspecter la loyauté ; et que, sous ses ordres, si elle y était placée, la garde nationale ne devrait pas oublier que son rôle était aussi d'observer et

— 218 —

de faire régner le calme qui annonce les persistantes résolutions.

» Nous avons immédiatement répondu que nous étions très-heureux que les derniers mots du général nous permissent d'affirmer une fois de plus les sentiments de la garde nationale, en rectifiant l'impression qu'on paraissait en avoir conçu dans l'armée; que la demande relative au service de deux pièces d'artillerie dans les forts et des portes de la ville, n'avait été inspirée que par le désir que nous avons tous de nous rendre utiles et aptes à défendre notre ville et notre pays; que, du reste, l'une des considérations qui avaient provoqué notre démarche près du général Changarnier était précisément le désir de créer, par la présence à notre tête d'un aussi glorieux soldat, un lien de plus entre l'armée et nous; que, pour ce qui était des sentiments dévoués et valeureux de l'armée, nous tenions à cœur de les partager tous, et que si, pour mériter l'honneur d'avoir à notre tête le général Changarnier, il ne fallait que lui fournir un bataillon pour marcher à Ladonchamps, ce n'est pas un bataillon seul qu'il trouverait, mais bien toute la garde nationale qui le suivrait. Que si nous lui demandions de nous conduire, c'était précisément parce que nous savions où il nous conduirait; qu'il pouvait faire part au maréchal Bazaine de ces dispositions où nous sommes tous, et que, dans cette situation, nous ne pouvions qu'attendre respectueusement sa réponse.

» Après des phrases échangées ensuite sur le départ prochain de l'armée et ses conséquences, on se sépara.

» 16 octobre 1870. Signé: Freschard, Goussin, Millet, Limbourg. »

LIX.

17 OCTOBRE. — ÉTAT DES FORCES DE L'ARMÉE D'INVESTISSEMENT. — NOTE OFFICIELLE ÉMANANT DU GRAND QUARTIER GÉNÉRAL.

Metz, 17 octobre 1870. — Un profond silence a succédé à la bruyante canonnade d'avant-hier. Était-ce une attaque de Thionville ou de Verdun, ou une bataille réelle engagée avec des troupes françaises cherchant à nous joindre? C'est ce que la population et l'armée se demandent avec anxiété. Nous tenons tous à savoir la vérité.

Ceci était écrit quand nous avons reçu la *Note officielle* suivante :

« Ce matin trois prisonniers de guerre prussiens, cap-
» turés par les compagnies de partisans du 3ᵉ corps
» d'armée, ont été amenés au *grand quartier général*. L'un
» des prisonniers est un enseigne porte-épée du 1ᵉʳ régi-
» ment d'infanterie, 1ᵉʳ corps d'armée ; les deux autres
» sont des soldats appartenant, l'un au 4ᵉ de ligne, même
» corps, l'autre au 55ᵉ, 7ᵉ corps.

» Il résulte de la déposition de ces militaires prussiens
» que le demi-cercle d'investissement de la rive droite de
» la Moselle est formé : par le corps de réserve du général
» de Kummer, qui a repassé la Moselle et s'appuie, par sa
» droite, à la rivière ; par le 1ᵉʳ corps d'armée tout entier,
» avec son quartier général à Sainte-Barbe ; par le 7ᵉ corps,
» ayant son quartier général à Ars-Laquenexy, et par une
» division du 8ᵉ corps d'armée étendant sa gauche jusqu'à
» Jouy. C'est un total de trois corps d'armée qui sont
» placés sur trois lignes. Derrière cette triple chaîne se
» trouvent de nombreux régiments de Landwehr organisés
» en divisions.

» Le demi-cercle d'investissement de la rive gauche de
» la Moselle est formé : par une division du 8ᵉ corps
» d'armée, s'appuyant à la rivière ; par le 3ᵉ et le 10ᵉ corps
» tout entiers et par la division hessoise ; en tout égale-
» ment trois corps d'armée.

» De nombreux renforts sont arrivés récemment de l'in-
» térieur de la Prusse, et, comme l'état sanitaire de l'en-
» nemi est généralement satisfaisant, on peut admettre,
» avec les assertions des prisonniers, que les compagnies
» sont revenues à un effectif moyen de 230 hommes. On
» peut en conclure, sans exagération, que l'effectif total
» des corps d'armée est de 25 000 hommes chacun. Le
» chiffre des troupes d'investissement est donc toujours à
» peu près le même, c'est-à-dire d'environ 180 000 hommes[1].

---

[1] Les six corps d'armée supposés au complet de 25000 hommes chacun, ne donneraient que 150000 hommes et non 180000 pour l'armée d'investissement. Le chiffre publié au grand quartier général du maréchal Bazaine, est grossi de 50000 pour représenter vraisemblablement les régiments de Landwher qui étaient, suivant le témoignage des prisonniers ennemis, réunis en arrière de la ligne d'investissement de la rive droite, c'est-à-dire du côté de la frontière.

» Interrogés sur les nouvelles qu'ils auraient apprises de
» l'armée prussienne devant Paris, les prisonniers ont ré-
» pondu que les journaux publient journellement des
» dépêches qui n'ont, jusqu'à présent, rien appris de nou-
» veau. Paris résiste toujours. De temps en temps a lieu
» quelque combat d'avant-poste sans importance et sans
» résultat significatif ni d'un côté ni de l'autre.
» Quant à la canonnade qu'on a entendue hier et avant-
» hier, les prisonniers prussiens ont déclaré l'avoir en-
» tendue ; ils ont dit qu'elle venait de la direction de
» Thionville, qu'ils n'en connaissaient pas la signification,
» et que, dans leurs camps, il n'y a eu aucun mouvement
» extraordinaire. »

On ne doit accepter que sous bénéfice d'inventaire les assertions des prisonniers prussiens, qui ont intérêt à nous tromper, et sont ou inintelligents ou trop intelligents pour nous bien renseigner. D'ailleurs on les a trouvés privés de leurs journaux, ce qui prouve qu'on n'a pas de bonnes nouvelles à leur annoncer. Ed. Mayer. (Extrait de l'*Indépendant de la Moselle* du 17 octobre.)

LX.

EXTRAITS DES DOCUMENTS OFFICIELS MILITAIRES. — NOTE DE M. J. WORMS, MEMBRE DU CONSEIL MUNICIPAL.

I. — Effectif de l'armée. — Armée active, 157 990 hommes. Grand quartier général, 1 800 hommes. Garnison de Metz, environ 8 000 hommes. Total, 167 790 hommes. Sur quoi la moyenne des blessés et des malades a été de 20 000 hommes.

II. — Composition de la ration. — Du 18 août au 15 septembre : Pain, 750 grammes ; viande (de cheval à dater du 6 septembre), 350 grammes. — Du 15 septembre au 9 octobre : Pain, 500 grammes ; viande, 400 grammes. — A partir du 9 octobre : Pain, 300 grammes ; viande, 750 grammes.

III. — Situation du magasin des vivres du 30 août au 30 septembre.

30 août. —	9000 q^{tx} blé.	700 q^{tx} farine dure.	27680 q^{tx} farine tendre.
15 sept. —	8356 id.	79 id.	12120 id.
30 sept. —	5828 id.	» id.	3818 id.

IV. — Ordres de l'intendance.

Du 11 octobre. — « Les denrées fourragères manquant
» pour la nourriture des chevaux, on aura soin, au lieu de
» laisser mourir les chevaux à la corde, de diriger ceux
» qui sont hors d'état de vivre vingt-quatre heures, sur
» des tranchées pratiquées à cet effet où ils seront abattus [1]. »

Du 12 octobre. — « Il faut à tout prix prolonger l'exis-
» tence de quelques chevaux pour être en mesure de les
» utiliser pour l'alimentation des hommes. Il faudra donc
» conserver dans ce but le peu de fourrages que vous
» pourrez avoir, en n'hésitant pas à employer tout ce qui
» peut servir à la nourriture des chevaux. »

V. — Comité de surveillance des approvisionnements de siége.

13 Octobre, matin. — Réunion et installation du Comité
de surveillance des approvisionnements de siége, établi par
un ordre du général Coffinières, en date du 12. — Extrait
du procès-verbal : Il a été exposé que, d'après les articles
774, 768 et 769 du règlement du 30 mai 1866, le Comité
ne doit être réuni que lorsque l'ordre de former des approvisionnements de siége a été donné par le ministre ou par
le commandant en chef; que cet ordre n'a jamais été donné ;
qu'en conséquence le Comité croit son rôle réduit à la
constatation des existences en magasin dans la place, et
dans une surveillance attentive des entrées et des sorties,
puisqu'il n'a qualité pour se réunir qu'à la condition de
considérer comme approvisionnements de siége mis en
distribution, les denrées du service courant.

13 Octobre, après midi. — Nouvelle séance dans laquelle
il est constaté que le recensement des magasins accuse : en
farine, 667 quintaux, en biscuit, 204 quintaux. — Le
comptable des vivres fait observer, en outre, que le 13 au
soir il restera environ 300 quintaux de farine en magasin,
et qu'avec ce qui sera moulu dans la nuit du 13 au 14, on
pourra fournir le 14, au soir, 160 000 rations. La journée
du 15 est donc assurée.

14 Octobre. — Proposition de supprimer une distribution
sur trois.

15 Octobre. — Le comptable des vivres fait savoir qu'il
vient de recevoir 320 quintaux métriques de farine.

[1] On a vu précédemment (page 55) que ce fut à dater du 14 septembre que le blé fut employé à la nourriture des chevaux.

17 Octobre. — « Le troisième corps fournit aujourd'hui aux subsistances de Metz, 225 quintaux de blé et 45 de seigle. Le général Coffinières est décidé à ne plus fournir de pain à l'armée à partir de ce soir. »

18 Octobre. — Le général Coffinières informe que, sur les instances du maréchal Bazaine commandant en chef, il sera délivré, aujourd'hui seulement, 80000 rations pour la nourriture de l'armée pendant la journée du 19.

19 Octobre. — Marché de 100 quintaux métriques d'amidon, passé avec M. St-J.... Cette denrée doit être mélangée avec la farine destinée à la fabrication du pain dans la proportion de 15 à 20 %.

23 Octobre. — Abaissement de la ration à 500 grammes.

24 Octobre. — Situation des magasins : Blé, 141 quintaux. Farines, 603 quintaux.

LXI.

TABLEAU DES PRIX DE CERTAINES DENRÉES, A METZ, PENDANT LE BLOCUS. — NOTE DE M. A. CUNY.

Denrée	Unité	Sept.		Oct.	
Sel...............	le kil.	4f 50	à 6f »	12f »	à 16f »
Viande de bœuf....	—	4 »	8 »	8 »	10 »
— de veau....	—	4 »	» »	» »	» »
— de mouton..	—	8 »	» »	8 »	» »
— de porc.....	—	3 20	8 »	9 »	16 »
— de poulain..	—	» »	» »	1 50	4 50
— d'âne......	—	» »	» »	4 50	» »
— de mulet...	—	» »	» »	4 50	» »
Cervelas de porc...	—	4 »	5 »	8 »	18 »
— de cheval..	—	1 50	3 »	5 »	7 »
Filet de cheval.....	—	3 »	4 »	5 »	» »
Lard.............	—	3 »	» »	» »	17 »
Jambon..........	—	8 »	» »	20 »	» »
Sucre............	—	6 »	» »	9 »	20 »
Beurre fondu.....	—	8 »	» »	» »	20 »
Saindoux.........	—	5 »	» »	» »	16 »
Pommes de terre...	—	1 50	» »	2 »	2 40
Haricots verts.....	—	1 70	» »	» »	5 »
— blancs....	—	» »	» »	4 »	8 »
Oignons..........	—	2 »	» »	8 »	10 »
Raisin...........	—	» 30	1 »	1 40	1 80
Fromage de Gruyère	—	» »	» »	» »	16 »
Vin ordinaire......	le litre	» »	» »	» »	2 »
Lait.............	—	1 »	» »	2 »	2 40

		Sept.				Oct.				
Cognac............	le litre.		»f	»	»f	»	—	8f	»	10f	»
Huile d'olives......	—		—	»	»	»	»	—	8	»	»	»
Huile à brûler.....	—		—	»	»	»	»	—	2	»	3.	»
Un poulet............	—		10	»	»	»	—	12	»	20	»
Un lapin...............	—		—	»	»	»	»	—	15	»	»	»
Un lièvre..............	—		—	»	»	»	»	—	45	»	»	»
Une carpe.............	—		—	»	»	»	»	—	7	»	»	»
Un pigeon..............	—		—	»	»	»	»	—	3	»	»	»
Une alouette...........	—		—	»	»	»	—	1	»	»	»
Œufs, la douzaine........	—		6	»	»	»	—	9	»	»	»
Paille, la botte de 5 kilog...	—		»	»	»	»	—	3	»	»	»
Foin, id..........	—		»	»	»	»	—	3	»	»	»
Avoine, l'hectolitre........	—		»	»	»	»	—	110	»	»	»
Bois, le stère............	—		»	»	»	»	—	25	»	35	»
Houille, les 1000 kilog.....	—		»	»	»	»	—	75	»	160	»
Charbon de bois, le kilog...	—		»	»	»	»	—	»	80	»	»
Bougies, id.....	—		»	»	»	»	—	8	»	11	»
Chandelles, id.....	—		»	»	»	»	—	3	»	»	»

LXII.

RENSEIGNEMENTS SUR DIVERS PROCÉDÉS DE MOUTURE. — NOTE COMMUNIQUÉE PAR M. J. WORMS, MEMBRE DU CONSEIL MUNICIPAL.

I. — Blé traité par les moulins à café.

Les moulins sont placés sur une sorte de châssis. Une poulie est adaptée sur l'arbre où se trouve la manivelle. La boulange tombe dans un sac; un homme remplit constamment la trémie. Le moulin à café ordinaire des épiciers fait 10 kilogrammes par heure environ. La boulange obtenue est trop brisée; la décortication ne se fait pas et la farine reste adhérente aux parcelles de son; il y a concassement plutôt que mouture. Quand le moulin est un peu serré pour rendre le produit plus fin, il s'échauffe outre mesure, de même que la farine.

Deux moulins de différents modèles ont donné en huit minutes 6k,75 de boulange, soit par minute 0k,844.

Ce système peut produire des résultats satisfaisants, tant qu'on emploie le blé pour la nourriture des chevaux. Dans ce cas, le son concassé porte avec lui une grande quantité de farine, et il est plus substantiel; mais du moment que le blé n'est plus employé pour les chevaux, il faut abandonner ce système, à moins qu'on ne soit décidé à ne plus faire de blutage, auquel cas le procédé devient suffisant.

II. — Blé soumis aux cylindres concasseurs, avant la mouture.

Pour accélérer la mouture, le blé a été soumis aux cylindres concasseurs dans une brassine. On a même monté directement ces concasseurs dans l'usine à mouture. Ils sont installés comme des laminoirs.

Les résultats obtenus et rapportés par M. Bouchotte sont les suivants : 300 kilogrammes de blé concassé ont été préparés par une paire de meules dans l'espace de une heure trente minutes. Une paire de meules produit dans ces conditions 200 kilogrammes de boulange à l'heure, tandis qu'avec le travail ordinaire, elle ne débite que 130 kilogrammes.

Il résulte de ces expériences, qu'au moyen du travail préalable opéré par le concasseur, la production de la boulange entre les meules est accélérée dans le rapport de 1 à 1,54. Bien qu'en apparence il n'y ait pas de bénéfice à se servir des concasseurs, puisque le travail central des meules est perdu, il est cependant incontestable que la zone centrale, et par suite toute la meule, s'échauffe beaucoup moins. On peut donc dire que les concasseurs apportent dans le résultat final le même effet que les rafraîchisseurs, et c'est ce qui produit une augmentation dans le rendement.

LXIII.

APPROVISIONNEMENTS EN GRAINS DU COMMERCE ET DE LA POPULATION CIVILE PENDANT LE BLOCUS. — NOTE DE M. ÉM. BOUCHOTTE, NÉGOCIANT, MEMBRE DU CONSEIL MUNICIPAL DE METZ.

La gravité des batailles de Forbach et de Reichshoffen devint apparente pour tout le monde, à Metz, vers le 10 août. Un grand nombre de cultivateurs, laissant souvent chez eux femme et enfants, se retiraient dans la ville avec des provisions considérables en céréales. Ce mouvement de concentration s'effectua très-activement pendant cinq jours, du 9 au 14 août. Le commandant supérieur de la place, voyant qu'elle allait être définitivement investie et que la nécessité de nourrir un surcroît de population serait une gêne pour la défense, conçut l'idée d'inviter les habitants à se pourvoir personnellement de denrées alimentaires.

J'avais eu connaissance de ce projet que je considérais comme dangereux, du moment que chacun devait prendre ses approvisionnements privés sur la masse des matières existant dans l'enceinte investie. J'étais, en effet, convaincu qu'une grande partie de ces matières seraient enfouies dans les caves ou sur les greniers, pour ne servir que dans des cas extrêmes et s'avarier souvent avant d'être utilisées, et qu'ainsi les ressources applicables à la consommation générale seraient diminuées d'autant. Je considérais cela comme très-sérieux et je me décidai à communiquer mes idées sur ce sujet à M. le général Coffinières. Je parvins sans peine à lui démontrer que si les ressources dont on disposait se trouvaient définitivement limitées par le fait d'un investissement, il était important de les laisser à la portée de tous les consommateurs, et qu'il fallait éviter, autant que possible, la formation de ces petites réserves privées, qui n'aboutiraient qu'à créer l'aisance dans quelques ménages aux dépens des autres.

Je signalai d'ailleurs au général la situation telle que je la comprenais : je lui dis que l'établissement des Onze-Tournants possédait, à cette heure, une réserve assez forte pour assurer le pain, pendant 37 jours, à une population de 50 000 habitants, soit environ 14 000 quintaux métriques de blé ou l'équivalent en farine ; que les approvisionnements des autres maisons de Metz devaient représenter environ 10 jours de vivres à y ajouter ; qu'enfin, en tenant compte de la panique qui avait poussé des campagnes vers la ville bon nombre de cultivateurs munis de blé, il n'était pas téméraire d'admettre que la population civile avait son pain assuré pour 60 à 70 jours peut-être. Certainement, à la date du 15 août, ces ressources devaient paraître belles et surtout suffisantes pour permettre d'attendre un retour de la fortune.

M. le général Coffinières reconnut que le meilleur parti à tirer des ressources qu'on possédait, c'était de les laisser le plus possible à la disposition de tout le monde. En conséquence il retira l'arrêté prêt à paraître, qui enjoignait aux habitants de se pourvoir de farine. Malgré cette sage précaution, beaucoup de monde fit des provisions dont on n'a retrouvé que de faibles traces lors des dernières réquisitions.

Le 20 août, M. le Sous-Intendant chargé du service des subsistances pour la place de Metz, me demanda des renseignements sur la situation, tant au point de vue des matières disponibles, qu'à celui des moyens d'opérer la mouture du blé.

En fait de matières, je lui dis qu'il pouvait exister environ

266000 rations de pain d'une part, et de l'autre 22000 quintaux de blé représentant environ 2900000 rations ; total, 3166000 rations de pain, à 750 grammes par ration.

Au sujet de la mouture, j'insistai sur la nécessité de laisser le travail entier des usines des Onze-Tournants et des Quatre-Tournants exclusivement à la disposition des 45 à 50000 bouches représentant la population civile et sédentaire de Metz. Le nombre des paires de meules disponibles était effectivement un grand sujet de préoccupation dès qu'il s'agissait de pourvoir à l'alimentation de 250000 consommateurs à peu près, provenant tant de l'armée que des habitants [1]. La vallée de Chatel-Saint-Germain et celle de l'Orne étant occupées par l'ennemi, nos ressources, en moyens de mouture, devenaient plus que restreintes. Aussi a-t-il fallu, vers la fin de septembre et jusque dans le milieu du mois d'octobre, que le service militaire s'ingéniât pour improviser des moulins, venant en aide aux nécessités du service alimentaire [2].

L'Administration municipale n'a pas eu à s'occuper du prix du pain aussi longtemps que le commerce a été en mesure d'alimenter les établissements de boulangerie. Elle avait reçu plusieurs fois la promesse verbale que le commerce ne songerait jamais à exploiter la situation ; que les ressources seraient totalement épuisées sans que les prix fixés avant le blocus, et alors que la libre concurrence jouait son rôle, fussent modifiés sensiblement. Ces promesses ont été scrupuleusement tenues.

Le 8 septembre, le fermier des Onze-Tournants adressa une lettre au maire de Metz pour le prévenir que ses provisions étaient réduites à 2400 quintaux de blé, représentant sept jours de travail ; qu'il y avait ainsi lieu de requérir les blés que l'on savait exister chez les particuliers. L'Administration municipale obtint du commandant supérieur de la place les mesures nécessaires pour faire opérer ces réquisitions, et dès le 16 septembre la mesure avait produit tout l'effet que l'on en attendait [3]. Des hommes

---

[1] Dans les derniers temps du blocus, on avait à pourvoir à 230000 rations par jour : 160000 pour l'armée et 70000 pour la population civile : adultes à ration pleine et enfants à demi et quart de ration.

[2] Voir la note ci-dessus, page 155.

[3] Voir ci-dessus divers documents relatifs à cet objet (Append. XVII et XXXVI).

compétents estimaient vers le 15 août qu'il existait en ville, chez les particuliers, 14 à 15 000 quintaux de blé ; la réquisition en donna 15 156.

Maintenant, si l'on se rappelle que le prix d'achat fixé par la ville était de 36 fr. les 100 kilog., tandis que l'administration de la guerre fixait celui de l'avoine à 45 fr.[1], on comprendra aisément qu'une portion de la marchandise la plus précieuse, le blé, dut jouer en partie le rôle de l'autre ; c'est-à-dire qu'on fut naturellement conduit à donner du blé pour nourriture aux chevaux. Mais ce qui a pu être consommé de blé de cette manière a été pris sur un excédant que personne ne soupçonnait et qui n'était probablement pas bien considérable. L'administration militaire a d'ailleurs été immédiatement prévenue du danger que créait une telle situation ; elle a fait des efforts pour le conjurer, en achetant toute espèce de graines fourragères propres à l'alimentation des chevaux[2]. Dans l'intérieur de Metz, les ressources dont on disposait en blé ont repris immédiatement l'affectation qu'elles comportaient normalement.

On s'est demandé si tous les blés ou farines appartenant au commerce avaient été consommés au profit de la boulangerie civile. Une partie de ces ressources, et cela jusqu'à la date du 29 août, a servi aux besoins de l'armée, soit l'équivalent de 1 800 quintaux de blé. Mais il est bon de remarquer, qu'en grande partie, les farines de provenance du Nord, que l'on avait fait venir à Metz, avaient été commandées du 15 juillet au 6 août, en prévision de ces besoins de l'armée. A cette époque rien n'indiquait encore au commerce qu'il eût à prendre des mesures en vue d'un siége.

Le 29 août, l'administration de la guerre renonça, d'un commun accord avec les vendeurs, à puiser dans les ressources qui pouvaient servir les intérêts de la population civile ; elle prit jusqu'à extinction dans ses propres magasins, en achetant de temps à autre quelques portions de blé.

En résumé, le 15 août, les calculs les plus acceptables permettaient de compter sur 60 à 70 jours de pain pour la population civile. S'il n'eût point fallu, dans les dernières semaines, admettre au partage un certain nombre

---

[1] Voir l'avis publié le 10 septembre par le commandant supérieur (Append. XV).

[2] Il est cependant certain que dans l'armée on a donné, jusque dans les derniers temps, du blé aux chevaux (voir ci-dessus p. 55 et 56).

de villages de la banlieue, on aurait atteint le 25 octobre sans amoindrir les rations. D'un autre côté, et sans toucher à l'importance des ressources présumées, si l'on avait rationné chacun à 500 grammes de pain dès le 15 août, on eût prolongé de quelques jours la résistance. Mais, par contre, on eût exposé les habitants à de sérieuses préoccupations dès l'origine de l'investissement. On avait 60 jours devant les mains pour sortir d'une situation difficile, cela pouvait suffire, sans cet enchaînement fatal de fautes et de malheurs dont nous avons tous été témoins.

LXIV.

LE PAIN DE BOULANGE. — NOTE DE M. LE DOCTEUR FÉLIX MARÉCHAL, MAIRE DE METZ.

Le pain connu vulgairement, dans la boulangerie, sous le nom de *pain de boulange* est confectionné avec le son et la farine du blé moulu sans blutage, et se trouve, par conséquent, produit par le grain tout entier. Ce pain a une bonne odeur et n'a au goût aucune amertume désagréable, mais on lui reproche, comme au biscuit, de craquer un peu sous la dent, ce qui se comprend, puisqu'à la mouture le son n'est pas pulvérisé aussi finement que la farine.

Les opinions sur les propriétés nutritives du son, personne ne l'ignore, sont loin d'être uniformes. « Pour les » uns, le son est une substance très-alimentaire, plus riche » en gluten que le blé, et, pour les autres, c'est une subs- » tance fort peu nutritive et même nuisible. » (*Dictionnaire d'hygiène publique et de salubrité,* par A. Tardieu. Paris, 1854, t. III, p. 22.)

M. Poggiale, professeur de chimie au Val-de-Grâce, a été chargé, par le ministère de la guerre, de faire l'analyse du pain de munition des divers peuples de l'Europe, de la farine et du son. Pour lui le son contient 44 parties pour 100 de matières assimilables et 56 parties qui sont inutiles à la nutrition. Il se range, d'après ces résultats, à l'opinion de ceux qui regardent le son comme une matière peu alibile. Cependant, reconnaissant que ces observations sont, en partie, contredites par les habitudes de nos paysans qui ajoutent à leur pain une grande quantité de son, le savant professeur pense que, dans ce cas, le son est utile en retenant plus longtemps dans les organes digestifs les substances alimentaires et en facilitant ainsi l'absorption des substances assimilables, opinion émise depuis longtemps et que partagent beaucoup de physiologistes.

Afin de faire durer, autant que possible, les faibles ressources de l'alimentation publique pendant le blocus de Metz, le pain de boulange, par arrêté du commandant supérieur, fut, exclusivement à tout autre, autorisé et tarifé. Son usage ayant été de deux semaines environ, chacun a pu apprécier, par sa propre expérience, les qualités et propriétés relatives de ce mode de panification, qui n'a donné lieu à aucune plainte sérieuse.

LXV.

FABRICATION DU SEL PENDANT LE BLOCUS. — NOTE DE M. GÉHIN, MEMBRE DU CONSEIL MUNICIPAL, SECRÉTAIRE DU CONSEIL CENTRAL D'HYGIÈNE.

C'est le 13 septembre que, sur la demande de l'un de ses membres, le Conseil municipal de Metz a décidé que l'on convertirait en sel de cuisine, ou tout au moins en eau salée, tout l'acide chlorhydrique que l'on pourrait se procurer [1].

Bien que l'opération ait été commencée dès le 15 septembre, des industriels avaient déjà réussi avant ce moment à accaparer une grande partie des substances (acide chlorhydrique et carbonate de soude) nécessaires à la fabrication du sel. C'est à cet empressement, plus ou moins désintéressé, qu'il faut attribuer le renchérissement des matières premières, ainsi que la diminution notable dans les quantités acquises pour le compte de la ville; si bien que, des renseignements recueillis dans la matinée du 13, il résultait qu'on pouvait compter se procurer ainsi environ 2 000 kilos de sel au prix de revient de 90 cent. ou de 1 fr. le kilo; tandis qu'il n'a été produit que 660 kilos de sel au prix de 1 fr. 10 c. Ce prix de revient eût même atteint le chiffre de 1 fr. 30 c. si la ville n'avait eu en magasin, pour les besoins des buanderies établies dans ses lavoirs, une quantité suffisante de sel de soude qui fut employée à saturer tout l'acide chlorhydrique acquis pendant les journées du 14 et du 15 septembre.

Quoi qu'il en soit, du 17 septembre au 24 octobre, la

---

[1] Voir ci-dessus (Append. XXXVI).

ville de Metz a pu distribuer gratuitement 1 666 litres d'eau salée, contenant par litre environ 400 grammes de chlorure de sodium (sel) parfaitement neutre et tout à fait exempt de saveur alcaline.

La répartition de cette eau saturée de sel a eu lieu de la manière suivante :

1º Aux établissements hospitaliers de Metz (hôpital Bon-Secours, hospice Saint-Nicolas et Dispensaire municipal) il a été donné 855 litres ;

2º A diverses ambulances (de Friedland, de la Grève, des Récollets, du Dispensaire, des Écoles et de Mazelle) il a été donné 154 litres ;

3º Aux établissements de bienfaisance (Récollets, Orphelins et Orphelinat de Saint-Joseph) il a été donné 292 litres ;

4º A 102 employés de la ville (pompiers, commis de toutes sortes, garçons de bureau, commissionnaires, etc.) il a été donné 195 litres ;

5º Enfin 170 litres ont été distribués directement à des militaires ou à des malheureux réduits, pour la plupart, à n'avoir pour alimentation qu'un pain défectueux et de la viande de cheval de qualité inférieure, sans aucun assaisonnement pour en relever la saveur peu appétissante.

Si maintenant on considère que ces distributions ont commencé avant celles de l'eau salée de Saint-Julien et avant qu'on eût songé à utiliser les sels dénaturés destinés à l'agriculture, ou les eaux-mères de la fabrication du sulfate de baryte[1], et que, dans le courant d'octobre, le sel atteignit le prix exorbitant de 12 et 16 fr. le kilog.[2], on reconnaîtra que l'Administration municipale a rendu, avec une très-minime dépense, les plus grands services à de nombreux malades, infirmes, employés ou indigents.

---

[1] Voir, ci-après, quelques détails au sujet de cette fabrication (Append. LXVIII).
[2] Voir ci-dessus p. 67 et 222.

LXVI.

STATISTIQUE DES AMBULANCES [1]. — NOTE DE M. MICHEL, MEMBRE DE LA COMMISSION MUNICIPALE DE L'AMBULANCE DU POLYGONE.

Ire Section. — 16 Ambulances.

I. — 6 Ambulances administrées directement par l'intendance militaire.

1. Hôpital militaire. — C'est naturellement la première ambulance qui ait fonctionné à Metz : elle a été évacuée vers le 1er janvier par ordre de l'autorité prussienne qui y a installé alors son service médical et ses malades. Jusque-là l'hôpital militaire avait eu un nombre d'infirmes variant de 800 à 1600, soignés par le personnel militaire de médecins [2], d'administrateurs et d'infirmiers, avec le concours de sœurs de Saint-Vincent-de-Paul et de quelques dames.

2. Caserne de cavalerie du Fort-Moselle. — Du commencement de septembre à la fin de novembre. — De 850 à 1700 malades. Annexe de l'hôpital militaire et même personnel que cet établissement.

3. Magasin d'artillerie (au Fort-Moselle). — De la fin de septembre au mois de novembre. — De 650 à 1000 malades. Nouvelle annexe de l'hôpital militaire et même personnel.

4. Magasin aux grains (au Fort-Moselle). — Du commencement d'octobre au commencement de novembre. — De 400 à 500 malades. Personnel militaire, avec le concours de quelques dames.

5. Caserne Chambière. — Du mois de septembre au mois de novembre. — De 1000 à 2000 malades. Personnel militaire.

6. Tentes du Saulcy. — Du 20 août au 20 octobre, époque où le froid et la pluie les ont rendues inhabitables. — De 700 à 900 malades. C'étaient des blessés recueillis tardivement sur les champs de bataille de Gravelotte et d'Amanvillers

---

[1] Les indications et les chiffres donnés dans cette note ont été, pour la plupart, extraits des rapports de M. Moisson, chargé, par le Conseil municipal, de recueillir tous les renseignements relatifs aux ambulances pendant le blocus.

[2] Dans l'impossibilité où nous étions de nous procurer les noms de tous les médecins militaires attachés aux ambulances, nous avons dû renoncer à en citer aucun, nous bornant à nommer seulement les médecins civils.

ou des malades atteints, pour la plupart, d'affections contagieuses. Personnel militaire. Cette ambulance, installée primitivement dans d'assez mauvaises conditions, recevait cependant la visite d'un grand nombre de dames.

II. — 5 Ambulances en régie pour le compte de l'intendance.

7. Hôpital de Bon-Secours. — Du 16 août à la fin de novembre. — De 50 à 180 blessés. Des malades civils, soignés dans cet hôpital, avaient été évacués sur l'hospice Saint-Nicolas afin de faire place aux blessés. Service chirurgical et médical des blessés et autres malades par les médecins civils titulaires des hospices : MM. Defer, Didion et Ouzaneaux, avec le concours des sœurs de Saint-Vincent-de-Paul attachées à l'établissement.

8. Collège de Saint-Clément. — Du 18 août jusqu'au mois de décembre. — De 100 à 150 malades. Installée et régie par les R. P. Jésuites dans leur établissement. Service médical : M. le docteur Warin, mort à la suite de ses fatigues, et deux médecins militaires. Plusieurs Pères, les frères et employés de la maison faisaient le service d'infirmiers.

9. Lycée. — Du 20 août au mois de novembre. — De 130 à 175 malades. Installée et régie par les soins du proviseur et de l'administration du Lycée. Service médical : M. le docteur Eug. Marchal et M. Murisier, puis des médecins militaires. Les professeurs et employés, M. l'Aumônier, plusieurs dames du quartier ou du Lycée donnaient leurs soins aux malades.

10. Manufacture des tabacs. — Organisée dès le commencement d'août, fonctionnait encore en mars 1871. Le chiffre des malades s'y est élevé jusqu'à 1400. Médecins militaires. Cependant un médecin civil, M. le docteur Béving, y a été appelé le 13 août par un ordre de l'intendant divisionnaire transmis par M. le sous-intendant Perot. Les soins, donnés au début par les administrateurs avec le personnel d'employés, d'ouvriers et d'ouvrières, ont été confiés ensuite à des sœurs de Saint-Vincent-de-Paul et à des infirmiers militaires.

11. Presbytère de Saint-Simon. — Du 16 août au 16 février. — Avec un chiffre moyen de 20 malades. Organisée par M. le Curé, le vicaire de la paroisse et quelques dames du quartier ; régie pour le compte de l'intendance jusqu'à

la fin d'octobre, gratuitement ensuite du commencement de novembre au milieu de février. Médecins militaires.

<small>III. — *5 Ambulances entretenues par suite de traités à forfait.*</small>

12. Salle Foulon, rue Chambière. — Du commencement de septembre au mois de novembre. — De 35 à 45 malades. Organisée par MM. Vacca et Saint-Jacques. Médecin civil : M. le docteur Rosman.

13. Maison Mamer, rue des Pères-Saint-Georges. — Du 25 août au 1er octobre. — De 10 à 25 malades. Organisée par la généreuse initiative et avec les soins des dames Mamer, dans les salles de leur pensionnat. Médecins civils : MM. les docteurs Herpin et Lafitte, ce dernier membre de la Société Internationale française.

14. Ecole de Saint-Vincent. — Du 20 août au mois de novembre. — De 50 à 60 malades. Organisée par les sœurs de Sainte-Chrétienne qui donnaient leurs soins aux malades. Médecin civil : M. le docteur Roussel.

15. Sainte-Blandine. — Du 20 août au 22 novembre. — De 15 à 20 malades. Organisée par le R. P. Thro, aidé du personnel de l'établissement. Médecin civil : M. le docteur Perrin.

16. Maison Strauss, rue du Pont-des-Morts. — Du 25 août au 20 octobre. — Avec une moyenne de 15 malades. Organisée par M. le docteur H. Strauss, médecin principal en retraite, avec l'aide des personnes de sa famille.

<small>IIe SECTION. — 15 AMBULANCES.</small>

<small>I. — *1 Ambulance régie gratuitement.*</small>

17. Maison de Bouteiller. — Du 25 août jusque dans le courant d'octobre. — De 10 à 17 malades, principalement des officiers, à l'entretien desquels M. de Bouteiller a libéralement pourvu. Les soins étaient donnés par des personnes de sa famille et par une sœur de la Maternité. Médecin civil : M. le docteur Herpin.

<small>II. — *3 Ambulances entretenues en régie pour le compte de l'intendance.*</small>

18. Hôtel de l'artillerie. — Du 18 août au commencement de novembre. — De 90 à 115 malades. Organisée par les personnes habitant l'hôtel de l'école régimentaire et de la direction d'artillerie, sous la surveillance spéciale de M. Rémond,

conseiller municipal. Service médical : médecins militaires, ou membres de la Société Internationale, avec l'aide de dames habitant l'hôtel, de MM. les vicaires de Sainte-Ségolène et de deux sœurs de la Maternité. Pharmaciens et infirmiers militaires, infirmières et infirmiers civils rétribués. Après la capitulation : MM. Bushnan et Hamilton, et Mmes Pigal et Moore, de la Société Anglaise de secours aux blessés, et des membres de la Société Luxembourgeoise ont généreusement concouru aux soins et à l'entretien de cette ambulance.

19. Écoles centrales. — Du 17 août au 24 novembre. — De 36 à 120 malades. Organisée et gérée par les soins de M. Thiriet, agent général des Écoles, et de quelques dames du voisinage. Médecin civil : M. le docteur Marchal, de Mondelange, assisté d'un médecin militaire. Infirmières et infirmiers civils.

20. Bureau de bienfaisance. — Du 15 août au 10 décembre. — De 80 à 105 malades. Organisée par MM. Daunoy, administrateur du Bureau de bienfaisance, et de Tinseau, délégué. Médecin civil : M. le docteur Jacquin, assisté des sœurs de Saint-Vincent-de-Paul attachées à la maison et de quelques dames du voisinage.

III. — 11 Ambulances entretenues en vertu de traités à forfait.

21. École protestante. — Du 15 août au milieu de novembre. — De 12 à 14 malades. Organisée par quelques personnes appartenant au culte réformé. Médecins militaires.

22. Maison de l'abbé Risse. — Du 14 août au 15 novembre. — De 40 à 45 malades. Organisée dans les bâtiments de la Société des jeunes ouvriers par les soins du directeur, M. l'abbé Risse, aidé du personnel de l'établissement et de quelques dames charitables du voisinage. Médecin civil : M. le docteur Jacquin.

23. Maison du Bon-Pasteur. — Du 20 août au 20 octobre. — De 40 à 50 malades. Organisée par les religieuses avec l'aide du personnel de la maison. Médecin civil : M. le docteur Perrin.

24. Maison de la Maternité. — Du 20 août jusque dans le courant d'octobre. — De 15 à 25 malades. Organisée par la supérieure et les sœurs de la maison. Médecin civil : M. le docteur Degott.

25. Couvent de la Visitation. — Du 16 août jusqu'au mois de novembre. — De 20 à 58 malades. Organisée par les

religieuses et le personnel de la maison. Médecins civils: MM. les docteurs Rousset et Saunois.

26. Ecoles israélites. — Du 16 août au 20 octobre. — De 20 à 30 malades. Organisée par M. Bloch, ancien instituteur, assisté de personnes appartenant au culte israélite. Médecin civil: M. le docteur Haro.

27. Hospice israélite. — Du 16 août à la fin d'octobre. — De 15 à 20 malades. Organisée par les soins des administrateurs dans le local de l'hospice. Médecin civil: M. le docteur May.

28. Maison des orphelins. — Du 20 août au 20 octobre. — De 25 à 35 malades. Organisée par les sœurs de Saint-Vincent-de-Paul attachées à cette maison. Médecin civil: M. le docteur Warin.

29. Maison des orphelines. — Du 20 août au 2 octobre. — De 25 à 35 malades. Organisée par les sœurs de Saint-Vincent-de-Paul attachées à cette maison. Médecin civil: M. le docteur Michaux.

30. Ecole normale. — Du 18 août au commencement d'octobre. — De 30 à 40 malades. Organisée par M. Coulez, directeur, aidé du concours de maîtres-élèves, d'employés de l'école, et de quelques dames. Médecin civil: M. le docteur Haro.

31. Ecole des frères, rue Taison. — Du 20 août au commencement d'octobre. — 15 malades. Organisée par le frère supérieur et les autres frères. Médecin civil: M. le docteur Rousset.

IIIe SECTION. — 16 AMBULANCES.

I. — 2 Ambulances régies gratuitement pendant un certain temps.

32. Hôtel de la Préfecture. — Du 20 août au 25 octobre. — De 15 à 18 malades. Organisée par M. Odent, préfet de la Moselle, et Mme Odent. Sous la direction de M. Provost, secrétaire général de la préfecture, avec l'aide de quelques fonctionnaires. Les officiers blessés qui y avaient été admis recevaient les secours de médecins militaires et de médecins civils, soit de Luxembourg, soit de la Société internationale, soit de Metz même; du 20 août au 10 octobre, cette ambulance était régie gratuitement; puis, pendant une quinzaine de jours encore, elle fut gérée pour le compte de l'intendance.

33. Serre et tentes du jardin Fabert. — Du 16 août jusque

dans le courant de novembre. — De 80 à 150 malades. Administrée et entretenue gratuitement par une délégation de la Société Internationale française de secours aux blessés, sous la direction de M. Renou, délégué du comité. Mme Cahen; MM. les aumôniers catholiques Caussonel et de Damas, et M. Durand Dassié, pasteur protestant, étaient attachés à cette ambulance qui avait un personnel de 38 sociétaires. MM. les docteurs Lefort et Liégeois en étaient les chirurgiens en chef. Des remercîments ont été adressés au nom de la ville par la municipalité aux délégués de la Société.

II. — 3 Ambulances administrées directement par l'intendance militaire.

34. Caserne du génie. — Du 13 août à la fin de décembre. — De 1000 à 2000 malades. Etablie d'abord dans une aile, puis dans tous les bâtiments de la caserne du génie. En raison de l'affluence des blessés, le service, improvisé dans ce local, a laissé au début beaucoup à désirer : un grand nombre d'habitants et de dames de Metz ont cherché, par leurs soins et leur générosité, à suppléer au manque de ressources et de personnel. Une jeune fille de dix-neuf ans, Mlle Cône, a succombé à la suite d'une maladie contractée à la lingerie de cette ambulance. Médecins militaires assistés de MM. les docteurs Beaumont, Crépy, Humbert, Mahu, Maillefer, Meyer, Michaux, Quarante, Razés, Roussel. Une aile de la caserne a été affectée au service d'une ambulance internationale française et, vers la fin, le pavillon du fond était occupé par la Société Internationale anglaise qui y avait recueilli des malades.

35. Tentes de l'Esplanade. — Du 16 août au commencement de novembre. — De 1 200 à 1 700 malades. Médecins militaires et M. le docteur G. Lemattre. Ce dernier, parti de Paris par la ligne des Ardennes et, arrivé à Thionville, dut venir à pied jusqu'à Metz où, malgré l'investissement de la place, il put encore pénétrer dans la nuit du 20 au 21 août. C'est, croyons-nous, la dernière personne venue de Paris qui soit entrée dans notre ville. Après avoir, pendant toute la durée du blocus, donné ses soins aux blessés de l'Esplanade, puis, après la reddition, à ceux de la caserne du génie, le docteur Lemattre quittait Metz le 7 décembre 1870, emportant le germe d'une fièvre typhoïde contractée dans nos ambulances et dont il mourait, à Boulogne, au sein de sa famille, le 23 janvier 1871, à l'âge de

trente-deux ans. C'est une des ambulances où la charité privée a le plus largement pourvu au service des malades et aux ressources de toute nature dont ils pouvaient avoir besoin.

36. Tentes du jardin Boufflers. — Du 1er septembre au commencement de novembre. — De 310 à 480 malades. Annexe de l'Esplanade et même personnel.

III. — 5 Ambulances en régie pour le compte de l'intendance.

37. Ambulance sous wagons. — Du commencement de septembre au milieu de novembre. — De 1 000 à 1 200 malades. Organisée par M. Dietz, ingénieur des chemins de fer de l'Est, avec le concours du personnel de la Compagnie. Médecins civils: MM. les docteurs Jacquin et Perrin, et plusieurs médecins militaires.

38. Palais de justice. — Du 17 août au 5 novembre. — De 100 à 158 malades. Organisée par M. Darnis, premier président de la Cour de Metz, aidé d'un personnel composé exclusivement de magistrats et de dames appartenant à leurs familles. Six sœurs hospitalières donnaient leurs soins dans cette ambulance et 10 000 francs, recueillis au sein de ce comité particulier, ont été consacrés, par lui, aux besoins des malades recueillis au palais de justice. Médecins civils : MM. les docteurs Méry, Buffet de Luxembourg, et Szwykowski de Briey.

39. École d'application d'artillerie et du génie. — Organisée le 1er août et fonctionnant encore en mars 1871. — Des médecins militaires, aidés d'un médecin civil, M. le docteur Brainque, ont donné leurs soins à cette ambulance où des officiers seulement étaient reçus. Leur nombre s'est élevé à 97. Plusieurs infirmiers y ont été victimes d'accidents typhiques.

40. Maison de la Régence, rue Serpenoise, 10. — Du 20 août au 22 novembre. — 12 malades. Organisée par MM. Doizy et Mariotte, aidés de personnes charitables du quartier, dans un local fourni par la Société musicale de Sainte-Cécile. Médecin civil : M. le docteur Grosjean.

41. Maison Thiriet, rue Tête-d'Or, 12. — Du 17 août au 10 octobre. — 13 malades. Organisée par MM. Doizy et Mariotte, aidés de personnes charitables du quartier, qui en ont généreusement fait tous les frais pendant les dix premiers jours. Régie ensuite pour le compte de l'intendance

et visitée par un médecin militaire et par un médecin civil, M. le docteur Grosjean.

IV. — 6 Ambulances entretenues en vertu de traités à forfait.

42. Ligue de l'enseignement, place de Chambre. — Du 20 août au 20 octobre. — De 10 à 18 malades. Organisée par les soins de M. Vacca et des membres de la Ligue, et de dames de leurs familles, dans le local occupé par cette association. Médecins civils : MM. Felizet, Rapp, Rosman et Vigneau.

43. Maison Fizaine, rue Nexirue. — De la fin de septembre au commencement de novembre. — De 25 à 30 malades. Organisée par M. Vacca, aidé de quelques dames du voisinage. Des convalescents ou des blessés peu gravement atteints étaient reçus dans cette ambulance.

44. Maison rue des Roches. — De la fin d'août à la fin de septembre. — De 10 à 15 malades. Installée par M. Pagel. Médecin civil : M. le docteur Ménard.

45. Maison rue Serpenoise, 9. — Du 17 août à la fin d'octobre. — De 17 à 30 malades. Organisée par quelques dames de ce quartier dans un appartement inhabité. Médecin civil : M. le docteur Grosjean.

46. Maison rue de la Chèvre, 19. — Du 25 août à la fin d'octobre. — De 12 à 14 malades. Organisée par M. Vacca et des membres de la loge maçonnique des Amis de la Vérité, avec le concours de plusieurs dames. Médecins civils : MM. les docteurs Bamberger, Rapp et Vigneau.

47. École de Sainte-Chrétienne, rue Taison. — Du 17 août au 28 octobre. — De 20 à 40 malades. Organisée par les religieuses de Sainte-Chrétienne, sous la direction de leur supérieure. Médecin civil : M. le docteur Roussel.

IVe SECTION. — 14 AMBULANCES.

I. — 2 Ambulances régies gratuitement.

48. Évêché. — Du 20 août au mois de novembre. — De 27 à 33 malades. Organisée par Mgr Dupont-des-Loges, évêque de Metz, dans deux salles de l'évêché, sous la direction de M. l'abbé Germain, vicaire-général, avec le concours d'ecclésiastiques attachés à l'évêché, de sœurs de l'Espérance et de quelques personnes charitables du voisinage, qui avaient complété le matériel d'installation. Les

malades étaient pourvus de tout aux frais de Mgr l'Évêque, qui ne consentit à recevoir de l'intendance que les rations de pain et de viande, et plus de quinze jours seulement après la création de l'ambulance. Médecin civil: M. le docteur Michaux.

49. Maison A. Geisler, rue de l'Évêché. — Du commencement de septembre jusqu'au mois de novembre. — De 10 à 15 malades. Organisée par M. Geisler qui a pourvu libéralement à tous les besoins des malades installés dans sa maison. Médecins militaires.

II. — 1 Ambulance administrée directement par l'intendance militaire.

50. Caserne de Coislin. — Du 15 août au mois de décembre. — De 1 200 à 1 500 malades. Organisée dans les bâtiments de la caserne Coislin qui présentait une installation plus défectueuse encore que la caserne du génie; mais, comme dans cette dernière, la charité privée a suppléé au manque de ressources et de personnel. Médecins militaires assistés de MM. les docteurs: Ward, médecin anglais; May, Saunois, Winsback et Volmereau, médecins civils.

III. — 2 Ambulances régies pour le compte de l'intendance.

51. École Friedland. — Du 20 août à la fin d'octobre. — 25 malades. Organisée sous la surveillance de MM. Géhin et Salmon, conseillers municipaux, par M. Feuiltaine, instituteur communal, assisté de personnes charitables du quartier.

52. Dispensaire. — Du 25 août au mois de novembre. — De 60 à 120 malades. Les religieuses attachées à l'établissement secondaient les médecins militaires chargés du service.

IV. — 9 Ambulances entretenues en vertu de traités à forfait.

53. Loge maçonnique, rue de la Fontaine. — Du 21 août au 24 novembre. — De 12 à 15 malades. Organisée par MM. Vacca et Saint-Jacques, assistés de quelques dames. Médecin civil: M. le docteur Bamberger.

54. Grand séminaire. — Du 20 août au milieu de novembre. — De 50 à 70 malades, principalement des officiers. Organisée par les directeurs et professeurs du séminaire, avec l'aide des séminaristes et de sœurs de Sainte-Chrétienne. M. l'abbé Meyer, un des ecclésiastiques de l'établissement,

a payé de la vie son dévouement. Médecin civil : M. le docteur Boyer.

55. Hospice Saint-Nicolas. — Du 17 août au 24 novembre. — De 60 à 120 malades militaires, outre toutes les femmes malades de Bon-Secours qui y avaient été transférées et qui recevaient les soins de M. le docteur Legrand. Organisée par les administrateurs des hospices avec les soins du personnel et des sœurs de Saint-Vincent-de-Paul. Médecin civil : M. le docteur Winsback.

56. Couvent du Sacré-Cœur. — Du 16 août jusque dans le courant de novembre. — De 40 à 60 blessés. Organisée par les dames du Sacré-Cœur avec l'aide de quelques personnes charitables. Médecin civil : M. le docteur Michaux.

57. Maison Georges, rempart Serpenoise, 17. — Du 20 août au 8 novembre. — De 15 à 18 malades. Organisée, avec le concours de personnes de sa famille ou de son voisinage, par M. Georges, qui y avait contracté une dangereuse maladie. Un de ses parents a dû subir une amputation à la suite d'accidents typhiques. Médecin militaire.

58. Maison des sœurs de l'Espérance, rue Châtillon. — Du 20 août jusqu'au mois de novembre. — 10 malades. Organisée par les sœurs de l'établissement, qui donnaient leurs soins aux malades. Un médecin militaire et M. le docteur Didion, médecin civil.

59. Sainte-Chrétienne, rue Saint-Gengoulf. — Du 20 août jusqu'à la fin de décembre. — De 60 à 90 malades. Organisée par les dames religieuses, assistées du personnel de l'établissement et de quelques personnes charitables. Médecin civil : M. le docteur Defer.

60. Maison Claudin, rue de la Chèvre, 34. — Du 19 août au 21 novembre. — De 15 à 18 malades. Organisée par MM. Doizy, Mariotte et Paquant, assistés de personnes de leurs familles. Médecin militaire.

61. Maison de Saint-Vincent-de-Paul, rue des Parmentiers. — Du 17 août au 8 octobre. — De 10 à 20 malades. Organisée par les membres du conseil de cette œuvre charitable, sous la direction de MM. de Faultrier et Le Mercier. Médecin civil : M. le docteur Didion.

Ve SECTION. — 3 AMBULANCES.

I. — *2 Ambulances entretenues en régie pour le compte de l'intendance.*

62. École Mazelle. — Du 17 août au 12 novembre. — De

39 à 107 malades. Organisée par M. Salmon, conseiller municipal, avec l'aide et le dévouement des directrices d'asile et des institutrices municipales. Un médecin militaire et un médecin civil étranger.

63. École de la Grève. — Du 17 août au 12 novembre. De 28 à 83 malades. Organisée par M. Salmon, avec l'aide des sœurs de Sainte-Chrétienne. L'une d'elles : sœur Théodosie, a succombé à ses fatigues. Médecin civil : M. Baër, étudiant à l'École préparatoire de Lyon.

II. — *1 Ambulance entretenue en vertu d'un traité à forfait.*

64. Maison Moreau, rue Mazelle. — De la fin de septembre au 21 novembre. — 45 malades. Organisée par M. Moreau et les personnes de sa famille. Médecin civil : M. le docteur Robert.

AMBULANCE ÉTABLIE HORS DES MURS ET EN RÉGIE POUR LE COMPTE DE L'INTENDANCE.

65. Le Polygone. — Du 8 août au 26 novembre. — De 1 200 à 2 270 malades. Organisée par une commission municipale composée de MM. Noblot et Émile Sturel, conseillers municipaux, et de MM. Laurent et Émile Michel, qui leur furent adjoints. Le personnel médical, placé sous la direction de M. Isnard, était composé de MM. Bamberger, Degott, Didion, Grandjean, Harzé (médecin belge), Mahalin, Maillard, Ch. Marchal, Eug. Marchal, Michaux, Ouzaneaux, Rosman, Toussaint, Vigneau, médecins traitants, et de MM. Crosse, Fauquet, Félizet, Fournier, Lombard, Mangenot, Ménard, Murizier, Pratt (chirurgien anglais) et Quéval, aides-médecins. Plusieurs personnes dévouées, des dames, des jeunes filles venaient régulièrement de Metz, deux fois par jour, pour aider aux pansements et au soulagement des malades. Un aumônier habitait constamment l'ambulance, et quatorze sœurs de Saint-Vincent-de-Paul, réparties dans les divers services, surveillaient, conjointement avec les brigadiers, le personnel civil d'infirmiers, d'employés et d'ouvrières. 5203 malades ou blessés ont été traités à l'hôpital du Polygone ; le chiffre des décès s'y est élevé à 634, en comprenant dans ce nombre les militaires arrivés mourants ou même morts à la suite des batailles livrées autour de Metz.

Les sœurs Vincent Connor et Cécile Mespouliés, un jeune employé de la lingerie et plusieurs infirmiers ont succombé victimes de leur dévouement.

Les dépenses pour la construction du baraquement se sont élevées à 169 526 fr. 56 c.; celles pour la fourniture du matériel, des médicaments, de la nourriture, et celles du traitement du personnel, en un mot toutes les dépenses du service de l'exploitation jusques et y compris le 29 octobre, ont été de 294 142 francs.

A la suite de la capitulation de Metz, les Sociétés internationales étrangères de secours ont généreusement coopéré par leurs dons ou par leurs soins au soulagement des blessés et des malades. Dans la séance du 11 mars 1871, le Conseil municipal de Metz a décidé, à l'unanimité, que l'expression de la profonde reconnaissance de la cité serait transmise aux délégués de ces charitables sociétés.

1º La Société Anglaise de secours aux blessés a fait aux diverses ambulances établies à Metz de nombreuses et abondantes distributions d'objets de toute nature, sous la direction de Mmes Pigal et Moore, de MM. le capitaine Brackenbury et Bushnan, et de M. Tyler, secrétaire, délégués dans notre région. Une ambulance établie par cette Société à la caserne du génie a fonctionné jusqu'au 8 février; 460 blessés environ y ont été soignés et pourvus généreusement de tout ce qui pouvait leur être nécessaire.

2º La Société Belge déléguée par le Comité central de Bruxelles, présidé par M. A. Vischers, a établi, le 15 novembre, au couvent de Sainte-Chrétienne, rue de l'Évêché, une ambulance dont M. Van Hinsbergh était le chef; MM. les docteurs Driane et Becour lui prêtaient leur concours. Les dépenses jusqu'au 28 février se sont élevées à 10 000 francs, et l'effectif des malades a varié entre 90 et 100. M. Van Hinsbergh est tombé malade à Metz, par suite de ses fatigues.

3º La Société Hollandaise avait aussi établi une ambuance, d'abord à la serre Fabert, puis rue Nexirue, dans la maison de M. de Gargan. M. Theys, médecin en chef, et deux autres docteurs de cette Société ont dû quitter notre ville à la suite de maladies contractées dans leur service; enfin M. le docteur Preyger est mort à Metz, victime de son dévouement. M. le docteur Caudrï, après la retraite de

M. Theys, a pris la direction du personnel qui se composait de sept médecins, un pharmacien, deux dames, deux comptables et quinze infirmiers. 48 blessés gravement atteints ont été l'objet des soins les plus attentifs dans cette ambulance qui a fonctionné du 24 novembre 1870 au 1er mars 1871 ; la moyenne des dépenses y était de 6 000 francs par mois, et S. M. le Roi des Pays-Bas avait envoyé dans les derniers temps, à Metz, son médecin ordinaire pour accompagner un envoi considérable de dons en nature destinés aux malades.

Enfin, avec les Luxembourgeois qui, outre leurs nombreuses offrandes, nous ont aussi prêté le concours dévoué de plusieurs de leurs médecins enfermés à Metz pendant le blocus, il convient encore de citer ici la Société Anglaise des Amis, dont les membres, inspirés par la charité la plus intelligente et la plus généreuse, ont répandu à Metz et dans nos campagnes des secours de toute sorte, et surtout des dons importants en graines de semences et en instruments de culture. Des dames, des jeunes filles, venues avec les délégués de cette Société, ont procuré du travail aux femmes de nos villages par des commandes considérables de broderies et de tricots. Tenant à se rendre un compte exact de l'emploi des fonds qui leur avaient été confiés, les membres de la Société des Amis, pendant un séjour de plus de cinq mois à Metz, n'ont reculé devant aucune fatigue pour s'acquitter consciencieusement de leur charitable mission. Plusieurs d'entr'eux y ont contracté des maladies graves, et Mlle Allen, accourue d'Angleterre pour soigner son frère atteint de la petite vérole, a succombé dans notre ville.

On s'est borné dans cette statistique à ce qui concerne l'installation et le régime administratif des ambulances de Metz[1], et on a dû s'abstenir notamment de tout ce qui concerne la partie médicale. Cette partie sera l'objet d'un travail spécial promis par M. le docteur Grellois, médecin en chef des hôpitaux et ambulances de Metz. Il a été dit plus haut que ce sujet serait également traité dans les Mémoires de la Société des sciences médicales de la Moselle.

[1] Indépendamment des ambulances installées dans la plupart des communes suburbaines qui se trouvaient dans les lignes du blocus, notamment à Montigny, à Queuleu, en Plantières, à la maison des petites sœurs des pauvres, à Woippy, à Longeville, etc.

LXVII.

APPROVISIONNEMENTS EXISTANT DANS LES CAMPAGNES. — NOTE DE M. MAGUIN, MEMBRE DU CONSEIL GÉNÉRAL DE LA MOSELLE, PRÉSIDENT DU COMICE AGRICOLE DE L'ARRONDISSEMENT DE METZ.

Lorsque la malheureuse affaire de Forbach nous fit prévoir le prochain investissement de Metz, je fus frappé, comme beaucoup de mes concitoyens, de l'absence des mesures qui devaient être prises pour l'approvisionnement de la place.

Je fis part de mes observations au général Coffinières, commandant supérieur de Metz, investi de tous les pouvoirs militaires et civils. Je lui offris d'adresser une circulaire aux habitants de la campagne pour les engager à amener à Metz leur bétail et leurs denrées. Il me répondit à peu près en ces termes: « Gardez-vous-en bien, ce serait alarmer les » populations. La situation n'est pas aussi mauvaise que vous » le croyez. Nous sommes chargés de la défense de la place, » nous prenons les mesures nécessaires. »

Même démarche près du grand état-major général: même réponse. L'ennemi ne voulait pas investir Metz, me dit-on, mais le tourner par Château-Salins pour marcher sur Paris.

J'offris à l'intendance divers approvisionnements, du bétail et du vin. Les approvisionnements de la place et de l'armée étaient suffisants, me répondit-on. On refusa de même, m'a dit M. Rollet fils, de Thiaucourt, 300 moutons qu'il avait offerts.

Cependant l'ennemi s'avançait. Plusieurs milliers de voitures de réquisition revenaient vides de Forbach, après la prise des vivres qu'elles avaient déchargés dans cette ville. J'insistai inutilement pour qu'on profitât de cette circonstance, afin de ramener à Metz des vivres et des fourrages. Déjà les uhlans portaient la terreur dans les environs. Les habitants des campagnes commençaient à se réfugier dans la ville.

Un arrêté du général Coffinières défendit l'entrée de la place aux campagnards qui ne seraient pas munis de quarante jours de vivres au moins.

Rien ne fut organisé pour assurer l'exécution de cet arrêté, insuffisant d'ailleurs. On entra avec ou sans vivres. On était aux environs du 12 août. Un avis du préfet aux maires des communes voisines les engagea à faire amener leur bétail sous le canon des forts. On devait leur assigner certains emplacements. Mais il était trop tard, l'avis ne parvint à temps que dans quelques communes, et les emplacements destinés au bétail ne furent point préparés. C'est ainsi que M. Obelliane, cultivateur à Antilly, n'ayant reçu aucun avis, et amenant cependant son bétail à Metz, fut obligé de le vendre à vil prix, parce qu'il ne put obtenir de l'autorité militaire aucun emplacement. C'est ainsi que M. Grandidier, cultivateur à Loyville, se présentant, vers le 10 août, avec 7 chariots chargés de fourrages près du fort de Queuleu et, voulant y conduire 35 bêtes à cornes, reçut la défense de stationner près du fort et dut s'en retourner chez lui. C'est ainsi encore que M. Maguin, cultivateur à Mécleuves, amenant douze bêtes à cornes dès la réception de l'avis préfectoral, se les vit enlever sur la route par les uhlans prussiens.

A ce moment les habitants des campagnes amenaient spontanément à Metz leur bétail et leurs denrées. Mais les uhlans venaient, presque sous le canon de la place, enlever une partie de ces approvisionnements et forcer ceux qui les amenaient à les retourner vers l'armée allemande.

Au même moment la cavalerie française encombrait les places et les environs de la ville. Je fis, sans succès, plusieurs démarches chez le général Coffinières et au grand état-major général pour qu'on envoyât quelques détachements de cavalerie nettoyer les routes et permettre ainsi l'arrivée des approvisionnements.

Le lendemain, passant sur la place Saint-Thiébault, je m'approchai d'un groupe où plusieurs cultivateurs discutaient vivement. « Nous sommes trahis, disaient-ils. Pourquoi, » ajoutèrent-ils, ne nous soutenez-vous pas? » Je leur fis part de mes démarches et emmenai à l'instant deux d'entre eux chez le général Coffinières. C'étaient MM. Jullière, propriétaire à Louvigny, et Vigneron, conseiller municipal du même village. Le général nous fit répondre qu'il ne pouvait lui-même nous recevoir et nous envoya deux officiers pour entendre nos observations.

J'insistai de nouveau pour qu'on protégeât, au moyen de reconnaissances et de patrouilles de cavalerie, les campagnards qui nous amenaient des approvisionnements. Je parlai de l'étonnement qu'inspirait l'attitude de l'autorité militaire. MM. Vigneron et Jullière parlèrent dans le même sens. Les officiers m'assurèrent qu'il serait tenu note de mes observations, que le général prenait toutes les mesures nécessaires, que nous pouvions nous tranquilliser.

Mais aucune mesure ne fut prise. Les uhlans continuèrent à saisir les voitures qui nous amenaient des vivres et, pénétrant presque dans l'enceinte des lignes françaises, enlevèrent, à Montigny, sur la voie ferrée, environ vingt sacs de farine. Douze fantassins allemands brûlèrent, vers le 25 août, la ferme de Saint-Ladre, située entre le fortin Saint-Privat et la place. Cette ferme renfermait d'assez grandes quantités de foin et de blé en gerbes.

Après l'investissement, plusieurs fermes contenant d'assez grands approvisionnements n'avaient pas encore été occupées par l'ennemi. On les signala, mais toujours sans résultat, à l'autorité militaire. L'ennemi ne tarda pas à s'en emparer [1].

Des sorties furent faites dans le but de ramener des vivres et des fourrages.

Mais, lorsqu'on s'était rendu maître d'un village ou d'une ferme, au lieu d'employer les voitures de réquisition des

---

[1] Nous pouvons ajouter aux renseignements qui précèdent quelques indications analogues empruntées à des notes que nous devons à M. Salanson, lieutenant-colonel du génie, et à M. le baron de Tricornot, propriétaire de Colombey.

Le 15 août, dit le premier, on s'occupait de travaux de défense près de la ferme de la Horgne-aux-Sablons. L'officier du génie chargé de les faire exécuter constata que cette ferme était pleine de gerbes non battues. Dans la crainte que les travaux défensifs n'attirassent sur ce point le feu de l'ennemi, ce qui pouvait entraîner la perte par l'incendie de ces précieuses ressources, cet officier, accomplissant un devoir qui incombait à d'autres, somma le fermier de transporter ses gerbes dans la ville, et sur son refus, informa du fait le service de l'intendance et le commandement. Il lui fut répondu qu'on n'avait pas le temps de s'occuper de cela; mais qu'il y pourvût lui-même comme il l'entendrait, s'il le voulait et le pouvait. C'est ce qu'il fit, d'accord avec sept ou huit officiers de ses camarades qui, prenant l'opération pour leur compte, firent rentrer en quelques jours dans la ville un approvisionnement de 1750 gerbes, dont la paille nourrit vingt chevaux jusqu'au 30 octobre, et dont le blé fournit quarante-cinq sacs, livrés, lors des réquisitions des derniers temps, à la consommation de la population civile et militaire de la place. La même ferme de la Horgne fournit des approvisionnements analogues à d'autres officiers également. Dans les derniers jours, une batterie d'artillerie campée près de là y puisait encore pour la nourriture de ses chevaux. Toutes les cultivateurs et, par conséquent, des hommes habitués à charger des voitures de foin ou de blé, on se servait des voitures militaires, sur lesquelles on ne pouvait placer, faute d'échelles, de perches et de cordes, qu'une quantité dérisoire de foin ou de gerbes de blé, et encore ces gerbes de blé, non serrées, s'égrenaient par les mouvements de la voiture. Aussi les sorties ne produisaient-elles aucun résultat appréciable, au point de vue du ravitaillement de la place.

M. Goetzmann, chef des convoyeurs de la Meurthe, cultivateur très-intelligent, fut frappé de cette circonstance ; il fit, avec moi, une démarche chez le maréchal Bazaine, lui offrit de diriger lui-même, au moment des sorties, un détachement de convoyeurs qui saurait ramener une quantité sérieuse de fourrages et de vivres. Le maréchal accueillit favorablement cette proposition, nous dit, à cette occasion, qu'il était difficile de faire des sorties ; que 40 000 allemands venaient renforcer l'armée de blocus ; que les espions de l'ennemi le prévenaient à l'avance de tous nos mouvements,

fermes du pays étaient, au mois d'août, aussi richement garnies que celle-là, encore pleines des produits de la récolte de l'année. On a laissé perdre la plus grande partie de ces ressources, ou gaspillées par les fourrageurs de l'armée ou incendiées par l'ennemi.

C'est ce qui devait arriver, vers la fin de septembre, à Colombey, resté jusque-là garni de ses récoltes. Le 25 septembre, le propriétaire de ce domaine faisait connaître à l'intendant général de l'armée, au Ban-Saint-Martin, que ses granges contenaient encore pour 80 000 francs de denrées, qu'il mettait à sa disposition, savoir : au château, 10 000 kilos de foin, 95 hectolitres d'avoine, 90 quintaux de blé et 2 500 gerbes non battues ; à la ferme, 60 000 kilos de fourrage et 20 000 gerbes de blé. L'intendant lui répondit qu'on ne pouvait opérer la rentrée de ces denrées qu'en protégeant l'opération par une action militaire, et que le maréchal regardait à sacrifier des hommes pour faire un fourrage. Il lui fut objecté qu'on avait fait, quelques jours auparavant les 22 et 23 septembre, à Lauvallière et à Vany, des fourrages peu fructueux qui avaient chaque fois nécessité l'occupation momentanée de Colombey, où l'on n'avait rien pris. A la suite de cette communication, une expédition fut dirigée, le 27 septembre, sur Colombey. On en rapporta quelque peu de denrées évalué à 15 quintaux par l'intendance, qui ne consentit qu'avec peine à en donner 1 600 francs au fermier, lequel estimait à 500 quintaux ce qu'on avait enlevé. Les granges de Colombey, encore à peu près pleines, furent incendiées avec le château et la ferme, le jour même, par l'ennemi.

au moyen de lettres renfermées dans des bouteilles vides et confiées au courant de la Moselle. Mais, dans cette circonstance, comme dans toutes les autres, il sut rendre stériles les offres de concours de la population civile.

On sait comment le blé que possédait la place fut gaspillé, une partie consommée par les chevaux de l'armée. Cependant, en dépit de ces fautes, la place eût pu retenir encore plusieurs jours, sous ses murs, l'armée allemande et permettre ainsi à l'armée de la Loire de dégager Paris, si l'on se fût servi des vivres qu'on possédait encore. J'essayai une dernière démarche chez le général Coffinières, je lui parlai des nombreux chevaux possédés par les particuliers, de blés déclarés et cependant non réclamés ou réclamés en partie seulement par l'autorité militaire, notamment chez M. Viansson, maire de Plappeville, et chez moi. Je lui rappelai le vœu exprimé dans une pétition couverte de nos signatures : que l'armée, quittant Metz, cessât de consommer les vivres de la place et d'abréger ainsi le temps de la défense. Le général me répondit que l'armée allait partir, qu'il fallait prendre garde, que nous serions bombardés. Et comme je manifestai notre intention à tous de subir un bombardement plutôt que de nous rendre, je compris, par l'attitude du général, que lui et le maréchal Bazaine voulaient une capitulation immédiate et tenaient à pouvoir dire un jour qu'ils n'avaient fait que céder aux vœux de la population civile.

On a dit et répété que, durant le blocus, toute communication avec l'extérieur était impossible. Cette affirmation n'est pas exacte[1]. Plusieurs personnes, notamment des campagnards, ont passé à diverses reprises. Ainsi, le 2 septembre 1870, la femme de M. Careau (Louis-François), manœuvre à Pommerieux, parvint à traverser les lignes prussiennes pour entrer à Metz, en passant par Avigy, le ban de Pouilly et les vignes de Magny. Son mari put éga-

---

[1] Il y a eu, depuis le commencement du blocus jusqu'à la fin, un moyen de communication avec le dehors de la place, par lequel sont arrivés à Metz des correspondances et des journaux. Le commandant supérieur connaissait ce moyen. Une personne qui lui a remis des journaux des 6, 8, 13 et 16 septembre arrivés par cette voie a vu qu'elle était connue de lui. Le général en chef a donc pu toujours avoir des nouvelles du dehors. Il a eu ainsi des indications sur la position des forces et des approvisionnements de l'ennemi, et,

lement franchir les lignes ennemies pour sortir de Metz et revint avec elle à Pommerieux, le lendemain 3 septembre.

On ne sait vraiment que penser de tant de particularités étranges dont tout le monde a été témoin pendant cette triste période du blocus. A la fin d'octobre, à une dernière réunion de quelques-uns des membres du Conseil général de la Moselle, enfermés alors dans la ville, séance à laquelle je me trouvais avec MM. Marcus, Fayon, Félix Maréchal et Sechehaye, nous reçûmes du préfet, M. Paul Odent, communication d'un plan que le maréchal commandant en chef avait fait exécuter. C'était un fragment de la carte de l'état-major, sur lequel était dessinée, à l'encre rouge, une formidable enceinte de batteries allemandes. Lorsque nous sortîmes de Metz, après la capitulation, M. Marcus, ancien officier du génie, et moi nous pûmes constater, comme bien d'autres, que l'importance de ces travaux d'investissement avait été considérablement exagérée. Nous invoquerions au besoin, à cet égard, le témoignage de MM. Blanpied et Neumann qui ont parcouru à ce moment, avec nous, les campagnes, comme membres de la commission des secours à distribuer dans les villages.

On avait pu, cependant, reconnaître auparavant déjà ce qu'avaient parfois d'illusoires ces obstacles représentés à distance comme si terribles.

« Sur le terrain du château de Ladonchamps, on avait
» trouvé (à la fin de septembre) deux avant-trains de charrue
» surmontés de tuyaux de poêle qui simulaient des canons.
» Beaucoup des fortifications si minutieusement décrites
» dans les renseignements du quartier général ne se trou-
» vèrent pas plus redoutables...... Le plan dressé au Ban-
» Saint-Martin, sert de suprême argument.... Du haut du
» Saint-Quentin, il est facile de se convaincre que sur plu-
» sieurs points ce plan n'a rien de sérieux. »

Nous empruntons cette citation à un journal tenu au cours des événements par M. Viansson, membre du Conseil

---

à un certain moment, sur la présence dans nos environs de quelques centaines de soldats échappés de Sedan et cachés dans les bois. Il reçut aussi de Thionville, dans les derniers jours d'août, l'avis du mouvement du maréchal Mac-Mahon, et dans la seconde moitié de septembre celui qu'il était parvenu dans cette place des vivres en quantité considérable à la destination de son armée. *(Communication de M. le Cte de Pontbriant.)*

d'arrondissement et maire de Plappeville, dont le témoignage pourrait être invoqué utilement sur bien des faits importants.

Voici encore quelques extraits de cet intéressant document.

« Tout le combat (18 août 1870, à Saint-Privat) prouvait
» l'absence complète de direction. A une heure de l'après-
» midi, je me présentai au logement occupé à Plappeville
» par le maréchal Bazaine. Moi présent, plusieurs officiers
» vinrent signaler au général en chef la gravité de la si-
» tuation ; il parut taxer d'exagération leur rapport.... »

« J'étais allé, avec un employé du chemin de fer de l'Est,
» prévenir le maréchal qu'une grande quantité de vivres et
» de munitions était agglomérée dans les gares du chemin
» de fer, notamment à Metz, Devant-les-Ponts, et à Maizières.
» A cette nouvelle, le maréchal parut vivement surpris et
» nous affirma qu'interrogé à plusieurs reprises à ce sujet,
» l'intendant en chef lui avait assuré qu'il n'y avait abso-
» lument rien dans les gares. Sur l'affirmation absolue de
» l'employé, le maréchal fit ultérieurement constater le
» fait. Une certaine quantité de vivres et surtout de muni-
» tions[1] envoyée à la suite de l'armée, se trouvait là......

» Dans cette même journée du 18 août, vers quatre heures,
» passa le maréchal Bazaine, suivi de son état-major. Il
» sortait de Plappeville et se rendit au fort Saint-Quentin,
» où il donna l'ordre de diriger le feu sur deux batteries
» ennemies établies derrière Sainte-Ruffine......

» Le 24 octobre, alors que les hommes de la 3e division
» ne recevaient plus de pain, l'état-major de la 3e division
» du 4e corps recevait 5 litres de fort beau blé pour chaque
» cheval. On ne sait vraiment que penser de tout cela, et
» l'on se demande si l'épuisement et la mort de tant de
» pauvres soldats, de tant d'hommes et de tant d'enfants
» ne doivent pas être mis sur le compte de quelque machi-
» nation diabolique. — Est-ce ineptie, est-ce trahison ?
» Dans tous les cas, une terrible responsabilité pèse sur les
» hommes qui nous ont menés là. »

[1] On y a trouvé, notamment, un approvisionnement considérable en cartouches d'infanterie : « 4 millions de cartouches dont on ignorait » l'existence », dit M. le colonel Fay. (*Journal d'un officier de l'armée du Rhin*, p. 117.)

LXVIII.

SERVICE DU BUREAU DE BIENFAISANCE DE METZ PENDANT LE BLOCUS. — NOTE DE M. DE BOUTEILLER, MEMBRE DU CONSEIL MUNICIPAL.

Le nombre des familles indigentes secourues par le Bureau de bienfaisance de Metz s'élève, depuis plusieurs années, au chiffre de 1400 environ. Il était, au 1er janvier 1870, de 1413 familles, représentant un personnel de 4429 individus. Les sommes employées à les secourir ne dépassent pas, en temps ordinaire, le chiffre total de 80000 francs.

La perturbation produite dans les affaires industrielles et commerciales par les premiers bruits de guerre et, bientôt après, la suspension du transport des marchandises par les chemins de fer, eurent pour résultat d'interrompre le travail de beaucoup d'ateliers et il se produisit immédiatement du malaise parmi un grand nombre d'ouvriers, auxquels fit défaut le labeur quotidien. Cependant le passage et le séjour des troupes françaises dans le pays Messin compensèrent, sous certains rapports, ce résultat fâcheux. Les terrassiers, les maçons, les charretiers trouvèrent, dans la construction des forts, une source abondante de travail assez bien rétribué, et les manœuvres, dont on avait un besoin pour ainsi dire indéfini, se multiplièrent par le nombre des ouvriers d'état restés sans occupation. De plus, les tailleurs, les cordonniers, les couturières trouvèrent à s'occuper de la manière la plus active en travaillant pour les officiers, arrivés la plupart avec des ressources d'habillement insuffisantes pour la saison. Beaucoup de femmes, d'enfants et même d'hommes, incapables de travailler par manque de forces ou de volonté, trouvèrent encore des moyens faciles de gagner leur vie au milieu de l'agglomération des troupes, en pratiquant toutes sortes de petits commerces et en recourant aussi à la générosité naturelle des soldats français. Enfin la démolition, ordonnée par le génie de la place, de toutes les constructions, maisonnettes, palissades, treillages, qui couvraient les jardins établis sur les zones militaires, avait répandu, sur le sol, des quantités considérables de vieux bois dont une partie, abandonnée par les propriétaires, fournit aux indigents un petit approvisionnement de chauffage qu'on leur laissa recueillir. Plus tard, enfin, quand les ambulances furent établies dans la ville, un grand nombre de personnes des deux sexes y trouvèrent un salaire qui, supérieur à leur gain accoutumé, les eût mis, dans d'autres temps, au-dessus du besoin.

Mais les circonstances, sous l'action de la reclusion hermétique du blocus, devinrent rapidement des plus fâcheuses : le pain, il est vrai, avait été taxé à un taux qui n'avait rien d'excessif et la viande de cheval était mise, en abondance, à la portée des ménages les plus modestes ; mais cette alimentation était trop différente de celle à laquelle le peuple de Metz est accoutumé pour qu'il pût apprécier l'avantage de cette dernière mesure. La privation de lard et de légumes lui était extrêmement pénible. Celle du sel l'était plus encore, et la santé publique se ressentait de l'absence de ce précieux condiment. La rareté, pour ne pas dire l'absence absolue du lait, forçait toutes les femmes à renoncer à leur aliment favori et leur santé souffrait de la rupture d'habitudes contractées dès la jeunesse ; mais sa privation était plus funeste encore aux petits enfants ; d'autant plus que les soucis, l'inquiétude et la mauvaise nourriture avaient, chez presque toutes les mères, détruit les ressources que la nature leur donne pour l'alimentation de leurs jeunes enfants. Les petites provisions en chauffage des premières semaines s'étaient épuisées et le charbon de terre était devenu, pour ainsi dire, introuvable, alors que la température froide et humide de l'automne compensait, d'une manière fâcheuse, les chaleurs torrides de l'été. Enfin les eaux pures et abondantes de Gorze étaient refusées aux besoins de la population et n'étaient remplacées que d'une manière bien incomplète par les eaux des sources secondaires et par celles de la Moselle, élevées au moyen d'une pompe à feu. Cette circonstance, qui ne permettait plus les lavages à grande eau des rues et des ruisseaux, alors que cette précaution eût été si nécessaire, complétait, avec les émanations morbides des ambulances, les conditions les plus antihygiéniques où pût vivre une population. La présence de vingt mille étrangers, convoyeurs, paysans réfugiés, entassés, pour la plupart, dans des réduits étroits, achevait de multiplier les causes d'insalubrité et les germes de toutes sortes de maladies.

Aussi l'état sanitaire devint-il rapidement et de plus en plus mauvais. Quelques cas de typhus, des fièvres typhoïdes en grand nombre, des varioles et des dyssenteries innombrables se produisirent et la population indigente surtout, à cause des conditions que nous venons d'énumérer, fut frappée de la manière la plus cruelle. Le service médical de charité fut surchargé au delà de ses forces, et ses membres firent des prodiges de dévouement et d'activité pour essayer de se tenir à la hauteur de leurs obligations, alors que déjà une partie de leur temps était consacrée aux soins des ambulances.

Cette crise a eu un caractère trop excessif pour qu'on ait pu demander aux médecins de charité de donner, dans des rapports réguliers, le chiffre exact des malades qui ont eu recours à leurs soins pendant cette fin d'année. Mais on ne doit pas l'évaluer au-dessous de 2 000, sur lesquels 674 succombèrent[1]. Le plus grand nombre des enfants périt : les statistiques municipales portent à 656 les enfants au-dessous de cinq ans morts pendant cette période; sur ce nombre, 346 étaient encore à la mamelle.

Cependant le Bureau de bienfaisance, par ses membres et surtout par ses admirables sœurs, faisait tous ses efforts pour soulager cette situation douloureuse. Il avait trouvé des moyens d'action considérables dans le résultat d'une souscription ouverte sur l'initiative du général commandant supérieur et qui avait pour but de *venir en aide aux misères causées par l'état de siège*. Cette souscription, ouverte le 21 septembre[2] et à laquelle l'armée prit la part la plus généreuse, atteignit le chiffre total de 103 302 fr. 25 c.

---

[1] Le nombre des inhumations d'indigents fut : en août, de 65, en septembre de 95, en octobre de 194, en novembre de 150, en décembre de 170, en tout 674.

Les pertes totales de la population, pendant les cinq derniers mois, s'élevèrent à :

Août 127h,	septemb. 177h,	octob. 294h,	novemb. 277h,	décemb. 189h,
— 91f	— 199f	— 333f	— 324f	— 246f
218	376	627	601	435

en tout 1064 hommes et 1193 femmes; ensemble 2257 individus (voir ci-dessus la note page 113).

On remarquera combien la population indigente, qui n'est que la huitième partie de la population totale, fut frappée rigoureusement par cette mortalité. C'est ainsi qu'en août sa part fut de $\frac{65}{218}$, en septembre de $\frac{95}{378}$, en octobre de $\frac{194}{677}$, en novembre de $\frac{150}{601}$, en décembre de $\frac{170}{435}$. Elle fut donc, en tout, de $\frac{674}{2257}$, c'est-à-dire de plus d'un quart de la totalité.

[2] Voir ci-dessus, p. 154.

Aussi, la commission administrative, qui, dès les premiers jours de septembre, avait prescrit l'achat des blés et farines jugés nécessaires pour continuer au moins et augmenter, si cela se pouvait, le service ordinaire de la distribution du pain, put-elle, assurée que les ressources pécuniaires ne lui manqueraient pas, ouvrir une plus large carrière à son zèle. Limitée du côté du pain par la difficulté de se procurer de nouveaux approvisionnements, elle chercha à suppléer à l'insuffisance de ce genre de secours par d'autres moyens ; c'est alors que, sur l'excellente initiative du maire, elle décida, le 23 septembre, qu'une quantité de 7 200 kilogrammes de viande de cheval de troisième qualité serait, chaque semaine, distribuée aux indigents et à toutes autres personnes qui en feraient la demande. Après la première distribution, il fut reconnu que cette viande de troisième qualité ne répondait pas suffisamment aux besoins alimentaires de la population pauvre et, à la séance du 7 octobre, il fut décidé que la viande serait de deuxième qualité, ce qui éleva la dépense, par semaine, à 1 800 francs. Ces distributions furent continuées jusqu'au jour de la capitulation et, en tout, il fut distribué une quantité de plus de 15 000 kilogrammes de viande pour une somme de 5 054 fr. 75 c.

Une circonstance heureuse permit, le 7 octobre, par le partage de la réserve des hospices, de se procurer un important approvisionnement de blé, au moyen duquel la distribution put être élargie. 165 hectolitres de plus permirent d'assurer le service du pain, jusqu'à la fin d'octobre, dans des conditions moins parcimonieuses.

Un crédit de 1 000 francs fut ouvert en même temps pour se procurer du bois de chauffage, surtout en vue des malades soignés à domicile. 25 à 30 stères de sapin furent achetés au prix de 18 et 20 francs le stère. Une acquisition considérable de charbon de terre, que l'Administration avait eu la bonne fortune de faire dans le même but, n'eut pas de suites, l'autorité ayant requis ce charbon pour les nécessités de l'éclairage au gaz.

On acheta enfin quelques cents kilogrammes de haricots et de riz qui furent partagés entre les plus nécessiteux, mais la décision relative à une distribution d'eau salée fut surtout accueillie avec gratitude par la population souffrante.

La sollicitude de l'Administration avait été, dès le début, appelée sur la nécessité de pourvoir à cet urgent besoin. La nourriture fortement azotée, à laquelle la population était obligée de recourir, exigeait en effet, impérieusement, la présence de ce condiment dans les aliments.

Dès les premiers temps du blocus, la population pauvre essaya de trouver quelques secours dans la source d'eau salée de l'établissement Sendret, à Saint-Julien, qui lui fut livrée à certaines heures. Mais cette eau n'était salée que d'une manière insuffisante, ne contenant qu'une proportion de sel de 3 sur 1000.

Le 15 septembre M. Géhin entreprit de produire du sel par la saturation d'acide chlorhydrique, au moyen de la soude. Il produisit ainsi 6 à 700 kilogrammes qui furent distribués entre divers établissements charitables et hospitaliers et sur lesquels le Bureau de bienfaisance eut, pour sa part, 100 litres d'eau salée à 400 grammes [1].

Plus tard le même chimiste utilisa du sel dénaturé pour les usages de l'industrie, dont 400 kilogrammes furent livrés par M. Blondin et 50 donnés par M. Hennequin, cultivateur à Borny. Ce travail de purification et de filtration donna plus de 800 litres d'eau salée à 500 grammes, dont le Bureau de bienfaisance profita exclusivement.

Mais ces moyens n'avaient paré, que d'une manière incomplète, aux besoins publics; un autre procédé fut plus efficace par les quantités dont il permit de disposer et par le temps que se prolongea la distribution. Ce procédé, dont l'initiative, au Bureau de bienfaisance, appartient à M. Terquem, consistait à traiter les eaux provenant de la fabrication du sulfate de baryte par double décomposition du chlorure de barium et du sulfate de soude. Cette fabrication, dirigée par M. Courte, permit, à partir du 7 octobre, de distribuer, par semaine, 2 400 litres d'eau salée à 300 grammes par litre. Cette distribution fit un bien considérable, et sa dépense ne dépassa pas 1 400 francs environ.

Mais ce fut aussi par des secours en argent, répandus largement, que le Bureau chercha à venir en aide aux misères de l'état de siège. En outre des fonds mis, chaque année, à la disposition des administrateurs, pour secours en argent et acquit de fondations (environ 12 500), une nouvelle somme de 5 000 francs fut répartie entre les sections et une autre de 4 500 francs fut destinée à soulager

---

[1] Voir ci-dessus, page 250, un passage où le Bureau de bienfaisance est mentionné, parmi les établissements de ce genre, sous le titre de *Récollets,* du nom de la maison où il fonctionne.

particulièrement ce genre d'infortunes qui veulent rester inconnues. Puis, pour entrer plus complétement dans l'esprit de la souscription, la Commission administrative mit une somme de 5000 francs à la disposition des associations ouvrières et vint, par des subventions, montant ensemble à 7000 francs, au secours de différentes institutions charitables, orphelinats, maternité, petites sœurs, chez lesquelles les conséquences de l'état de siége se faisaient lourdement sentir.

En résumé, pour secourir une population indigente qui s'était élevée successivement au nombre de 1900 familles, représentant près de 6000 individus, c'est-à-dire à un quart en sus de son chiffre primitif, le Bureau de bienfaisance s'est trouvé, grâce à la souscription, en possession de ressources exceptionnelles. Ses dépenses, dans l'année 1870, au lieu de se renfermer dans le chiffre normal de 78000 francs environ, prévu dans son budget, sont arrivées à celui de 142204 francs, sur lesquelles : 50822 francs de pain, viande et chauffage, 12500 francs de secours ordinaires et 29112 francs de secours extraordinaires en argent et 5587 de médicaments. La fin du pénible hiver que nous traversons verra l'épuisement complet des ressources spécialement destinées à venir en aide aux misères de l'état de siége. Puisse-t-elle voir également l'extinction de ces misères!

Lorsque la capitulation rouvrit les portes de Metz et changea les conditions d'existence de sa population, le Bureau de bienfaisance avait encore à sa disposition une réserve considérable en argent, mais la suppression des ventes de chevaux de l'armée mettait un terme à ses distributions de viande. Il n'avait plus de pain que pour une distribution incomplète; le chauffage lui faisait entièrement défaut, en un mot il se trouvait hors d'état d'accorder aux indigents aucun secours en nature et, par conséquent, de leur venir efficacement en aide au milieu de la pénurie universelle.

Nous joignons à ce résumé quelques extraits des procès-verbaux des séances du Bureau de bienfaisance, à titre de pièces justificatives:

Séance du 16 septembre.... « La commission administrative décide que Mme la Supérieure est autorisée à se procurer par économie la viande de cheval qui sera nécessaire pour faire le bouillon des pauvres. Elle invite M. Rapp, économe des hospices, à se procurer le plus tôt possible les blés et farines nécessaires pour assurer le service de la boulangerie. »

Séance du 23 septembre.... « La commission administrative décide qu'à partir de ce jour trois distributions de viande de cheval de troisième qualité, de 2 400 kilogrammes chacune, seront faites, chaque semaine, par les membres du Bureau de bienfaisance et que les bons en seront immédiatement distribués. »

Séance du 7 octobre.... « Il est décidé de faire l'acquisition de 165 hectolitres de blé au prix de 36 francs les 100 kilos, qui suffiront pour assurer le service jusqu'aux premiers jours de novembre. M. le Général commandant supérieur et l'intendant autorisent l'échange de ces blés avec M. Bouchotte, à raison de 75 kilogrammes de farine contre 100 kilogrammes de blé, pour parer à la difficulté de la mouture, et la livraison par fractions de cette farine de manière à assurer le service journalier. Il est décidé, en outre, qu'à la troisième qualité de la viande de cheval sera substituée la seconde, dans l'intérêt de l'alimentation des indigents. Il est décidé, enfin, qu'une distribution de 2 400 litres d'eau salée sera faite, chaque semaine, entre les personnes qui ont à souffrir de la privation de cette matière si importante pour la conservation de la santé. »

Séance du 24 octobre.... « Le Bureau adopte la proposition de son receveur, tendant à faire ouvrir des crédits supplémentaires comprenant certaines dépenses déjà faites d'urgence et d'autres jugées indispensables, montant ensemble à une somme de 49 000 francs largement couverte par la souscription ouverte pour venir en aide aux misères de l'état de siége. Les principaux articles de ces crédits supplémentaires comprennent :

» Secours en nature : pain, viande, sel. . . .   33 000 f.
» Secours en argent. 8 000
» Pharmacie. 3 000
» Personnel, entretien et réparations des locaux, assainissement, achat d'objets mobiliers. 5 000

» Un crédit de 1 000 francs est ouvert pour achat de bois de chauffage destiné aux malades. De plus, il est décidé qu'une distribution extraordinaire de secours en argent, montant à 2 600 francs, sera faite immédiatement. »

Séance extraordinaire du 27 octobre, à laquelle assistent tous les membres adjoints du Bureau de bienfaisance. Présidence de M. Maréchal, maire de Metz. M. de Bouteiller, secrétaire.

« Le maire expose que cette réunion a été provoquée par le besoin de subvenir aux nécessités de la situation présente.

» Un projet a été étudié pour remplacer la distribution de pain par d'abondantes distributions de viande cuite; mais il a fallu y renoncer par suite de l'interruption des fournitures de chevaux faites par l'armée.

» La souscription ouverte sur l'initiative du général commandant supérieur a atteint le chiffre de 101 000 francs. Ces fonds ne sont pas seulement destinés aux pauvres, ils le sont également à ceux dont la situation est devenue mauvaise, par suite des déplorables circonstances où nous sommes. Il y a à Metz deux sociétés de secours mutuels dont les membres, en temps ordinaire, vivent de leurs ressources sans rien demander à la charité publique. Mais, en ce moment où les charges les plus lourdes pèsent sur eux, ils sont en droit de demander leur part de secours. Même observation au sujet des pauvres campagnards, convoyeurs ou réfugiés, qui sont malades en grand nombre et dénués de tous moyens d'existence.

» Il y a, en ce moment, des malades innombrables à Metz. Les hôpitaux sont encombrés et la plupart ont dû rester dans leur domicile où ils ne trouvent pas, d'une manière suffisante, les secours dont ils auraient besoin. Enfin il en est un grand nombre qui ont dû déposer au mont-de-piété des objets de literie dont ils auraient, par ces mauvais jours froids et humides, un si pressant besoin.

» C'est à tous ces genres de misères que doit s'appliquer l'emploi de la souscription ouverte pour subvenir aux nécessités de ces tristes jours. Le Bureau de bienfaisance a bien voulu se charger de cette œuvre, mais il faut que son service ordinaire soit agrandi dans une large mesure pour qu'il ait quelque efficacité en présence de tels besoins.

» M. Daunoy dit que les misères que l'on a pu connaître ont été soulagées sans distinction et que les ménages gênés, qui ont reçu des secours de viande et de sel notamment, sont loin d'être tous portés sur la liste des indigents. Les ouvriers, et particulièrement les membres des sociétés de secours mutuels, doivent être l'objet d'une sollicitude spéciale, la dignité de leurs habitudes et de leur caractère ne leur permettant pas de demander. Il faudrait qu'une certaine somme leur fût attribuée et répartie entre eux par des intermédiaires, bons juges de leurs besoins, de manière à ne pas blesser d'honorables susceptibilités.

» M. Terquem dit que nul besoin signalé n'est resté sans soulagement parmi ceux qui souffrent de l'état de siége.

» M. Maguin reconnaît que cela est vrai dans une certaine limite, mais qu'il n'a pas été possible de faire tout ce qui aurait été nécessaire. Les distributions d'argent ne sont faites que d'une manière insuffisante et, en présence du chiffre considérable qu'a atteint la souscription, il lui semble qu'il faudrait être plus large qu'on ne l'a été jusqu'ici.

» MM. de Bouteiller et Terquem parlent dans le même sens. Ce dernier propose que les distributions d'argent soient peu considérables, mais fréquentes, de manière à ce que ceux qui en seront l'objet y trouvent un soulagement sans pouvoir en abuser.

» Après une discussion à laquelle prennent part plusieurs autres membres, il est décidé que, sur les fonds provenant de la souscription destinée à soulager les misères de l'état de siége, une somme de 14 500 francs sera immédiatement répartie de la manière suivante :

» 1° Pour venir en aide aux ouvriers rendus nécessiteux par le manque de travail. . . . .   5 000 fr.
» 2° Pour distribution aux indigents secourus par le Bureau.   5 000
» 3° Pour secourir des infortunes exceptionnelles   4 500

» A cet effet un nouveau crédit supplémentaire de 14 500 fr. est ouvert au budget de 1870 pour secours en argent. »

TABLE.

	PAGES
AVERTISSEMENT..	3
PREMIÈRE PARTIE. — Les faits généraux.....................	5
DEUXIÈME PARTIE. — Les subsistances........................	47
TROISIÈME PARTIE. — Les ambulances.........................	71
— I. Ambulances civiles et militaires.........	75
— II. Ambulance municipale du Polygone..	95
APPENDICE...	115
I. — 25 juill. — Avis publié par la Commission municipale. — Souscription pour les blessés....	115
II. — 7 août. — Décrets impériaux. — Mise en état de siége et nomination du commandant supérieur de la place...........................	116
III. — 7 août. — Ordre du commandant supérieur. — Élections municipales.........................	117
IV. — 7 août. — Ordre du commandant supérieur. — Garde nationale...........................	117
V. — 7 août. — Ordre du commandant supérieur. — Étrangers..................................	118
VI. — 8 août. — Ordre du commandant supérieur. — Garde nationale...........................	118
VII. — 8 août. — Avis du chef du génie. — Mesures prescrites dans les zones de défense de la place..	120
VIII. — 9 août. — Arrêté du commandant supérieur. — Suspension des poursuites commerciales....	120
IX. — 10 août. — Avis du préfet. — Réfugiés dans la place..	121
X. — 10 août. — Avis du maire. — Réfugiés dans la place..	121
XI. — 12 août. — Ordre du commandant supérieur. — Campagnards.................................	122
XII. — 17 août. — Avis du commandant supérieur. — Blessés.....................................	122

XIII. — 22 août. — Avis du colonel de la garde nationale. — Artillerie de la garde nationale.......... 122

XIV. — 29 août. — Arrêté du commandant supérieur. — Artillerie de la garde nationale............ 123

XV. — 10 sept. — Avis du commandant supérieur. — Grains et fourrages.................... 124

XVI. — 13 sept. — Proclamation du commandant supérieur, du préfet et du maire. — Nouvelles du dehors............................. 124

XVII. — 15 sept. — Arrêté du commandant supérieur. — Réquisition des blés et farines; taxe du pain et de la viande........................ 125

XVIII. — 23 sept. — Avis du commandant supérieur. — Chevaux livrés à la consommation publique par l'armée; taxe de la viande............ 126

XIX. — 24 sept. — Avis du commandant supérieur. — Source salée de Belle-Croix................ 127

XX. — 24 sept. — Arrêté du commandant supérieur. — Commerce illicite du pain................. 127

XXI. — 7 octob. — Arrêté du commandant supérieur. — Réquisition des blés et farines............ 127

XXII. — 10 octob. — Avis du maire. — Subsistances..... 128

XXIII. — 11 octob. — Avis du maréchal commandant en chef. — Nouvelles du dehors............. 128

XXIV. — 14 octob. — Lettre du commandant supérieur. — Réponse à l'adresse votée par le Conseil municipal............................. 129

XXV. — 14 octob. — Arrêté du commandant supérieur. — Fixation de la ration de pain............. 130

XXVI. — 18 octob. — Arrêté du commandant supérieur. — Abaissement de la ration de pain......... 131

XXVII. — 23 octob. — Arrêté du commandant supérieur. — Réquisition des chevaux pour l'alimentation publique.............................. 132

XXVIII. — 24 octob. — Arrêté du commandant supérieur. — Réquisition des chevaux pour l'alimentation publique; taxe de la viande............. 132

XXIX. — 24 octob. — Arrêté du commandant supérieur. — Éclairage au gaz...................... 133

XXX. — 26 octob. — Arrêté du maire de Metz. — Éclairage au gaz.............................. 134

XXXI.	— 27 octob.—	Proclamation du commandant supérieur. — Reddition de la place............	134
XXXII.	— 23 juill. —	Séance du Conseil municipal. — Extrait du procès-verbal.................	135
XXXIII.	— 17 août. —	Idem.......................	141
XXXIV.	— 25 août. —	Idem.......................	142
XXXV.	— 30 août. —	Idem.......................	144
XXXVI.	— 13 sept. —	Idem.......................	147
XXXVII.	— 21 sept. —	Idem.......................	152
XXXVIII.	— 24 sept. —	Idem.......................	156
XXXIX.	— 13 octob.—	Idem.......................	160
XL.	— 17 octob.—	Idem.......................	165
XLI.	— 18 octob.—	Idem.......................	168
XLII.	— 20 octob.—	Idem.......................	170
XLIII.	— 21 octob.—	Idem.......................	172
XLIV.	— 22 octob.—	Idem.......................	174
XLV.	— 23 octob.—	Idem.......................	177
XLVI.	— 24 octob.—	Idem.......................	179
XLVII.	— 25 octob.—	Idem.......................	181
XLVIII.	— 26 octob.—	Idem.......................	181
XLIX.	— 27 octob.—	Idem.......................	186
L.	— 28 octob.—	Idem.......................	189
LI.	— 29 octob.—	Idem.......................	190
LII.	— 22 juill. —	Séance du Conseil central d'hygiène du département de la Moselle. — Extrait du procès-verbal.......................	191
LIII.	— 31 août. —	Idem.......................	198
LIV.	— 26 sept. —	Adresse à M. le Maire de Metz.— Situation de la ville et de l'armée.........	202
LV.	— 30 sept. —	Entretien de M. le maréchal Bazaine avec M. le maire de Metz.— Note de M. Félix Maréchal, maire de Metz................	204
LVI.	— 11 octob.—	Visite des officiers de la garde nationale à M. le général Coffinières. — Note de M. E. Réau, rédacteur en chef du *Courrier de la Moselle*, capitaine de la garde nationale...	209
LVII.	— 15 octob.—	Entretien de M. le maréchal Bazaine avec les commandants de la garde nationale. — Note de M. le commandant Pardon......	214

LVIII. — 16 octob. — Visite des officiers délégués de la garde nationale au général Changarnier. — Procès-verbal de cette visite..................... 216

LIX. — 17 octob. — État des forces de l'armée d'investissement. — Note officielle émanant du grand quartier général de M. le maréchal Bazaine. 218

LX. — Extraits des documents officiels militaires. — Note de M. J. Worms, membre du Conseil municipal............................ 220

LXI. — Tableau des prix de certaines denrées à Metz pendant le blocus. — Note de M. A. Cuny.. 222

LXII. — Renseignements sur divers procédés de mouture. — Note communiquée par M. J. Worms, membre du Conseil municipal............ 223

LXIII. — Approvisionnements en grains du commerce et de la population civile pendant le blocus. — Note de M. Ém. Bouchotte, négociant, membre du Conseil municipal....................... 224

LXIV. — Le pain de boulange. — Note de M. le docteur Félix Maréchal, maire de Metz................. 228

LXV. — Fabrication du sel pendant le blocus. — Note de M. Géhin, membre du Conseil municipal, secrétaire du Conseil central d'hygiène...... 229

LXVI. — Statistique des ambulances. — Note de M. Ém. Michel, membre de la Commission municipale de l'ambulance du Polygone............... 231

LXVII. — Approvisionnements existant dans les campagnes. — Note de M. Maguin, membre du Conseil général de la Moselle, président du Comice agricole de l'arrondissement de Metz....... 244

LXVIII. — Service du bureau de bienfaisance de Metz pendant le blocus. — Note de M. de Bouteiller, membre du Conseil municipal.................. 251

www.ingramcontent.com/pod-product-compliance
Lightning Source LLC
Chambersburg PA
CBHW050343170426
43200CB00009BA/1716